Hütten-Geheimtipps Allgäu

Unbekannte Wege zu
malerisch gelegenen Hütten und Alpen

J. BERG

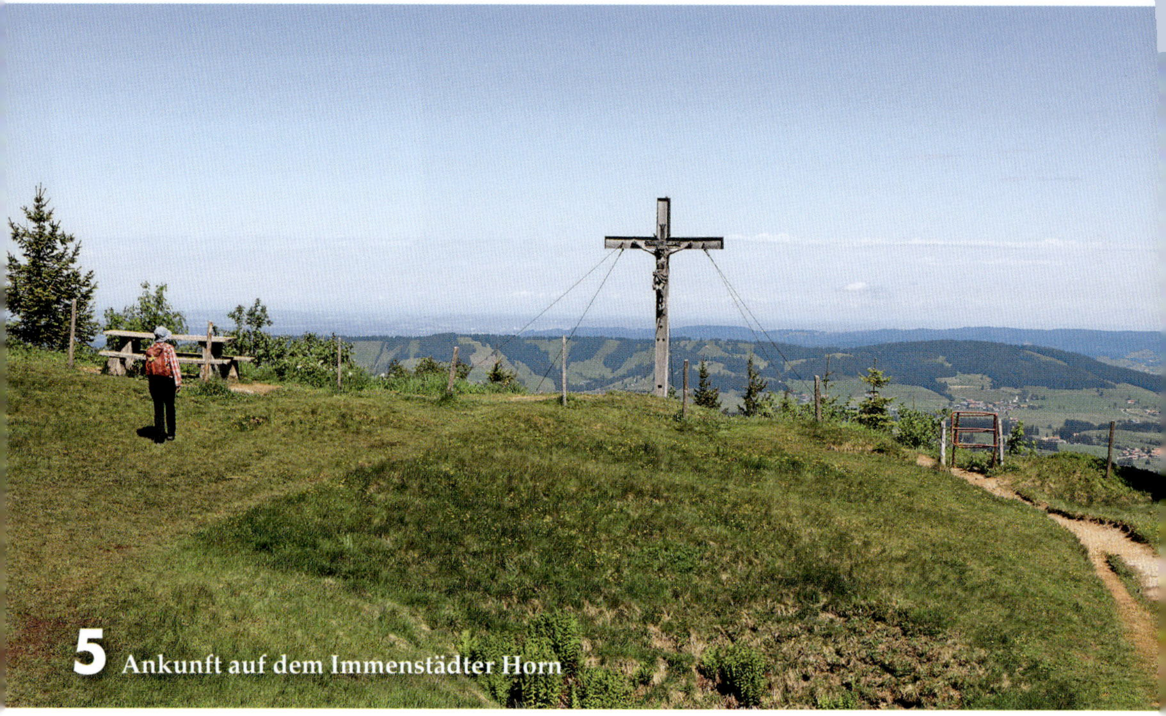

5 Ankunft auf dem Immenstädter Horn

Inhalt

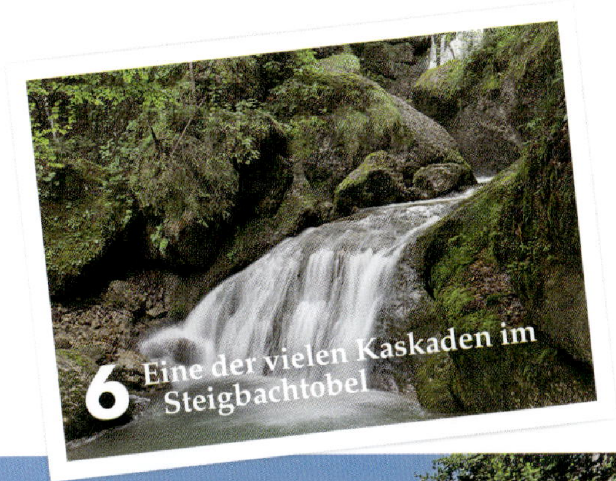
6 Eine der vielen Kaskaden im Steigbachtobel

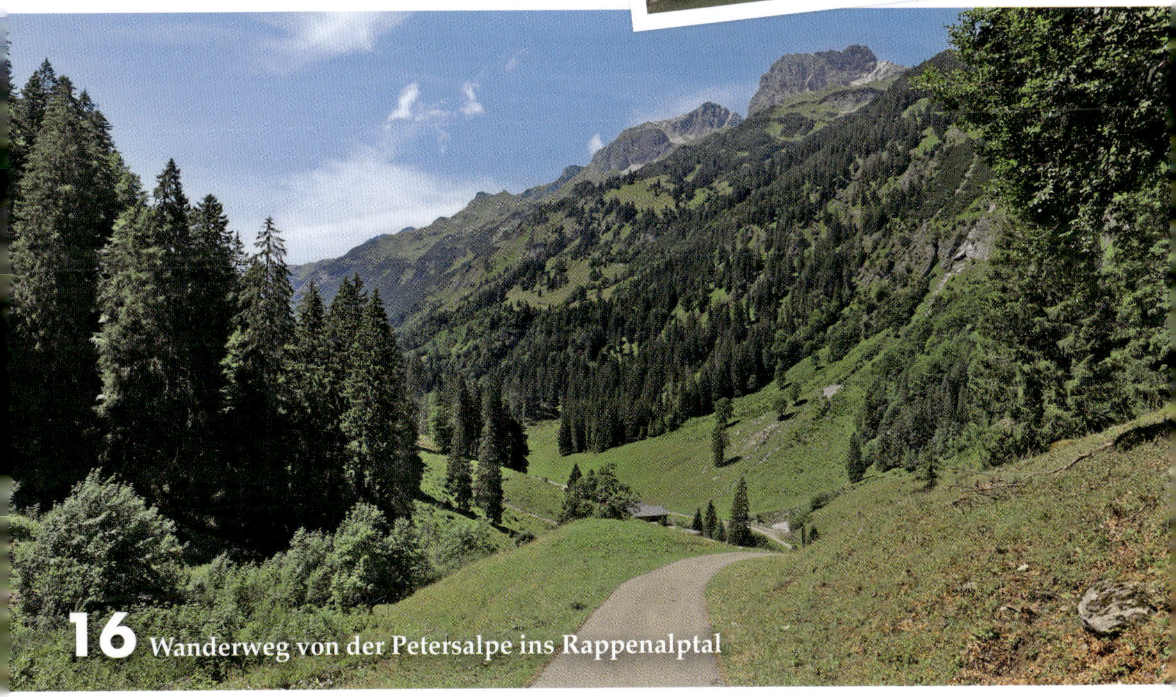
16 Wanderweg von der Petersalpe ins Rappenalptal

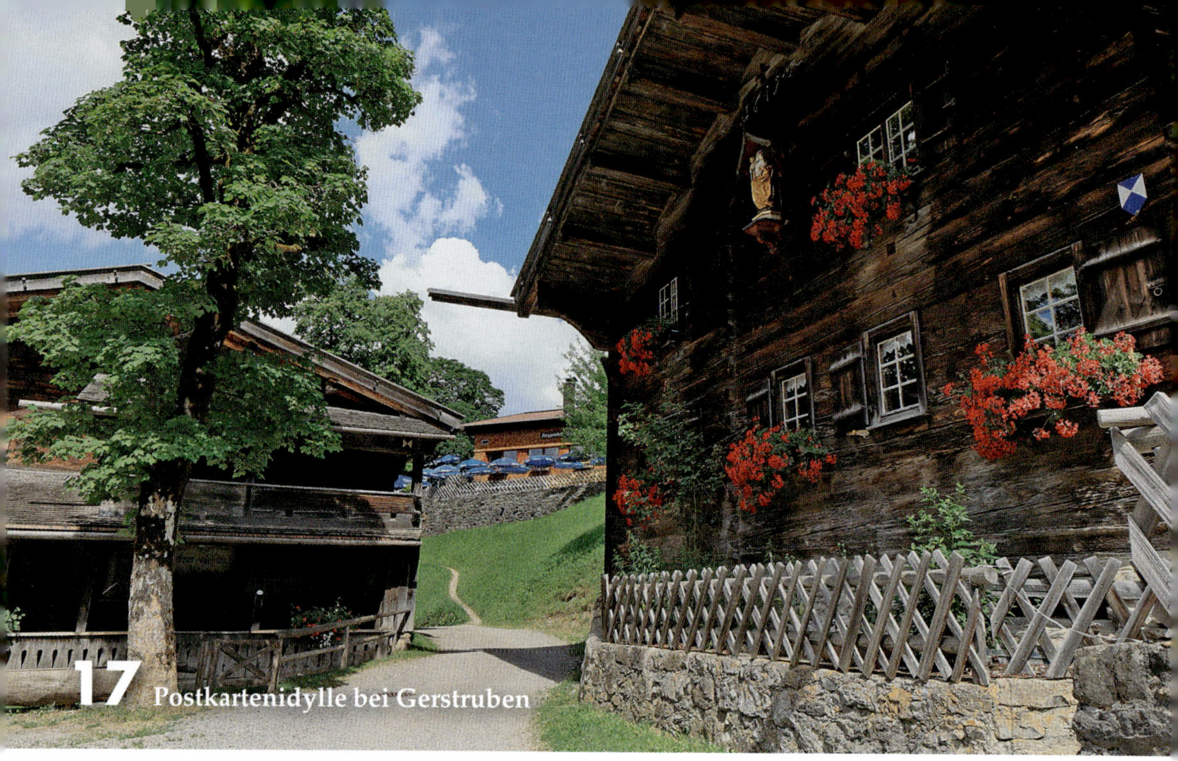

17 Postkartenidylle bei Gerstruben

Tourenüberblick

Tour		km	Hm								
1	Hüttentrio am Juget	7,5 km	300 Hm	2.30–3 Std.	•	•		(•)	•		(•)
2	Hochhäderich und Falkenhütte	7,6 km	500 Hm	3–4 Std.	•						•
3	Vom Hündle zur Kuhschwandalpe	12 km	400/675 Hm	3.45 Std.	•	•	•		•		•
4	Alpe Sonnhalde und Neugreuth	10,5 km	300 Hm	2.30–3 Std.	•	•	•		•		•
5	Immenstädter und Gschwender Horn	9,8 km	800 Hm	4–5 Std.	•	(•)	•			•	
6	Steigbachtal und Almagmach	13 km	800 Hm	3–4 Std.	•	•	•			•	•
7	Höllritzer Alpe unterm Bleicherhorn	16,5 km	800 Hm	6–7 Std.	•	(•)	•		•		•
8	Seelosschelpen und Burgl-Hütte	13,5 km	650 Hm	4–4.30 Std.	•	•			•		•
9	Alpen Bolgen und Zunkleiten	11,2 km	750 Hm	4–5 Std.	•	(•)			•		•
10	Schönberg-Alpe und Freyburger Alpe	8,3 km	500 Hm	3 Std.	•	•			•		•
11	Alpe Osterberg ab Rohrmoos	14,5 km	400 Hm	4.30–5.30 Std.	•	•				•	
12	Mittlere Spitalalpe bei Baad	8,2 km	600 Hm	3.30 Std.	•	•			•		•
13	Hütten im Gemsteltal	6,7 km	200 Hm	2.30 Std.	•	•		•	•		•
14	Hütten im Wildental	10,5 km	700 Hm	5 Std.	•	(•)	•	(•)	•		•
15	Über den Stitzel zur Gaisalpe	8,5 km	370 Hm	3 Std.	•	•	•	(•)	•		•
16	Rappenalptal mit Petersalpe	9,1 km	410 Hm	3–3.30 Std.	•	•			•		•
17	Lugenalpen ab Christlessee	14,6 km	850 Hm	5–5.30 Std.	•		•		•		•
18	Käseralpe ab dem Oytal	6,5 km	330 Hm	2.30 Std.	•	•	•		•		
19	Sennalpen im Obertal	8,3 km	300 Hm	3 Std.	•	•			•		•
20	Vom Giebelhaus zur Alpe Bärgündele	8,5 km	400 Hm	3 Std.	•	•	•		•		•
21	Über den Hirschberg zur Alpe Klank	8,8 km	700 Hm	3–4 Std.	•		•		•		•
22	Über den Wildfräuleinstein zur Willersalpe	8 km	600 Hm	4 Std.	•	(•)	•			•	•
23	Sorgalpen bei Unterjoch	7,8 km	250 Hm	2.30 Std.	•	•		•	•		•
24	Reuterwanne und Alpe Blösse	8,8 km	650 Hm	3–3.30 Std.	•	•			•		
25	Stubental, Dinser- und Gundhütte	11,7 km	630 Hm	4 Std.	•	(•)			•		

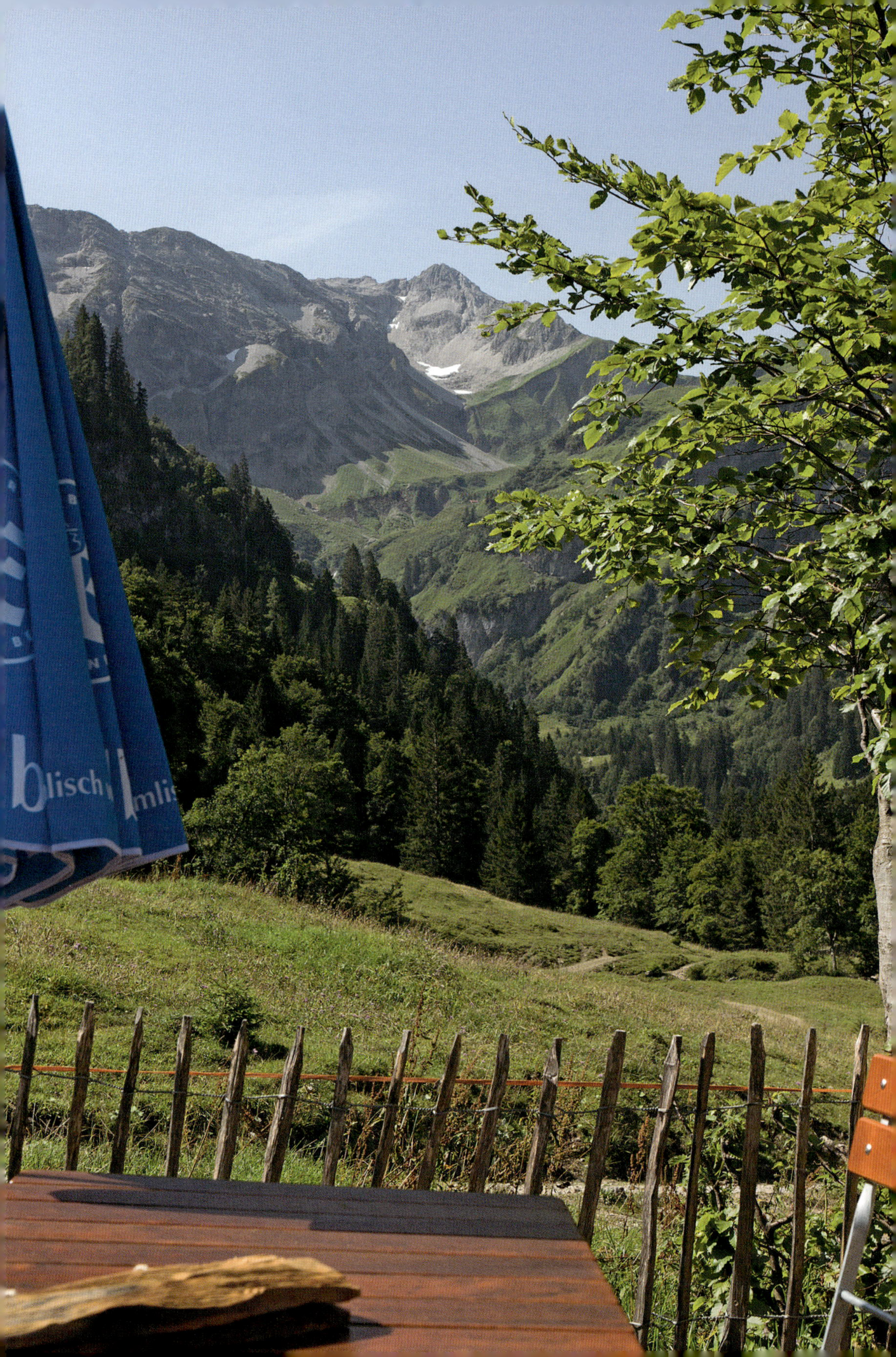

Vorwort

Das Allgäu ist bekannt für seine hoch aufragenden Berge und malerischen Täler, für die vorbildliche Erschließung mit Wanderwegen sowie auch für seine urig-herzliche Gastlichkeit. Wo all dies zusammentrifft, können sich Wanderer auf traumhaft gelegene Hütten und rustikale Alpwirtschaften freuen. Insbesondere im Naturpark Nagelfluhkette, aber auch bei Oberstdorf finden wir einige Hütten, die mit ihrer Ruhe und einer tollen Aussicht begeistern. So liegt uns bei der Osterberg-Alpe das Kleinwalsertal zu Füßen, während die Runde über die Alpe Seelosschelpen mit einem perfekten Rundumblick einhergeht.

Linke Seite: Ausblick von der Alpe Bärgündele zum Schneck (Tour 20)

Über schöne Aussichten können wir uns auch bei Bad Hindelang freuen. Hier liegen uns bei der Alpe Klank weite Teile des Ostrachtals zu Füßen, während sich am Horizont ein Gipfel an den nächsten reiht. Ebenfalls wie in einer Loge hoch über dem Oytal werden wir uns bei der Lugenalpe fühlen. Zugleich legen all diese Hütten großen Wert auf Regionalität. Vor Ort gebackene Brote und Kuchen verstehen sich genauso von selbst wie Käse, Schinken und Wurstwaren aus eigener Produktion oder von den umliegenden Höfen und Gemeinden.

Auch einfache Dinge schaffen Gemütlichkeit (Tour 19)

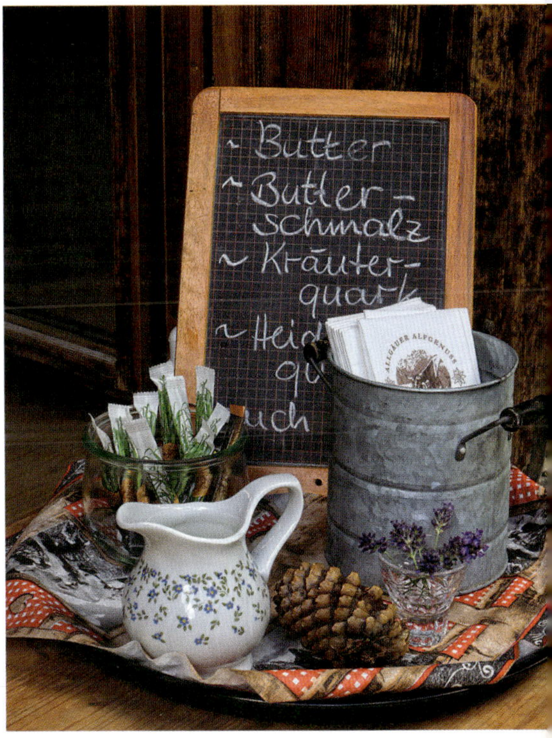

Viele Hütten, insbesondere die Sennalpen, bieten ihren Bergkäse, Butter sowie Landjäger und Speck auch zum Mitnehmen an. Noch einen Schritt weiter gehen die Bergbriada vom Naturfreundehaus Kempten. Deren Knödel-Spezialitäten erfreuen sich mittlerweile überregionaler Nachfrage und können außerhalb der Sommerhitze auf dem Postweg bestellt werden. So können wir auch daheim noch in Erinnerungen an schöne Touren im Allgäu schlemmen.

Viel Freude und einen guten Appetit wünschen Ihnen

Annette und Lars Freudenthal

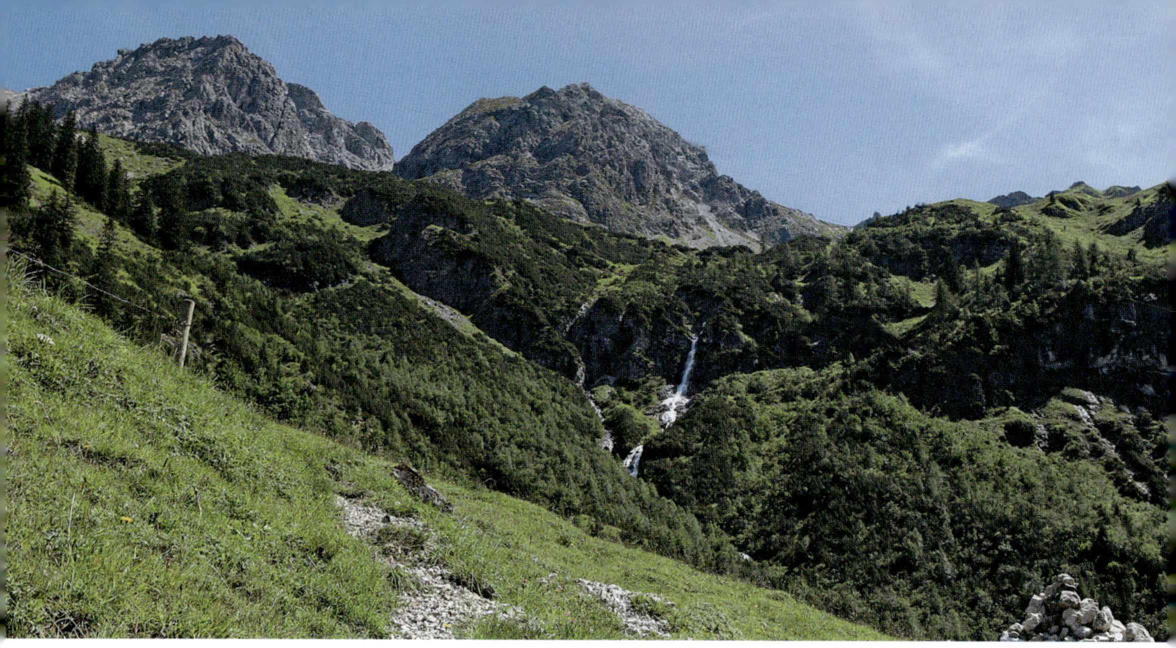

Malerische Bergkulisse unterhalb der Wilden (Tour 14)

Gut gerüstet besser ans Ziel

Allen Warnungen zum Trotz werden auch im Allgäu insbesondere die weniger hohen Berge oft unterschätzt. Doch auch hier gilt: Feste Wander- oder Trekkingschuhe sind ein Muss für sicheres Wandern. Halbschuhe, Turnschuhe oder ähnliche Treter bieten zu wenig Halt, wirken sich negativ auf die Fußgesundheit aus und sind oft Auslöser von vermeidbaren Unfällen. Wanderstöcke hingegen begünstigen eine aufrechte Körperhaltung und schonen die Gelenke. Ebenfalls von Vorteil ist bequeme Wanderkleidung aus Funktionsmaterial, das schnell trocknet und sich leicht trägt. Auf Abstand sollte man hingegen beim Rucksack gehen. Und zwar auf Abstand zum Rücken. Das ermöglicht eine spezielle Bauweise des Rucksacks, die das Gewicht optimal verteilt und eine bessere Luftzirkulation erlaubt. Dadurch bleiben Wanderhemden auch an warmen Sommertagen länger trocken und man hat ein deutlich besseres Gefühl auf der Haut.

Verantwortung und Selbsteinschätzung

Alle in diesem Wanderführer beschriebenen Touren orientieren sich am Wegenetz des Alpenvereins, ergänzt durch wenige örtliche Wanderwege. So profitieren wir von den Wegweisern und der Pflege der offiziellen Wanderwege, während das Wild abseits der beschilderten Strecken wichtige Rückzugsräume findet, aus denen sich Menschen besser fernhalten. Als verantwortungsbewusster Wanderer rennen wir nicht blindlings durch die Landschaft (oder darüber hinweg), sondern nehmen auch auf Andere, Schwächere Rücksicht.

Da die Landschaft insbesondere in den Allgäuer Hochalpen immer noch sehr aktiv ist (Hangrutsche, Steinschlaggefahr), kann die vorgefundene Beschilderung von der Beschreibung im Buch auch mal abweichen. In so einem Fall ist es meistens besser, der neuen Wegmarkierung zu folgen, da sie einen sicher ans Ziel bringt. Insbesondere wer sich alleine in höhere Lagen begibt, sollte sich dessen auch bewusst sein und im Zweifelsfall lieber umkehren. Das liegt zwar nicht in der Natur des Menschen, aber da wir nicht immer zusammen im Allgäu unterwegs sind, können wir Ihnen versichern: Das machen auch Wanderbuchautoren so.

Ein Ziel der »Hütten-Geheimtipps im Allgäu« ist es, am Ende der einzelnen Touren zufrieden auf die vergangenen Stunden und das Geleistete zurückzublicken. Dies gelingt am besten, wenn man sich – und seine Mitwanderer – richtig einschätzt. Die anspruchsvolleren Touren wie der Aufstieg vom Christlessee zu den Lugenalpen, über den Wildfräuleinstein zur Willersalpe sowie auch die Gratwanderung zwischen Hochhäderich und Falken sollten daher erst in Angriff genommen werden, wenn schon eine gewisse Grundkondition und Erfahrung im Gelände vorhanden sind. Hierzu zählt auch, das Wetter richtig einschätzen zu können. Denn gerade an heißen Sommertagen bilden sich über den Hochlagen des Allgäus gerne Gewitterwolken, die oft schon nachmittags mit Platzregen und Hagel sowie Blitz und Donner niedergehen. Ein

Bei Reichenbach erwartet uns eine Brotzeitbox am Weg (Tour 15).

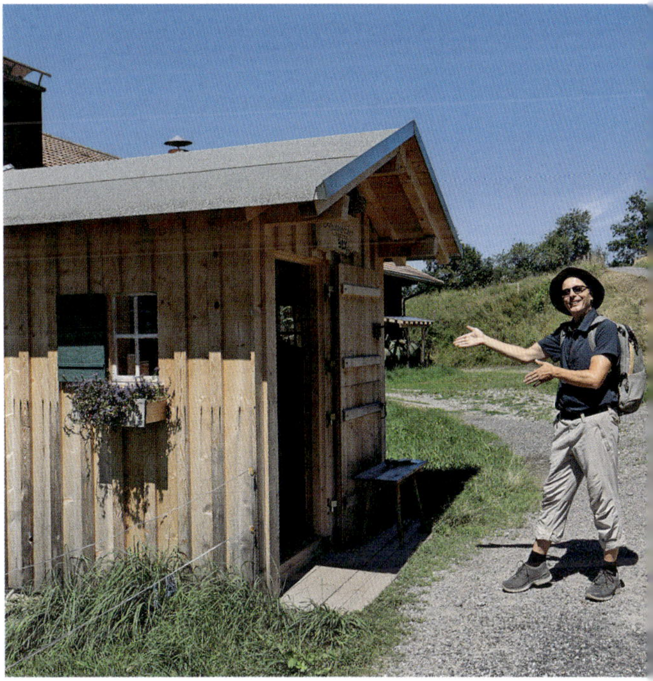

leichter Regenschutz sollte deshalb immer dabei sein. Ebenfalls hilfreich ist es, die Entwicklung von Regenwolken im Internet, etwa auf www.wetteronline.de oder www.niederschlagsradar.de, zu beobachten. Im Zweifelsfall sollte man sich auch nicht davor scheuen, eine Tour – falls möglich – abzubrechen bzw. nach dem Unwetter fortzusetzen.

Alpines Notsignal

Wer an einem hochsommerlichen Wanderwochenende in den Alpen unterwegs ist, der weiß: Es ist nur eine Frage der Zeit, bis der erste Rettungshubschrauber aufsteigt. In der Regel trifft es andere. Die Erfahrung zeigt jedoch, dass es selbst auf leichtem Terrain durch ein einfaches Umknicken schnell zu einer Situation kommen kann, in der man alleine kaum mehr vorankommt. Für diese Ausnahme und schlechten Handyempfang merken wir uns das alpine Notsignal: Innerhalb einer Minute wird sechsmal (alle zehn Sekunden) ein hörbares, etwa durch Rufen oder eine Signalpfeife, oder sichtbares Signal, zum Beispiel durch Winken oder Schwenken von auffallenden Kleidungsstücken oder eines farbigen Rucksacks, gegeben. Nach einer Minute wiederholt man den Notruf. Die Antwort erfolgt ebenfalls durch hörbare oder sichtbare Signale, die dreimal in der Minute abgegeben werden. Das Signal sollte auch bei einer Antwort weiterhin wiederholt werden, damit die Retter sicher zu unserem Standort finden. Daneben lohnt sich ein Blick in den Rucksack. In verschiedenen Modellen sind die wichtigsten Zeichen symbolisch dargestellt.

Interessante Internetadressen

www.naturpark-nagelfluhkette.de

Informationsportal des Naturparks Nagelfluhkette

www.alpenverein.de

Gemeinsamer Auftritt der Sektionen des Deutschen Alpenvereins (DAV)

www.allgaeu.de

Infoportal der Allgäu GmbH

www.oberallgaeu.de

Seite der OberAllgäu Tourismus Service GmbH, Infos zur Allgäu-Walser-Card

www.bayern-fahrplan.de/de/auskunft

Hier finden Sie Fahrpläne zu den einzelnen Haltestellen im Allgäu und Kleinwalsertal.

www.freudenthal.biz

Unser gemeinsamer Blog mit Wander- und Reiseberichten aus aller Welt

Wandern im Winter

Die Hochlagen im Allgäu zählen zu den wenigen schneesicheren Gebieten in Deutschland. Auf zwei schmalen Brettern ins Tal zu we-

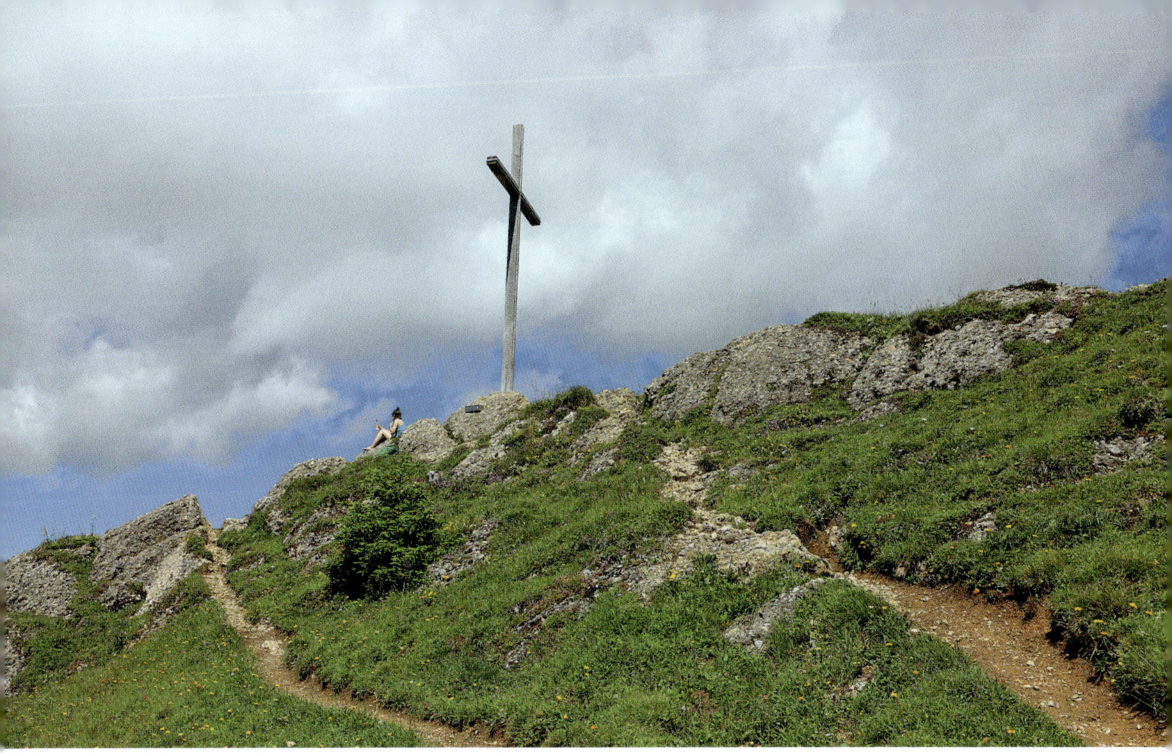

Die letzten Meter auf den Hochhäderich (Tour 2)

deln ist jedoch nicht jedermanns Sache. Wer sich in der kalten Jahreszeit dennoch fit halten will, findet in diesem Buch deshalb auch Hütten und Berggasthäuser, die im Winter geöffnet und dann über gewalzte Wege erreichbar sind. Hierzu zählen etwa die Siedelalpe und Juget-Alpe (Tour 1), die Falkenhütte (Tour 2), das Berggasthaus Almagmach (Tour 6) und die Gaisalpe bei Oberstdorf (Tour 15). Andere Hütten wie das Kemptener Naturfreundehaus bieten in der kalten Jahreszeit geführte Schneeschuhtouren an.

Pause mit Genuss

Zu einer schönen Wanderung gehört natürlich auch eine Einkehr oder längere Rast. Das gilt bei diesem Titel noch mehr als bei anderen Wanderführern. Die Mehrzahl der in diesem Buch beschriebenen Wanderungen vereint deshalb mehrere Hütten, Alpen und Gasthäuser in einer Runde. Hier fällt es leicht, sich mit Gleichgesinnten auszutauschen und beiläufig die »Hütten-Geheimtipps im Allgäu« weiterzuempfehlen. Außerhalb der Öffnungszeiten stehen bei einigen Alpen gekühlte Getränke bereit. An den Ruhetagen kann es sich daher lohnen, sich morgens bei einer Bäckerei oder im nächsten Dorfladen mit Proviant einzudecken. Am Ruhetag einer Alpe gilt: Das Leergut der vorgehaltenen

Unsere Favoriten

Im Angesicht des Falken, Tour 2

Grenzenlos im Naturpark, Tour 8

Um den Schafkopf ins Lochbachtal, Tour 10

Zu den Lugenalpen, Tour 17

Loge über dem Ostrachtal, Tour 21

Getränke bleibt vor Ort, Verpackungen wandern zurück in den Rucksack.

Anfahrt

Viele Wanderziele sind im Allgäu mit öffentlichen Verkehrsmitteln zu erreichen. Hierfür haben wir den Namen der jeweiligen Haltestelle angegeben. In Kombination mit Gästekarten werden die Tickets zum Teil erstattet. Daneben nutzen wir speziell für diesen Titel auch entlegene Ausgangspunkte fern jeder Haltestelle. Wer mit dem Auto anreist und ein Navi nutzt, kann die im Infokasten der einzelnen Touren angegebenen GPS-Koordinaten eingeben. Diese führen ihn punktgenau zum Ausgangspunkt der Wanderung bzw. zur nächstgelegenen Parkmöglichkeit. Als Besonderheit kann es bei den Touren ab dem Christlessee oder dem Giebelhaus sinnvoll sein, bei der Anreise zum Ausgangspunkt das E-Bike zu nutzen. Bei der Tour vom Oytal zur Käseralpe ist dies sogar so vorgesehen.

Mutterkuhhaltung bei der Juget-Alpe (Tour 1)

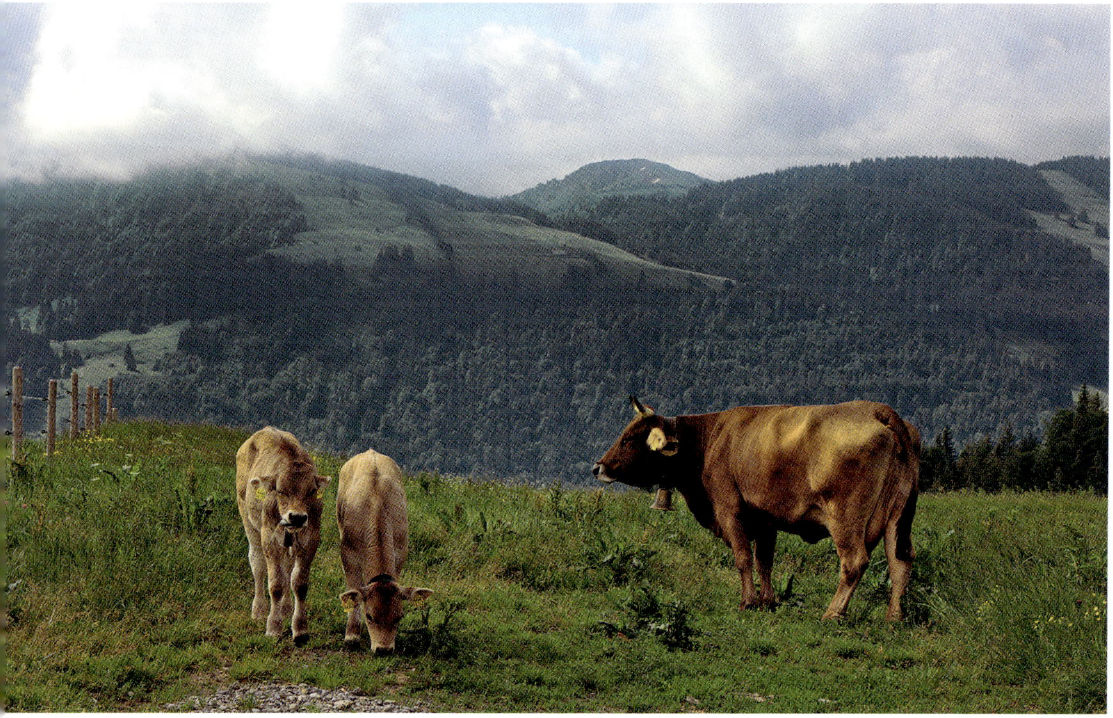

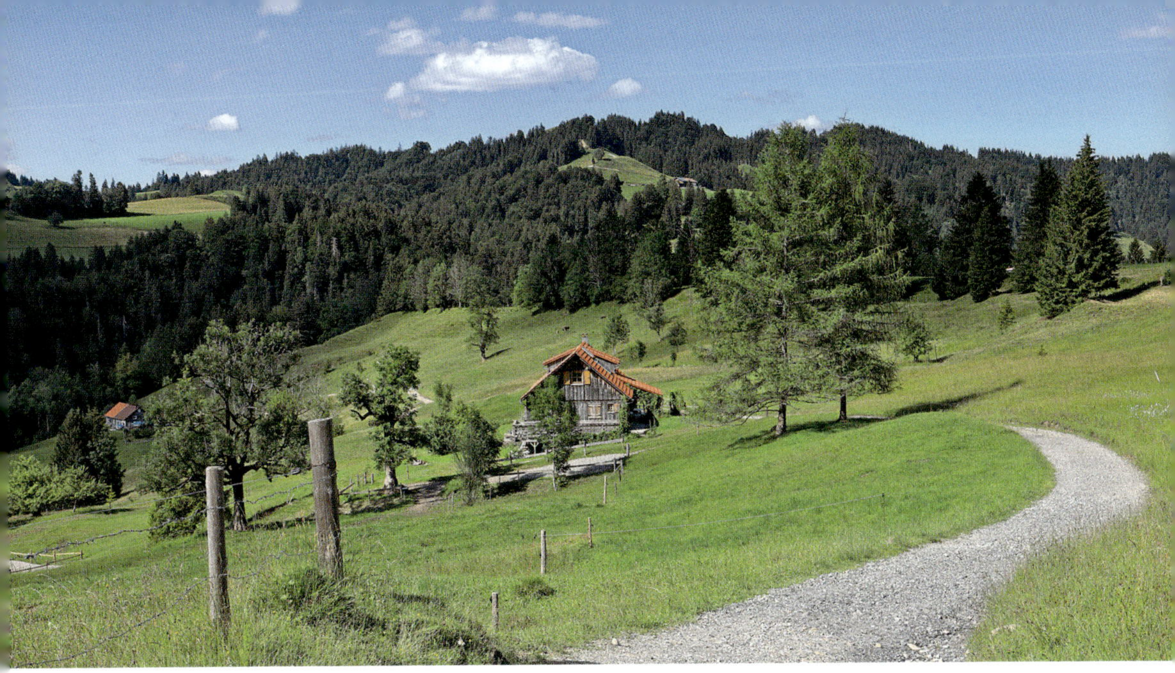

Abschnitt des Oberallgäuer Rundwanderwegs (Tour 4)

Gehzeiten und Höhenangaben

Die genannten Zeiten entsprechen der durchschnittlichen reinen Gehzeit. Weil es bei vielen der Touren einiges zu entdecken gibt, beinhaltet dies auch die Momente, in denen man sich umsieht und die Landschaft auf sich wirken lässt. Pausen, oder die bei diesem Titel obligatorische Einkehr, sind darin jedoch nicht enthalten. Rechnen Sie bitte auch etwas Zeit für unvorhergesehene Änderungen ein, sodass Sie auch bei zusätzlichen Abstechern, bei kürzerem Verlaufen oder einem gesperrten Weg (z. B. wegen Holzfällarbeiten) rechtzeitig zurück am Ausgangspunkt sind. Unsere Höhenangaben beinhalten die tatsächlich zu leistenden Höhenmeter. Lediglich kleine Kuppen und Senken mit nur geringem Höhenunterschied haben wir ausgelassen. So stehen Sie nicht plötzlich vor einem großen Zwischenanstieg, der nirgends erwähnt wird.

Schwierigkeitsgrade

- **Leicht:** Eher kurze Spaziergänge und Wanderungen, die keine oder kaum Trittsicherheit erfordern und nur wenige Steigungen beinhalten
- **Mittel:** Touren mit längeren Auf- und Abstiegen, die eine gewisse Kondition und zumindest etwas Trittsicherheit erfordern
- **Schwer:** Diese Runden setzen Kondition und Trittsicherheit, zum Teil auch Schwindelfreiheit voraus. Hier geht es ganz gut bergauf und bergab. Auf kurzen Abschnitten kann der Weg im alpinen Gelände ausgesetzt sein. Doch auch diese Touren lassen sich mit etwas Erfahrung in den Bergen und einer guten Ausdauer am Berg sicher meistern.

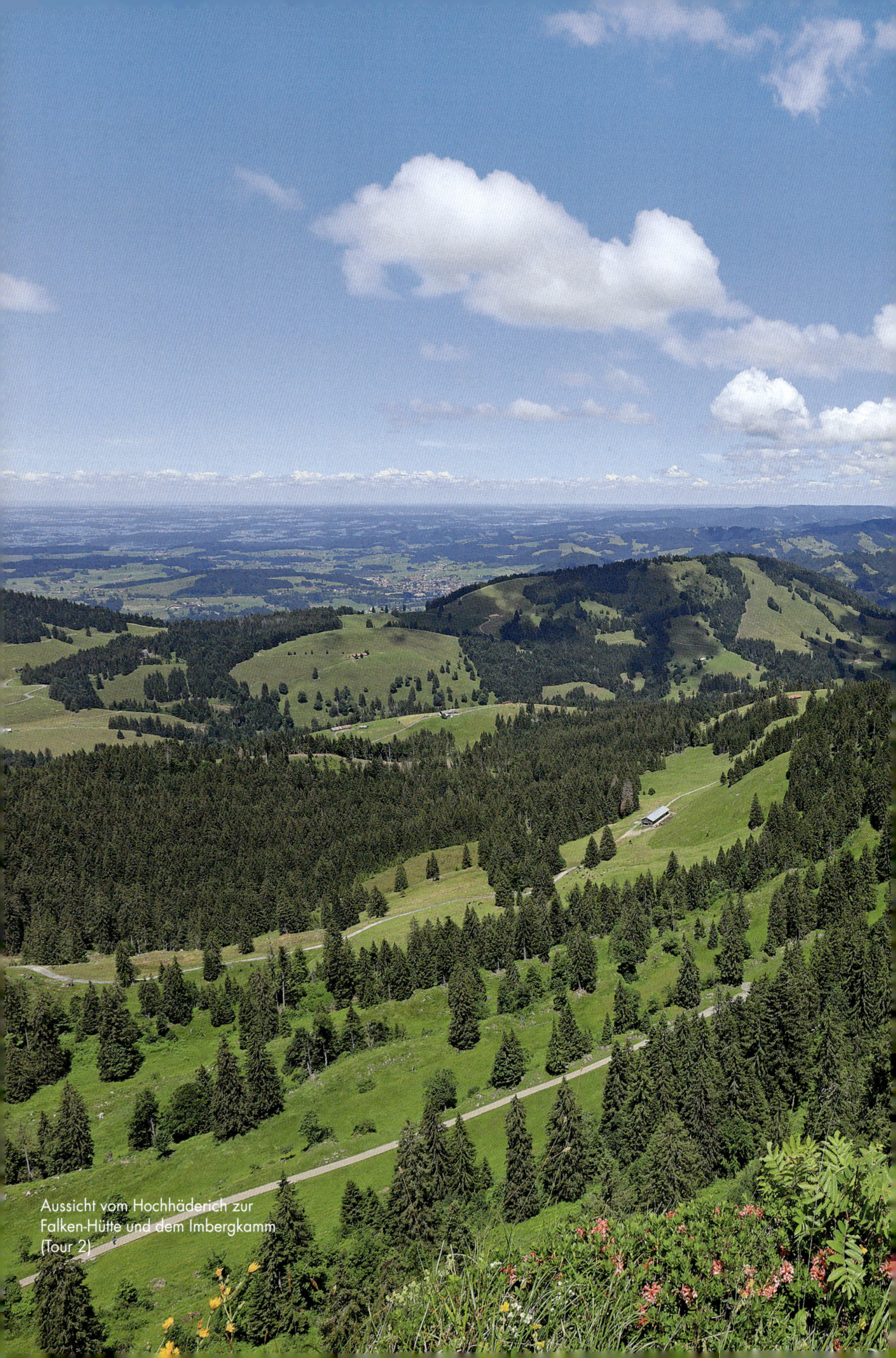

Aussicht vom Hochhäderich zur Falken-Hütte und dem Imbergkamm (Tour 2)

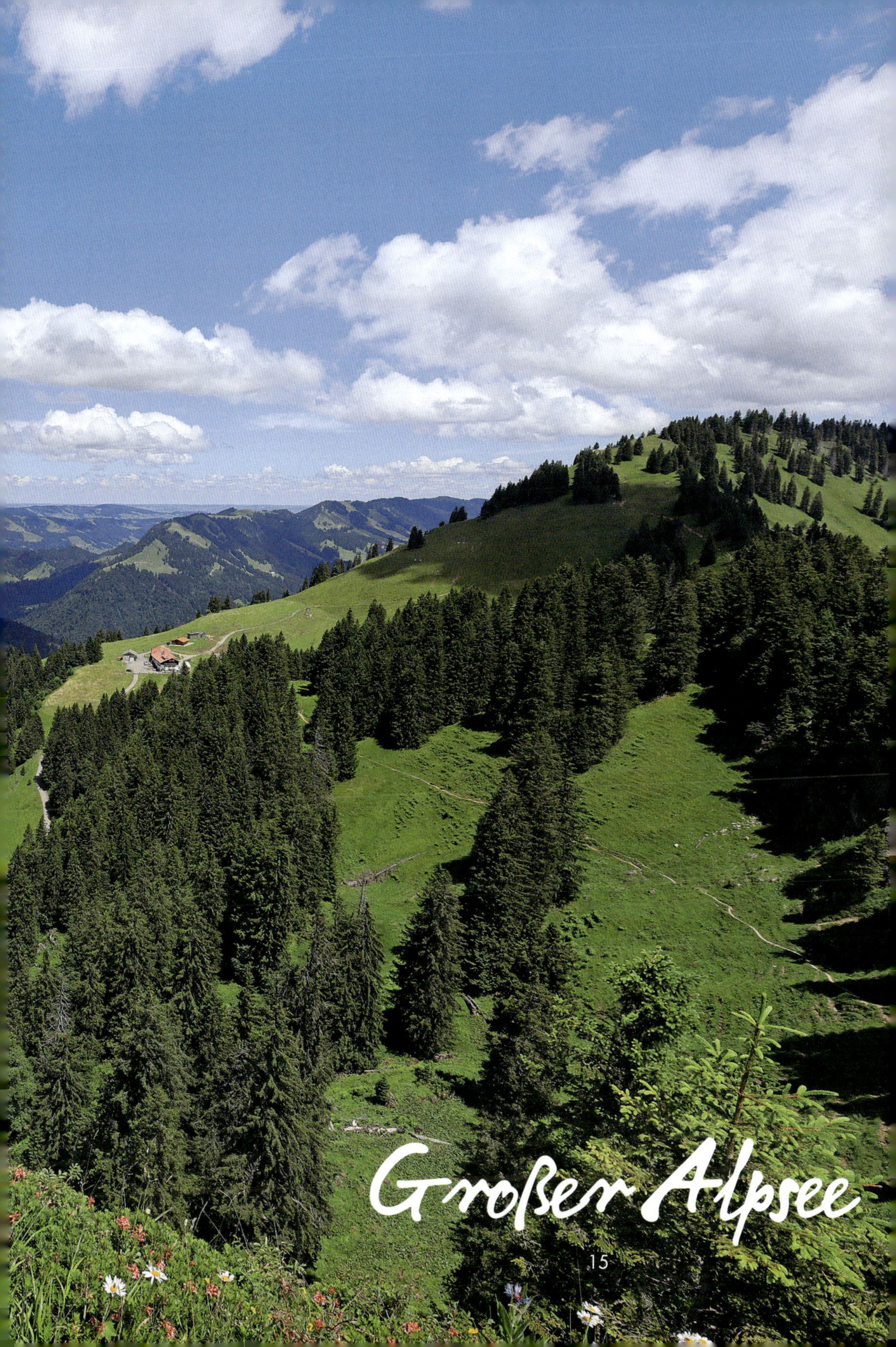
Großer Alpsee

1 Hüttentrio am Juget

Pfarralpe, Siedelalpe und Juget-Alpe

Mittel	7,5 km	300 Hm	2.30–3 Std.

Tourencharakter
Nach dem ersten Aufstieg zum Tuffenmoos bequem zu wandernde Runde auf breiten Wegen und Pfaden. Die Passage über die Juget-Höhe und der Luimweg erfordern Trittsicherheit.

Ausgangspunkt/Endpunkt
Alpweg Parkplatz südlich Missen
GPS 47.5923, 10.1327

Anfahrt
Bus/Bahn: Ab dem Bahnhof Immenstadt mit der Buslinie 82 zur Haltestelle Gasthaus Schäffler, Missen-Wilhams. Ab dort sind es in südlicher Richtung 500 m bis zum Wanderweg.
Auto: Von der B 12 Lindau–Kempten bei Seltmans abfahren, nach Sibratshofen links abbiegen und der St 2006 bis Missen folgen. Alternativ in Immenstadt auf die St 2006 abbiegen. Am südlichen Ortsende links zum Wanderparkplatz abbiegen

Einkehr
Pfarralpe (Di–Fr ab 11 Uhr, Sa–So ab 10 Uhr), Siedelalpe (Fr–Di ab 11 Uhr), Juget-Alpe (Mi–Mo ab 10 Uhr)

Karte
AV-Karte 1:25 000, BY 1 Allgäuer Voralpen West

Informationen
Tourismusbüro Missen-Wilhams, Tel. 08320/456, www.missen-wilhams.de

Unser erster Hüttengeheimtipp verbindet gleich drei Galtalpen zu einer genussvollen Runde. Los geht es mit der malerisch gelegenen Pfarralpe. Es folgt die Siedelalpe hoch über dem Großen Alpsee. Von dort geht es über das Köpfle zur Juget-Alpe.

Auf dem Luimweg zum Tuffenmoos Beim **Alpweg-Parkplatz** sind alle drei Alpen angeschrieben. Um nicht später denselben Weg wieder zurücklaufen zu müssen, wählen wir die entgegensetzte Richtung. Somit erfolgen die ersten Schritte auf der Zufahrt nahe dem Stixnerbach. Nach 200 Metern biegen wir links auf den Luimweg ab. Im unteren Teil eröffnet uns dieser erste schöne Ausblicke über eine Bergwiese. Vor der Mahd blüht hier der Wiesenknöterich in großer Zahl. Dann tauchen wir in den Wald ein und folgen dem steilen Pfad über mehrere Kehren zum oberen Waldrand. Die letzten Meter auf dem Luimweg erfolgen über offenes Gelände. Wo der Weg endet, sehen wir voraus das **Tuffenmoos**. Links ab können wir beim folgenden Abzweig gerne einen ersten Abstecher dorthin unternehmen. Der Wirtschaftsweg

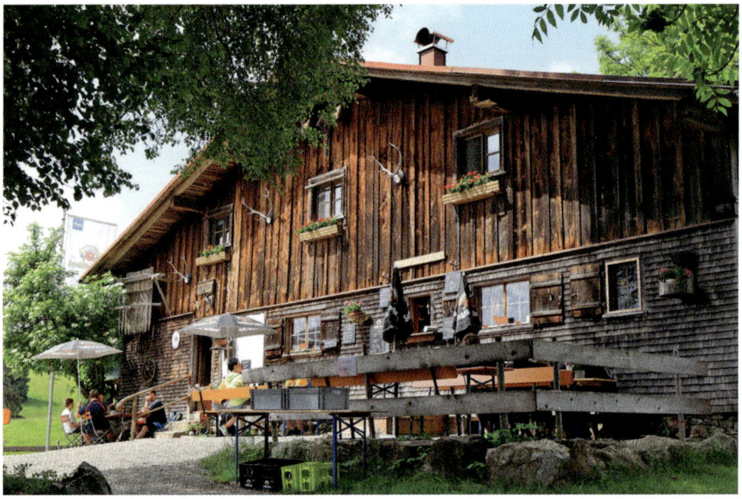

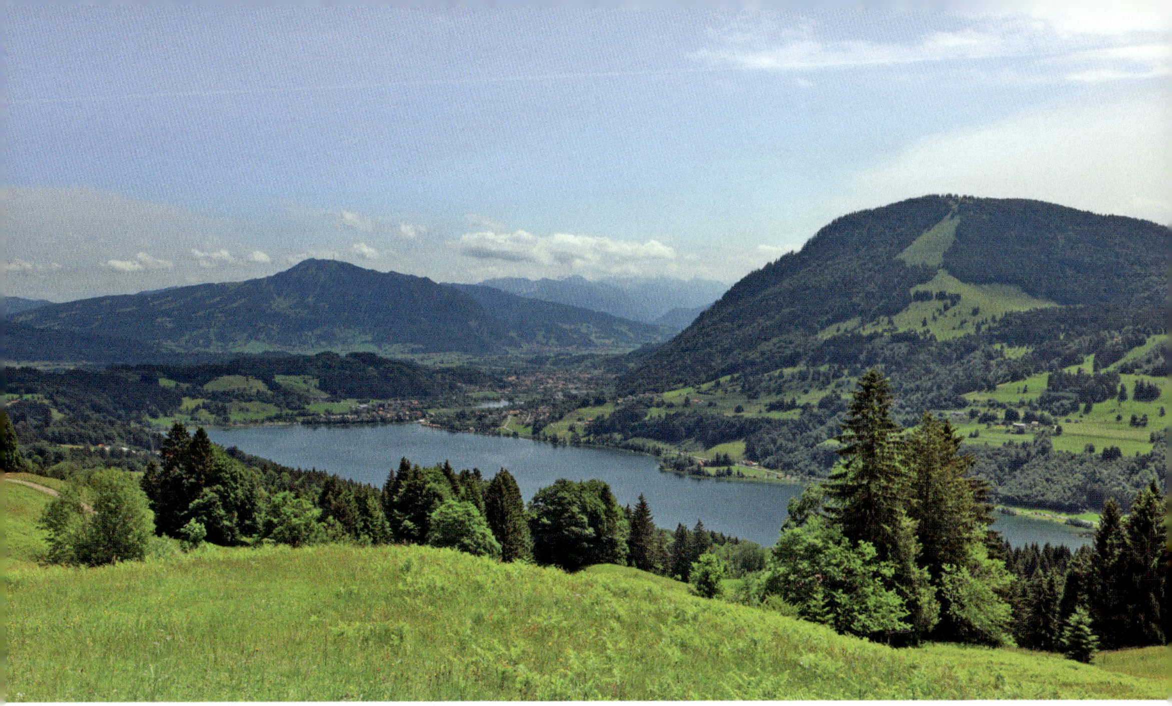

ist über zwei Zugänge mit dem Pfad am Rand des Hochmoors verbunden. Drei Stege führen dort naturschonend ins Moor. Mit dem Abstecher verlängert sich die Tour um knapp anderthalb Kilometer.

Beim Alpseeblick liegt uns der Große Alpsee zu Füßen.

Linke Seite: Die Pfarralpe

Pfarralpe Missen Zurück auf unserem Hauptwanderweg halten wir uns am Wegende mit der rotweißen Markierung links und passieren die **Städelealpe**. Gleich danach queren wir einen Waldstreifen und kürzen rechts über den Wiesenpfad zur

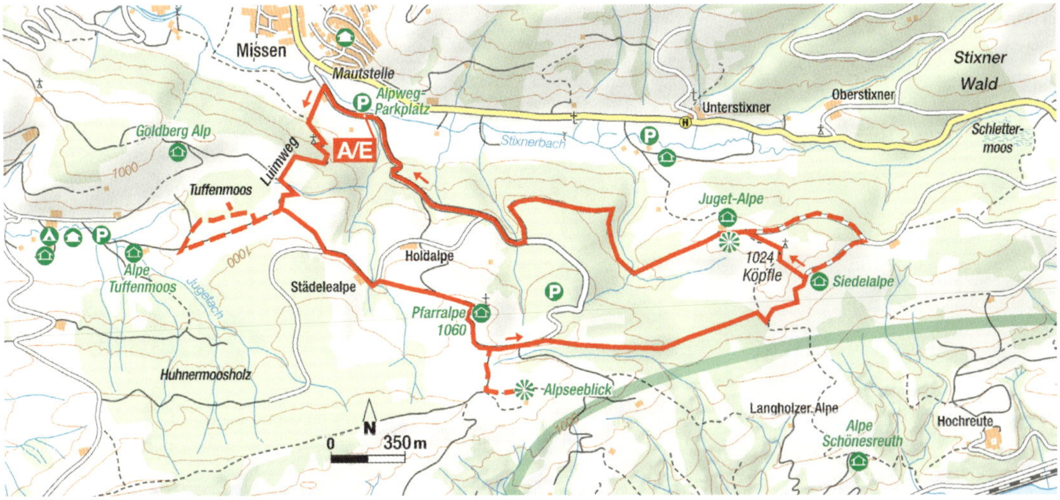

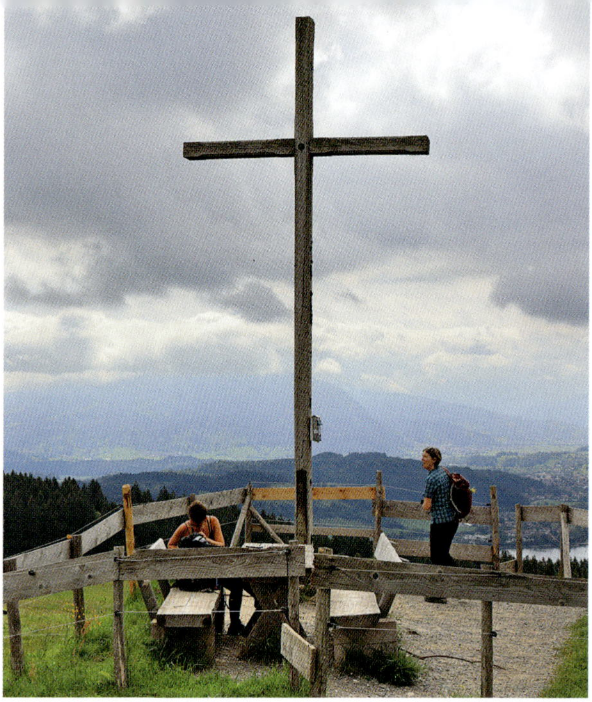

Ankunft auf dem Köpfle

Pfarralpe ab. Die Mitte des 19. Jahrhunderts gebaute Galtalpe befindet sich am Nordhang der Thaler Höhe und besticht durch ihre malerische Lage auf einem Hügel. Mit einer 30 Hektar großen Alpweide und etwa 60 Stück Jungvieh ist sie die kleinste der drei Galtalpen. Auf der Terrasse finden wir sowohl sonnige Plätze als auch von stattlichen Bäumen angenehm beschattete Bereiche.

Galtalpe

Auf den Galtalpen werden ein- bis dreijährige Rinder gehalten, welche noch keine Milch geben. Traditionell werden die auch Galtvieh genannten Tiere im Lauf des Sommers von ihren Hirten immer höher in die Berge getrieben. Da die Rinder noch keine Milch geben, sind Galtalpen anders als Sennalpen in der Regel nicht bewirtschaftet.

Aussichtspunkt Alpseeblick Weiter geht es auf dem Alpweg in zunächst südlicher Richtung bis zum Abzweig zur Thaler Höhe. Dort bietet sich ein zweiter Abstecher zum **Aussichtspunkt Alpseeblick** an. Der Pfad dorthin steigt zunächst südlich bis zu zwei lockeren Gehölzstreifen an. Dort orientieren wir uns links, sodass wir 150 Meter weiter eine Rastbank nebst einer Panorama-Wellness-Liege finden. Landschaftsgenießer finden hier den perfekten Platz, um den Blick über den Großen Alpsee zum Grünten, zum Mittag und – rechts davon – zum Immenstädter Horn schweifen zu lassen. Mit diesem Abstecher verlängert sich die Tour um knapp 800 Meter und 30 Höhenmeter (Hin- und Rückweg).

Siedelalpe Nach dem Abstecher haben wir anschließend die Wahl: Wer eine kurze Runde laufen möchte, kann auf dem Alpweg direkt hinunter ins Tal zum Parkplatz spazieren. Um alle drei Galtalpen zu besuchen, wechseln wir 300 Meter weiter mit dem rotblauen Steinmännle-Signet der Wandertrilogie Allgäu geradeaus in den Wald. Wo wir diesen wieder verlassen, öffnet sich die Sicht auch hier über den Großen Alpsee zum Grünten und zu den umliegenden Bergen. Dieses tolle Panorama bietet uns wenige Minuten weiter auch die Sonnenterrasse der

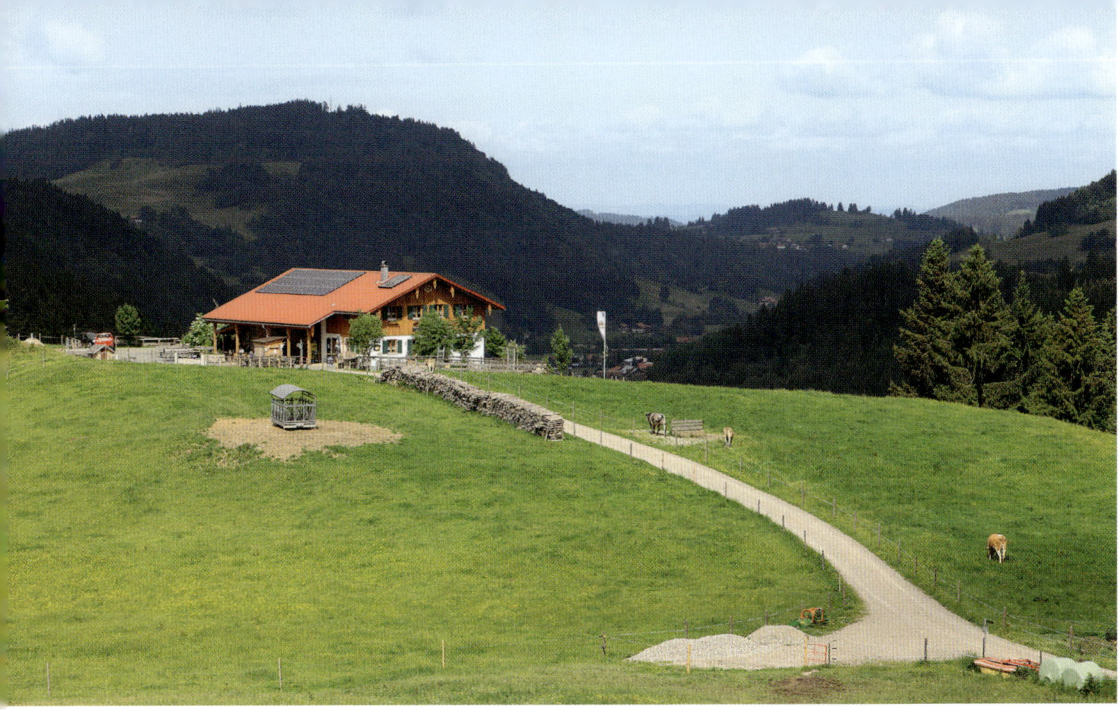

Siedelalpe. Bei der zweiten Galtalpe leben im Sommer neben den Jungrindern auch Schweine und Hühner. Ab dem Parkplatz Schlettermoos (GPS 47.5924, 10.1753) ist die Alpe – wie die Juget-Alpe – im Winter über einen Winterwanderweg zugänglich.

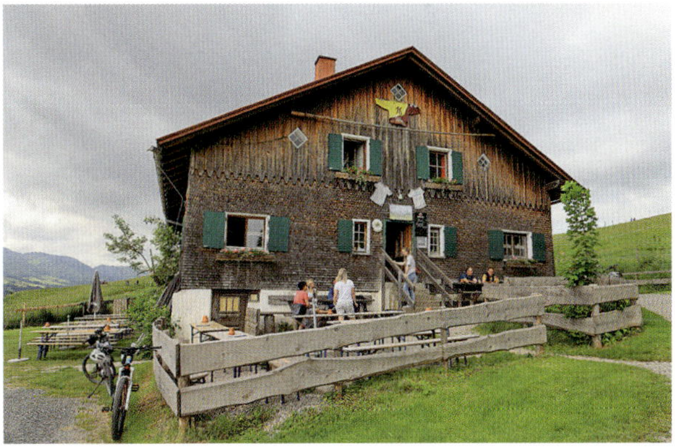

Die Siedelalpe

Ganz oben: Aussicht vom Köpfle zur Juget-Alpe

Übers Köpfle zur Juget-Alpe Ab der Siedelalpe führt der direkte Weg zur Juget-Alpe über das von dieser Seite steile **Köpfle**. Alternativ hierzu ist es möglich, die Anhöhe über den Zufahrten der beiden Alpen zu umgehen. In dem Fall entfiele jedoch ein attraktiver Aussichtspunkt und der einzige echte Gipfel dieser Runde. Die **Juget-Alpe** haben wir selbst als die ursprünglichste der drei Galtalpen empfunden. Der Name lässt sich auf die Adelsfamilie Juget zurückführen. In früheren Jahrhunderten soll sie ihre Kinder im Sommer auf die Alpe geschickt haben, damit diese das harte Leben der einfachen Menschen kennenlernten. Für den späteren Rückweg folgen wir der Beschilderung in westliche Richtung in den Wald, wo wir am Wegende rechts abbiegen. Gut einen Kilometer weiter treffen wir wieder auf den Alpweg, auf dem es dann rechts zurück zu unserem Ausgangspunkt geht.

2 Im Angesicht des Falken

Berggasthof Hochhäderich und Falkenhütte

Schwer | 7,6 km | 500 Hm | 3–4 Std.

Tourencharakter
Ab der Kleinhäderichalpe steiler Anstieg zum Bildstock, für den Abschnitt auf dem Grat der Nagelfluhkette sind festes Schuhwerk und Trittsicherheit notwendig.

Ausgangspunkt/Endpunkt
Imbergbahn (Hörmoos)
GPS 47.5211, 10.0245

Anfahrt
Bus/Bahn: Vom Bahnhof Oberstaufen fährt die Buslinie 9795 die Haltestelle Imbergbahn an.
Auto: Von der B 308 Immenstadt–Lindau bei Oberstaufen auf die St 2005 Richtung Österreich abfahren und zur Imbergbahn in Steibis folgen. Weiter mit dem Alpwegbus bis Hörmoos

Einkehr
Berggaststätte Hochhäderich (Do–So ab 11 Uhr), Berggasthof Falkenhütte (Di–So), Alpengasthof Hörmoos (Mi–Mo)

Karte
AV-Karte 1:25 000, BY 1 Allgäuer Voralpen West

Informationen
Tourist-Information Steibis, Tel. 08386/81 03, www.oberstaufen.de

Diese Tour nutzt erst eine Bergbahn, dann den Bus bis Hörmoos. Für einen Geheimtipp ist das ungewöhnlich. Obendrein ist die Falkenhütte über den Fahrweg gut zu erreichen. So wie die Route über den Falken führt, verhält es sich jedoch ganz anders.

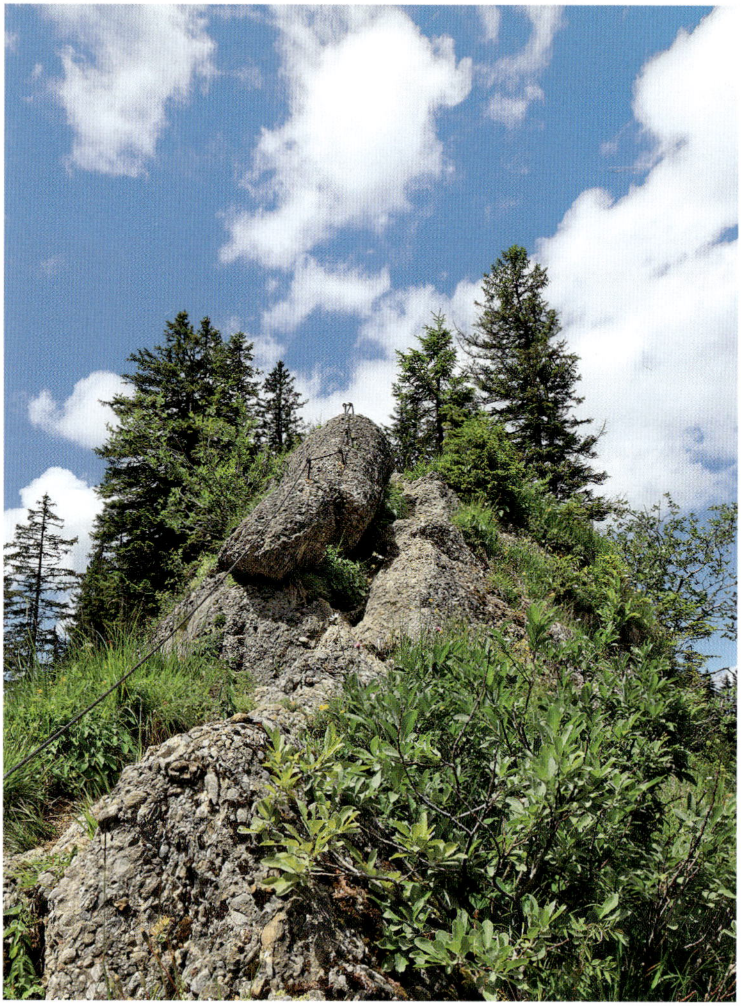

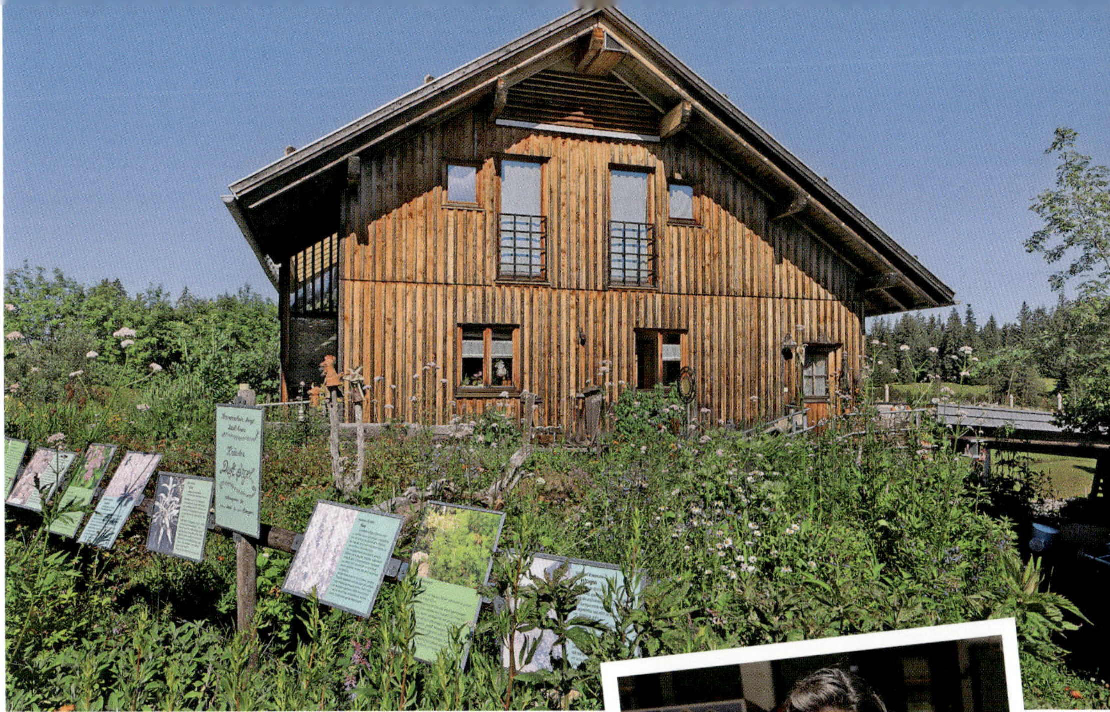

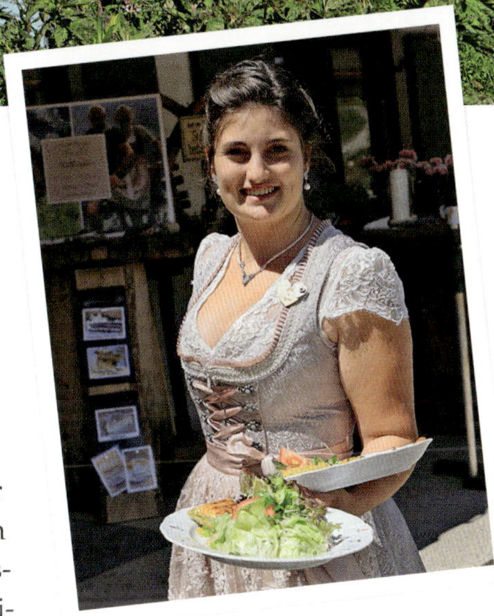

Kräuteralp Hörmoos Nach der Ankunft beim **Alpengasthof Hörmoos** lohnt es sich, einen Blick in die benachbarte Kräuteralp von Michael und Gerda Schneider zu werfen. Zwischen dem Weg und dem mit viel Holz errichteten Gebäude erstreckt sich der Schaugarten. Einige Schautafeln informieren über die Eigenschaften und Verwendung der Pflanzen. In der Kräuteralp selbst werden ausschließlich solche Kräuter verarbeitet, die in dieser Höhenlage auf 1300 Meter gedeihen. Hierzu zählen Hirschholunder, Schwarze Johannisbeere, Königskerze, Arnika und Enzian. Neben Destillaten und Likören entstehen daraus Öle und Essenzen für Suppen und Salate, Fisch- und Fleischgerichte. Dass sich der Garten am Wanderweg befindet, ist übrigens nur konsequent. So erklärt Michael Schneider, dass ihn Wanderer immer wieder nach den Pflanzen gefragt hätten, bis er schließlich anfing, Schilder mit den Namen zu beschriften. Inzwischen sind es um die 200 Schilder.

Leckere Salatteller mit einem herzlichen Lächeln gebracht – Wanderer, was willst du mehr?

Ganz oben: Kräutergarten beim Alpengasthof Hörmoos

Linke Seite: Mit Drahtseilen gesicherter Grat zwischen Hochhäderich und Falken

Stippvisite in Vorarlberg Für die Wanderung nehmen wir den Wirtschaftsweg zwischen der Kräuteralp und dem Hörmoossee zum nahen **Hubertushaus**. Direkt nach der Bergpension wechseln wir in etwa geradeaus auf den Pfad. Die Beschilderung ist

FFH-Gebiet Häderichmoore

Oberhalb von Hörmoos befindet sich eine Teilfläche des FFH-Gebiets der Häderichmoore. Charakterisiert wird dieses durch Übergangs- und Schwingrasenmoore, lebende Hochmoore, alpine Kalkrasen und feuchte Hochstaudenfluren.

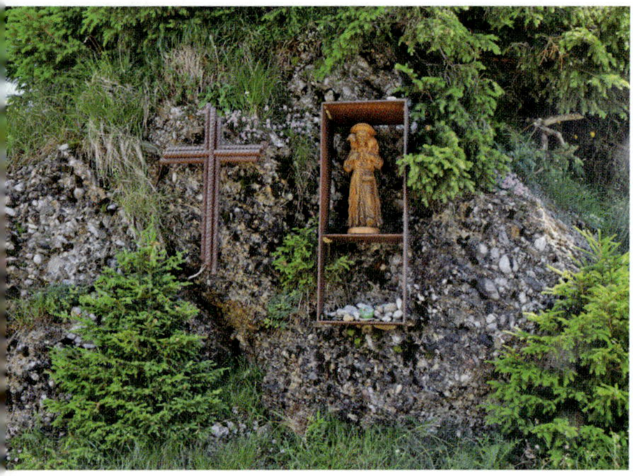

Bildstock beim Übergang zum Tal der Bolgenach

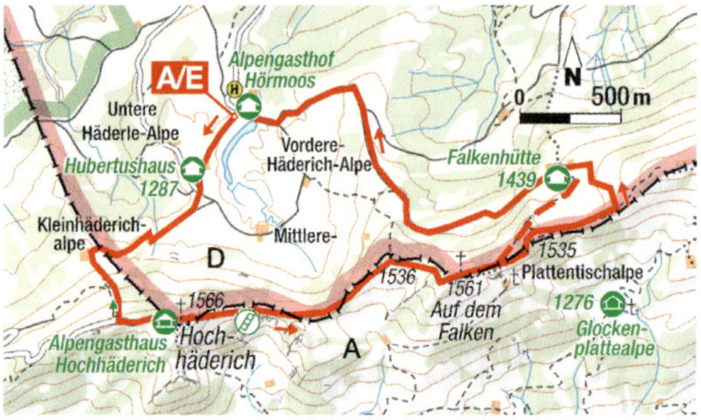

an den nächsten beiden Wegweisern knifflig nachzuvollziehen. Im Prinzip aber reicht es, sich zunächst südlich zu orientieren. Somit kreuzen wir den Fahrweg zur Mittleren Häderichalpe und folgen dem ansteigenden Pfad zur Kleinhäderichalpe. Die unbewirtete Alpe befindet sich im Vorarlberger Teil des Naturparks Nagelfluhkette.

Berggasthaus Hochhäderich Vor der Hütte biegen wir links auf den Steilpfad ab. Auf dem nächsten Abschnitt öffnet sich allmählich die Sicht über die Skilifte am Hennenmoos und Bregenz hinweg zum Bodensee. Auch über Hörmoos zum Imberg geben die Bäume den Blick kurz frei. Am oberen Ende des Pfads biegen wir beim **Bildstock** links auf einen wieder bequem zu laufenden Wirtschaftsweg ein. Einen Katzensprung weiter öffnet sich die Sicht nach Süden über das Tal der Bolgenach zum Bregenzerwald mit den Almen und Kuppen zwischen Hittisau und Sibratsgfäll. Mit diesem schönen Panorama können wir nun ganz gemütlich die letzten 200 Meter zum traumhaft gelegenen **Berggasthaus Hochhäderich** spazieren. Nach dem ersten Anstieg des Tages kommt die Sonnenterrasse wie gerufen, um die Bergkulisse bei einem Almdudler oder einer mit Tomaten und Gurken garnierten Käsevesper zu genießen.

Gratwanderung auf den Falken Frisch gestärkt erfolgt anschließend der Aufstieg auf zunächst breitem Weg, dann schmalem Pfad auf den **Hochhäderich**. Er markiert die Grenze zwischen Deutschland und Österreich und bildet den westlichsten Gipfel der Nagelfluhkette. Nach einem weiteren herrlichen Rundumblick folgen wir dem Grat in Richtung Falken. Zugleich ändert sich die Wegmarkierung von rot-weiß zu blau-weiß. Auf so gekennzeichneten Wegen ist im Allgäu mit alpinen Gefahren zu rechnen. Tatsächlich sind Trittsicherheit und auch Schwindel-

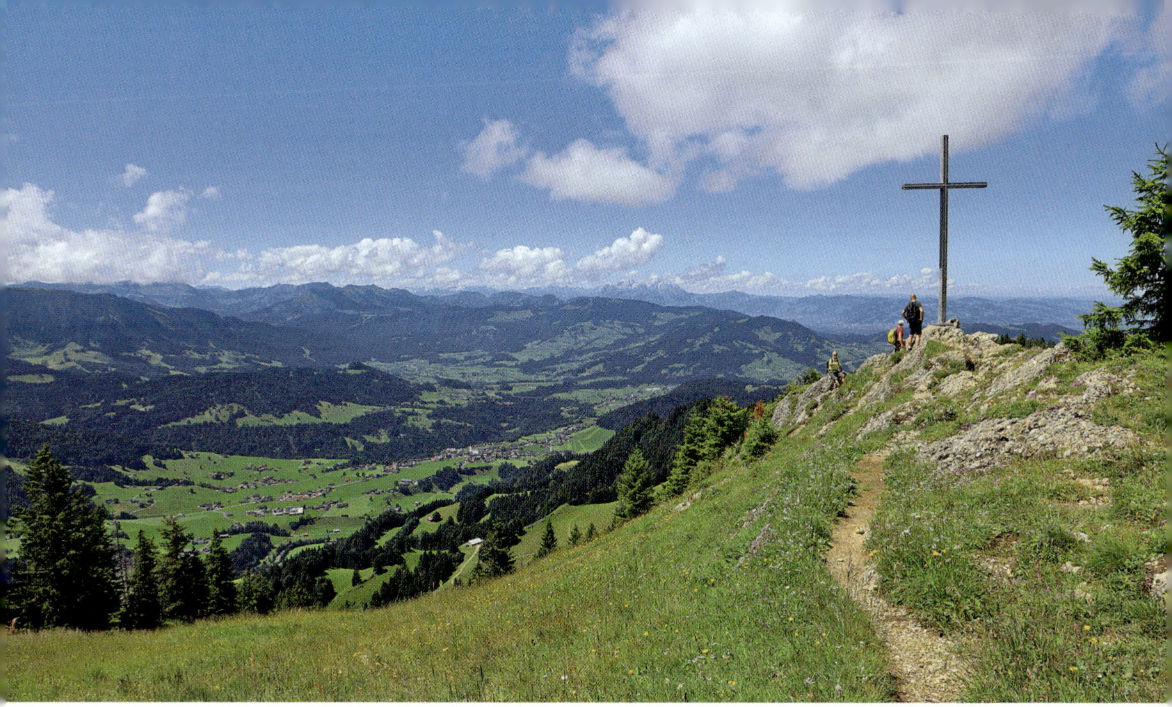

freiheit auf dem nächsten Abschnitt unerlässlich. Über den höchsten Punkt auf dem Hochhäderich hinweg ist der folgende Abstieg mit Drahtseilen gesichert. Wanderstöcke sind hier eher hinderlich und sollten besser am Rucksack befestigt werden. Wo sich der Pfad teilt, können wir gerne links auf die einfachere Variante wechseln. Schließlich wird das Terrain wieder einfacher und der Pfad nimmt Kurs **Auf den Falken**.

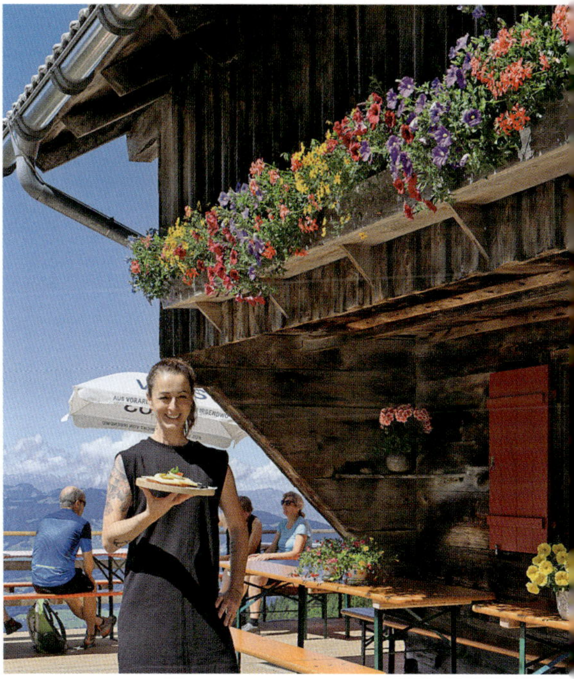

Drei Abstiege zur Falkenhütte Im weiteren Verlauf zweigen links zwei Pfade zur Falkenhütte ab. Schöner finden wir es, dem Grat bis zum Übergang zum Eineguntkopf (auch Rohnehöhe) zu folgen, um erst dort den Bergweg hinunter zur **Falkenhütte** einzuschlagen. Dort sind alle technischen Herausforderungen gemeistert, sodass wir uns die gemütliche Einkehr nun wahrlich verdient haben. Der spätere Rückweg erfolgt dann ganz bequem auf dem Fahrweg bis zur Bushaltestelle Hörmoos. Mit etwas Glück erwischen wir auch den Nachmittagsbus und können direkt bei der Falkenhütte einsteigen.

Herzlicher Empfang beim Berggasthaus Hochhäderich

Ganz oben: Blick zurück zum Hochhäderich

3 Ausgeschert zur Kuhschwandalpe

Variante ab dem Hündle

Leicht | 12 km | 400/675 Hm | 3.45 Std.

Tourencharakter
Oberhalb der Alpe Rotholz nutzt die Tour einen Wurzelpfad. Ansonsten technisch einfache Runde auf zumeist bequem zu gehenden Wegen sowie auch Alpzufahrten

Ausgangspunkt/Endpunkt
Hündle Bergbahn bei Oberstaufen
GPS 47.5518, 10.0508

Anfahrt
Bus/Bahn: Von Immenstadt und Oberstaufen fährt die Buslinie 39 zur Haltestelle Knechtenhofen Hündlebahn.
Auto: Von der B 308 Immenstadt–Oberstaufen bis zur Einfahrt der Hündle-Erlebnisbahnen fahren. Die Parkplätze bzw. die Bahn befinden sich direkt neben der Bundesstraße.

Einkehr
Berggaststätte Hündle (tgl. ab 10 Uhr), Alpe Bärenschwand (Di–Fr ab 10.30 Uhr, Sa–So ab 9.30 Uhr), Alpe Kuhschwand (tgl.), Brotzeitstüble Schwändle (Mi–Mo ab 10.30 Uhr)

Karte
AV-Karte 1:25 000, BY 1 Allgäuer Voralpen West

Informationen
Oberstaufen Tourismus, Tel. 08386/930 00, www.oberstaufen.de; Hündle-Bergbahn, www.huendle-imberg.de

Die Tour zur Kuhschwandalpe nutzt mit der Hündlebahn die zweite und letzte Bergbahn in diesem Buch. Bis zu den Krokuswiesen schaffen es die meisten Ausflügler. Dann scheren wir aus dem Strom der Wanderer aus und es wird spürbar ruhiger.

Morgenstund hat Gold im Mund Die ersten Gondeln der Hündlebahn schweben in der Regel noch vor der angegebenen Betriebszeit den Hang hinauf. Sie befördern die Angestellten der Ausflugslokale, aber auch die ersten Wanderer zur **Bergstation**. Es ist die schönste Zeit, um die Bergwelt zu genießen und den Blick über die benachbarte Berggaststätte zum Imberg schweifen zu

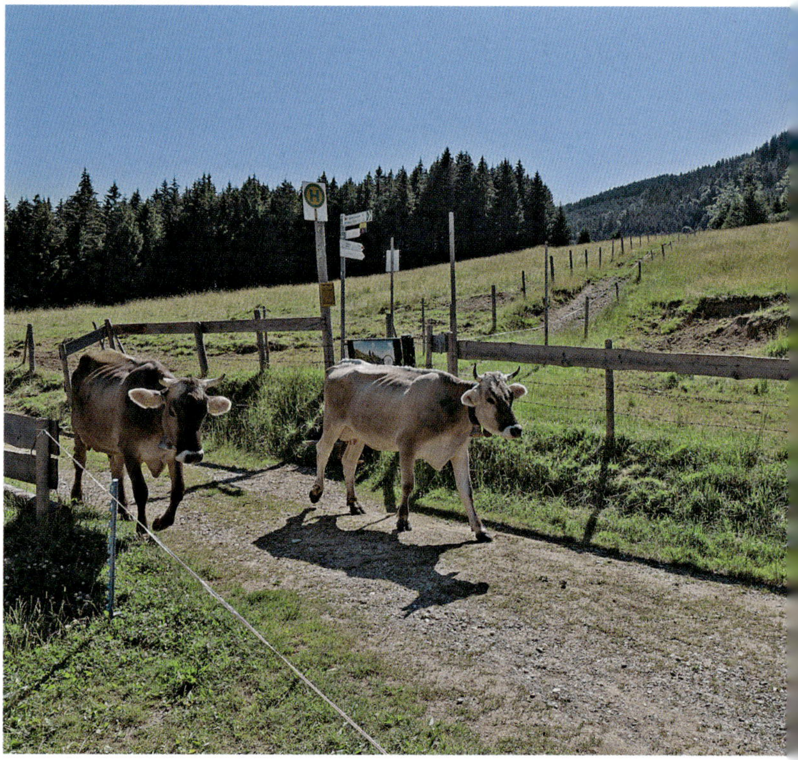

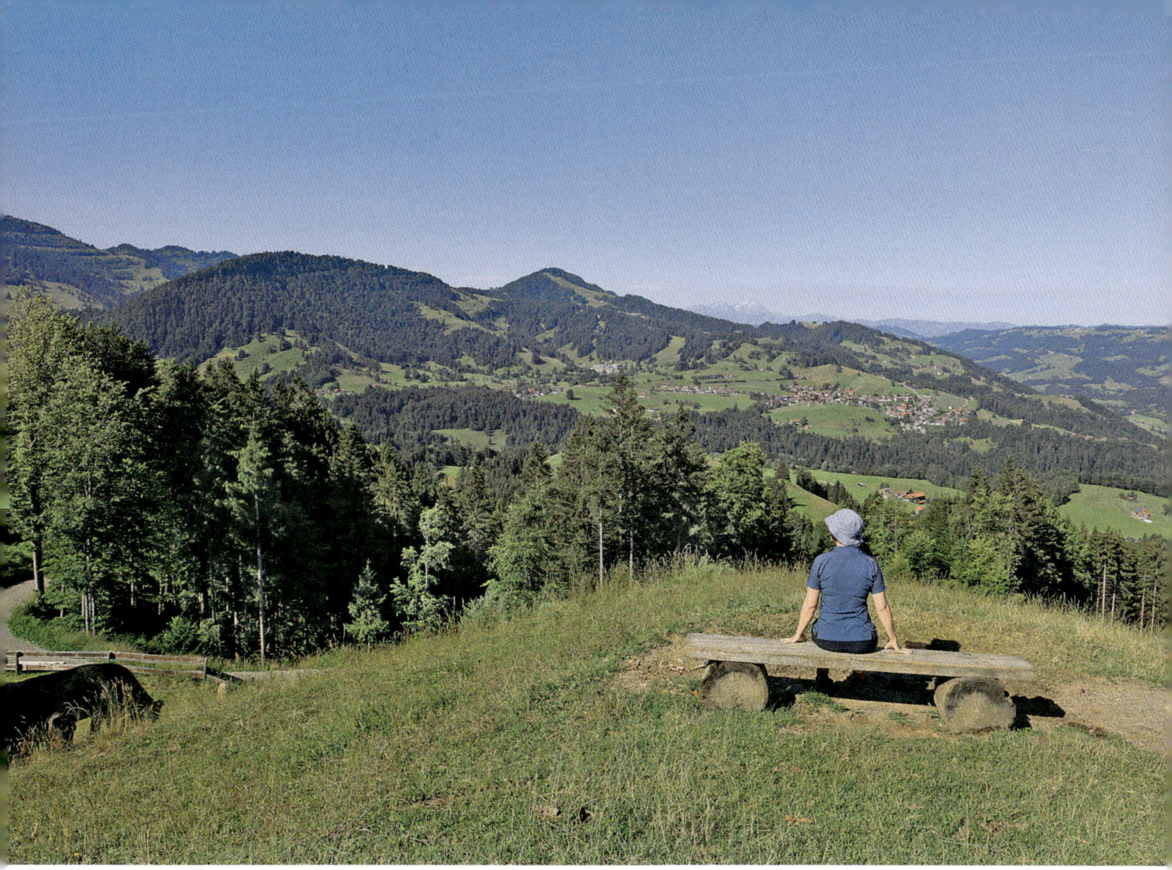

lassen. Rechts davon sind bei guter Sicht die Gipfel des Alpsteins mit dem Säntis zu sehen. Ein Stück weiter rechts ist außerdem der Pfänder zu erkennen. Nach diesem schönen Auftakt geht es auf dem Fahrweg an der Sennalpe Oberhündle vorbei zum **Loch im Fels**. Daneben fragt ein Schild, um was für einen Felsen es sich handelt. Da der Hündle Teil des Naturparks Nagelfluhkette ist, dürfte die Antwort auf der Hand liegen.

Morgens geht es auf dem Hündle noch ruhig zu.

Linke Seite: Jungvieh auf dem Weg vom Stall auf die Weide

Panorama auf dem Hündlekopf Für den nächsten Abschnitt haben wir die Wahl: Wer einfache Wege bevorzugt, kann geradeaus den Hündle umgehen. Bei der nächsten Gabelung hält man sich dann am besten mit der Nagelfluhschleife »Wildes Wasser« links. Allen anderen empfehlen wir den Weg hoch zum **Hündlekopf**. Auf dem Gipfel hilft eine Panoramascheibe, die Berge zu bestimmen. Allen voran zählen hierzu die Gipfel der benachbarten Nagelfluhkette. Ausgespart wurde der Falken (Tour 2). Er befindet sich zwischen dem Hochhäderich und dem Eineguntkopf. Weiter geht es in östlicher Richtung sowie links über einen breiteren Weg zurück zum Fahrweg. Nach dem Hochsiedellift treffen beide Varianten wieder zusammen.

Krokusblüte am Hündle

Am Ende des Winters verwandeln weiße und blaue Krokusse die Wiesen am Hündle in ein Blütenmeer. Das jährlich wiederkehrende Schauspiel begeistert Wanderer und Naturliebhaber gleichermaßen.

Nagelfluhschleife zur Moosalpe Auf dem nächsten Abschnitt können wir uns an den Markierungen der Nagelfluhschleife »Wildes Wasser« orientieren. Nachdem wir die Blaue Krokuswiese passiert haben, lassen wir den Abzweig bei der Hochsiedelalpe aus und folgen dem Premiumwanderweg nahe dem Hohen Teufellift kurz durch den Wald, dann quer über den Skihang zum gegenüberliegenden Waldrand. Dort trennen sich die Wege. Während die Nagelfluhschleife rechts in den Wald eintaucht, trennen uns links wenige Schritte von der **Moosalpe**. Sowie wir die zum Alpsommer 2018 neu gebaute Jungviehalpe passiert haben, sollte es um uns herum ruhiger werden. Wir folgen der Beschilderung in bald südlicher Richtung zwischen den Wäldern hindurch. Etwa 200 Meter nach einem kleineren Zufluss zur Konstanzer Ach biegen wir links zur Kuhschwandalpe ab, sodass wir als Nächstes zur **Alpe Bärenschwand** kommen.

Abstecher zur Kuhschwandalpe Der Abstecher führt an der hübsch gelegenen, aber unbewirteten Alpe Bärenschwand vorbei. Sowie wir einen weiteren bewaldeten Gebirgsbach gekreuzt haben, sehen wir die **Kuhschwandalpe** vor uns. Anders als die bisherigen Hütten hat die Sennalpe ihren ursprünglichen Charakter bewahrt. Bei der Kuhschwandalpe werden im Sommer 16 Kühe geälpt. Die rund 250 Liter Milch am Tag werden zu Berg-

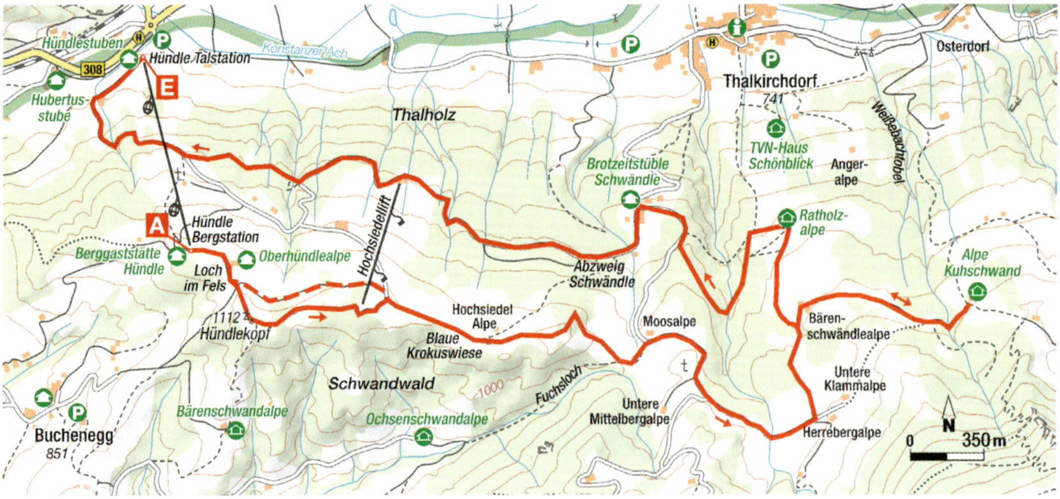

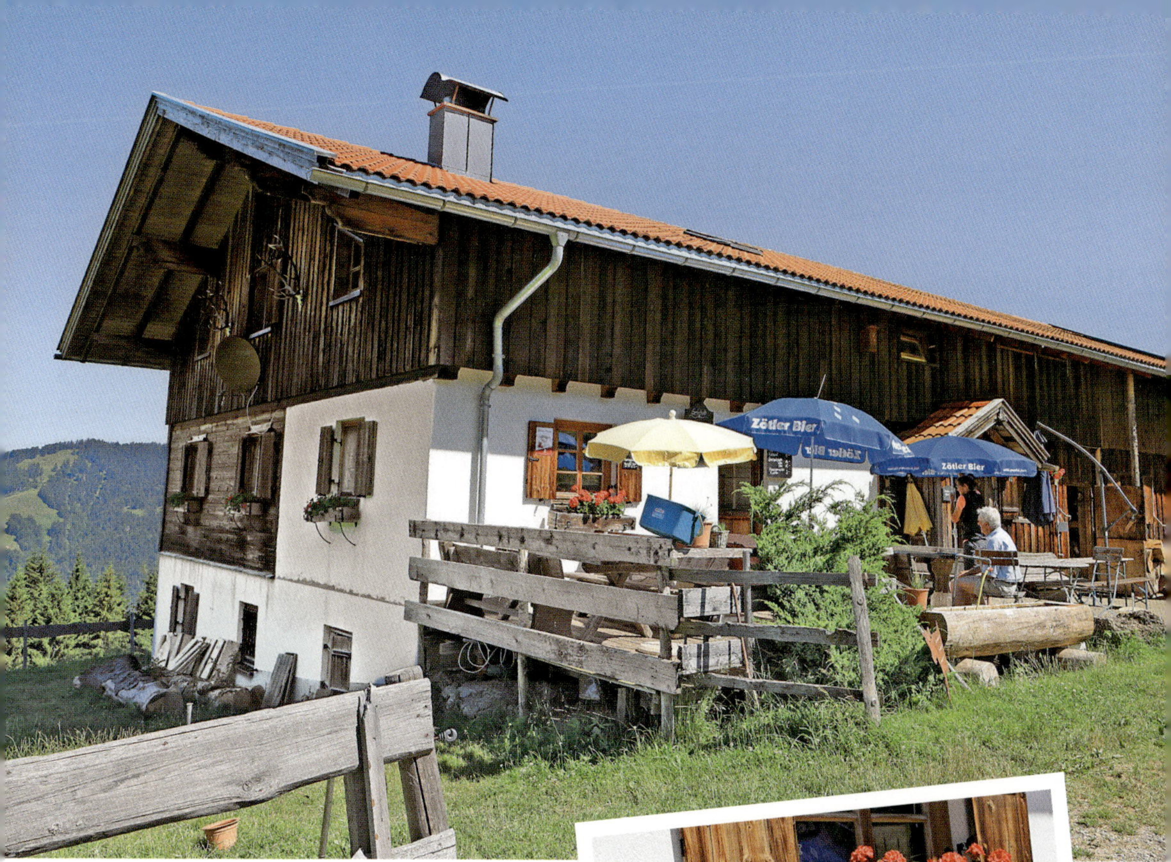

käse und Romadur verarbeitet. Beide Käsespezialitäten werden auch zur Brotzeit auf der Terrasse serviert. Daneben erwartet uns eine wechselnde Auswahl an Kuchen.

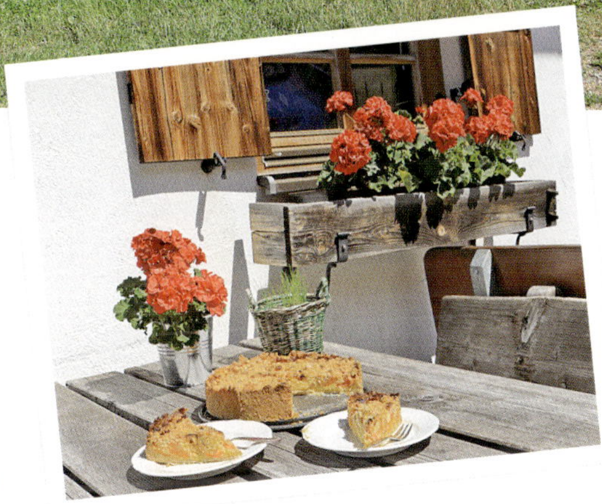

Mehrwert durch Umweg Für den späteren Rückweg kehren wir auf demselben Weg zur Alpe Bärenschwand zurück und biegen beim Wegweiser zur Schwandalpe ab. Der Wanderweg steuert zunächst auf die Alpe Rotholz zu, wechselt bei einer Baumreihe jedoch links auf einen von Wurzeln überzogenen Pfad. Im weiteren Verlauf folgen wir der Beschilderung durch den Wald zur Schwandalpe und zum **Brotzeitstüble Schwändle**. Bei der Hütte ist die Hündle-Talstation angeschrieben. Schöner ist es, erst in Richtung Hochsiedelalpe zu wandern, um beim **Abzweig Schwändle** auf den Weg zur Bergstation zu wechseln. In dem Fall geht es auf einem Abschnitt des Erlebniswanderwegs zur Talstation vom Hochsiedellift. Gut 500 Meter weiter zweigen wir rechts ab und können die letzten Meter gemütlich zur **Talstation** hinunterlaufen.

Ausnehmend lecker sind die selbst gebackenen Kuchen.

Ganz oben: Die Kuhschwandalpe hat nur eine kleine Terrasse.

4 Alpe Sonnhalde und Neugreuth

Mit Tarzansteg und Buchenegger Wasserfälle

Mittel | 10,5 km | 300 Hm | 2.30–3 Std.

Tourencharakter
Im Bereich der Buchenegger Wasserfälle ist Trittsicherheit erforderlich. Ansonsten eher einfache Runde auf schön zu wandernden Wegen

Ausgangspunkt/Endpunkt
Parkplatz In der Au nahe der Imbergbahn
GPS 47.5233, 10.0276

Anfahrt
Bus/Bahn: Ab dem Bahnhof Oberstaufen mit der Buslinie 9795 zur Haltestelle Steibis Am Giebel. Der Einstieg erfolgt dann beim Gasthaus Hirsch.
Auto: Von der B308 Immenstadt–Lindau bei Oberstaufen auf die St2005 Richtung Österreich abfahren. Anschließend der Beschilderung zur Imbergbahn bis zum Parkplatz In der Au folgen

Einkehr
Alpe Sonnhalde, Alpe Neugreuth (Mai–Ende Okt. Di–So 10.30–17 Uhr)

Karte
AV-Karte 1:25000, BY 1 Allgäuer Voralpen West

Informationen
Oberstaufen Tourismus, Tel. 08386/93000, www.oberstaufen.de

Diese Wanderung verbindet zwei traumhaft gelegene Alpen bei Steibis. Die Sonnhalde ist eine bis dato authentische Sennalpe. Danach verwöhnt die Neugreuth mit Produkten der umliegenden Alpen. Dazwischen begeistern die Buchenegger Wasserfälle.

Ungewohnter Einstieg Sowohl die Buchenegger Wasserfälle als auch das Mittelbachtal mit der Alpe Sonnhalde werden von der Nagelfluhschleife Wildes Wasser erfasst. Durch den Start am Hündlekopf geht diese mit Nutzung der Hündlebahn einher – und beinhaltet dennoch das Anderthalbfache der zu leistenden Höhenmeter. Sowie wir den Startpunkt nach Au legen, wird aus der Runde zwar eine sogenannte Lasso-Wanderung. Dafür umgehen wir galant den größten Trubel – und können uns auch unterwegs auf deutlich weniger stark frequentierte Abschnitte freuen.

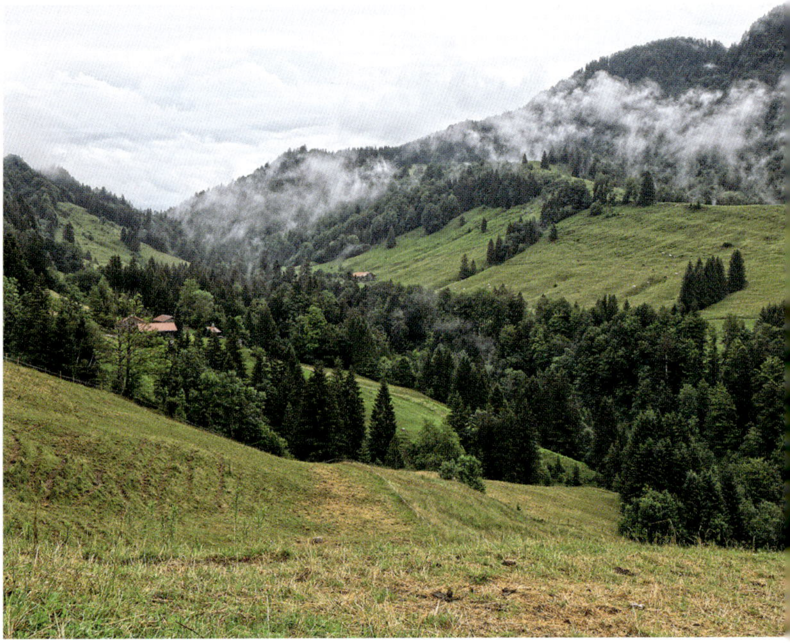

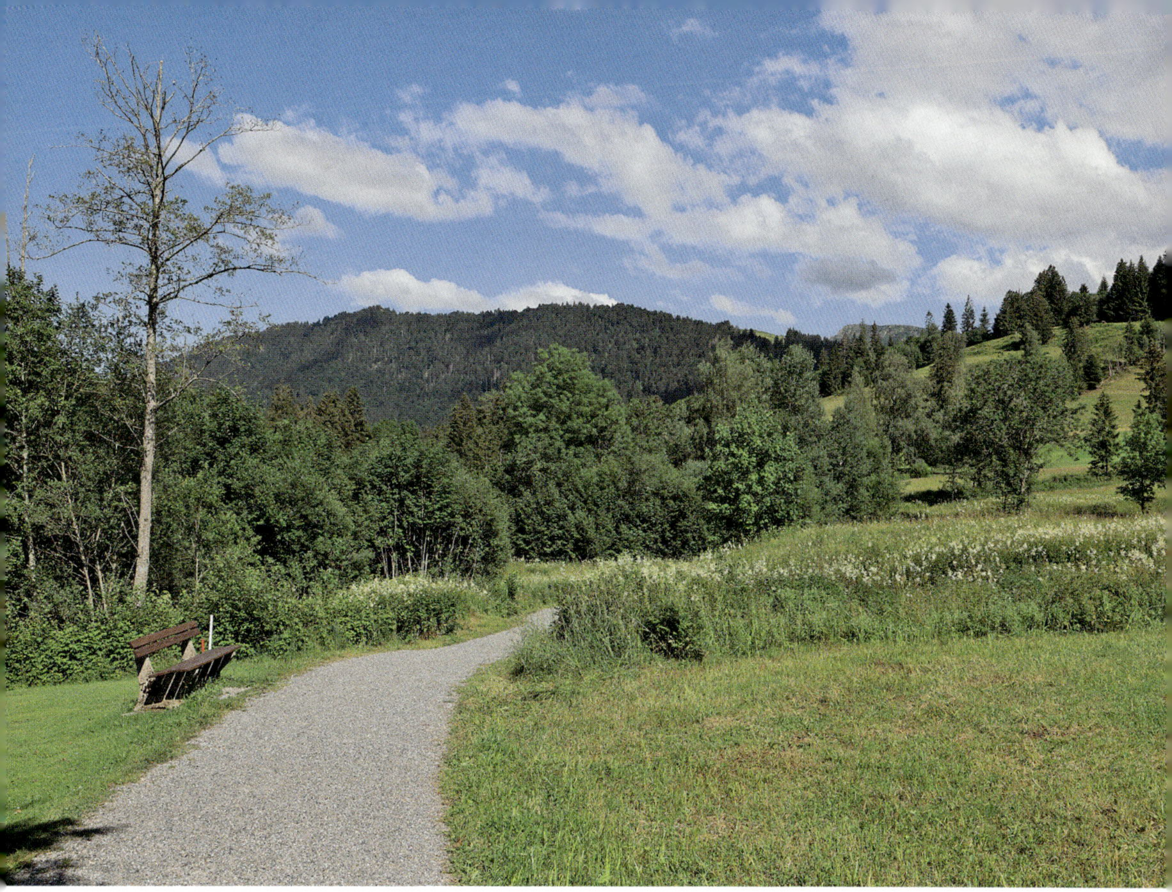

Über den Golfplatz zum Gasthaus Hirsch So eingestimmt folgen wir ab dem **Parkplatz In der Au** dem Rundweg 8 in Richtung der Buchenegger Wasserfälle. Auf der Zufahrt zur Fürstlich Waldburg-Zeil'schen Hauptverwaltung queren wir den Stegenbach. Gleich nach den Gebäuden biegen wir links ab. Der erste Abschnitt verläuft damit am Rand vom Golfplatz Oberstaufen-Steibis. Nasswiesen mit Seggen und Binsen sowie dem lieblich duftenden Mädesüß stehen hier im Kontrast zu adrett gepflegten Rasenflächen. Nach den ersten 900 Metern der Tour zweigt links ein Weg zum Waldlehrpfad ab. Von dort werden wir später zurückkehren. Geradeaus tangiert unser Weg bald die Straße Am Giebel und führt rechts zum **Berggasthaus Hirsch**.

Zugang vom Parkplatz In der Au zu unserer Runde

Linke Seite: Aufsteigende Wolken im Mittelbachtal

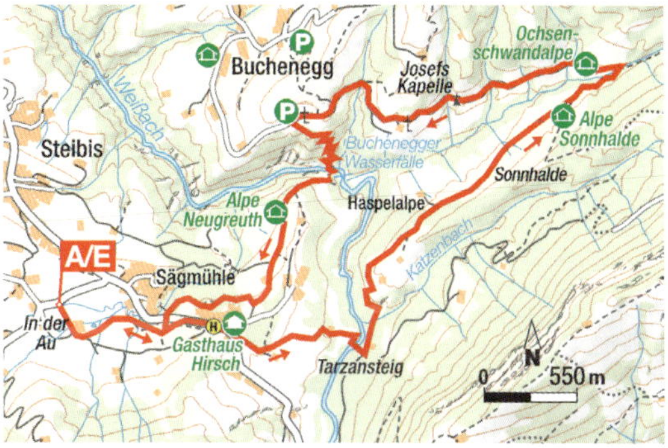

Tarzansteg über die Weißach Beim Berggasthaus ist die Alpe Sonnhalde angeschrieben. Damit folgen wir dem rotweiß markierten Weg um die Waldinsel herum, halten uns

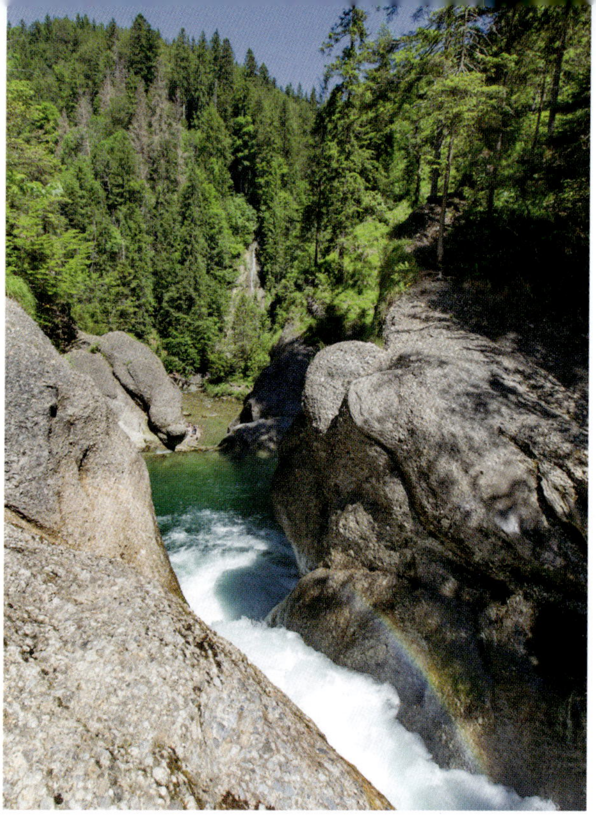

dann links und treffen auf die Nagelfluhschleife Wildes Wasser. Geradeaus geht es auf dem Premiumwanderweg hinunter an die Weißach zum **Tarzansteg**. Der Name geht auf die erste Brücke zurück. Anfang der 1950er-Jahre hatte der Hirte Anton Schratt mithilfe eines im Bachbett liegenden Felsens und sechs mittelgroßen Baumstämmen einen Steg errichtet. Als Handlauf spannte er ein Seil über die Weißach, welches die Einheimischen an die Geschichten des Urwaldhelden erinnerte. Die heute bestehende Hängeseilbrücke ist der mittlerweile dritte Übergang an dieser Stelle.

Buchenegger Wasserfälle

Die Buchenegger Wasserfälle sind durch das Wechselspiel von Wasser, härteren Nagelfluh- und weicheren Gesteinsschichten aus Mergel und Sandstein entstanden. Dabei hat die Kraft des Wassers die weicheren Steinschichten ausgewaschen und fortgetragen. Unterhalb der quer zur Weißach angeordneten Nagelfluhrippen entstanden tiefe Gumpen und zwei eindrucksvolle Kaskaden.

Alpe Sonnhalde Auf der Wiese jenseits des Stegs blühen ab dem Spätsommer reichlich Herbstzeitlose. Wir biegen links auf den Wirtschaftsweg ab, sodass wir als Nächstes den **Katzenbach** queren. Bis auf Höhe der **Haspel-Alpe** steigt der Weg deutlich an. Dann öffnet sich die Sicht über das Mittelbachtal und wir können es bis zur **Alpe Sonnhalde** wieder ruhig angehen. Die Alpe wird durch den Verein zur Erhaltung Allgäuer Kulturlandschaften betrieben. Mit seiner Gründung sollte die Alpe samt 58 Hektar Wald und Wiesen Mitte der 1990er-Jahre vor Bodenspekulationen bewahrt werden. Auf der mit Holzbänken und -tischen ausgestatteten Terrasse lässt es sich bei einer Brotzeit gut aushalten.

Blick von oben über die Buchenegger Wasserfälle

Rechte Seite oben: Alpe Neugreuth

Rechte Seite unten: Luise Huber und Jakl Köhler haben jahrelang die Alpe Sonnhalde bewirtet.

Naturschauspiel Buchenegger Wasserfälle 400 Meter nach der Sonnhalde trennen sich am Mittelbach die Wege. Während der Premiumwanderweg geradeaus zur Moosalpe führt, biegen wir links ab. Damit geht es auf der anderen Bachseite an der **Alpe Ochsenschwand** und der **Josefs Kapelle** vorbei. Nachdem wir

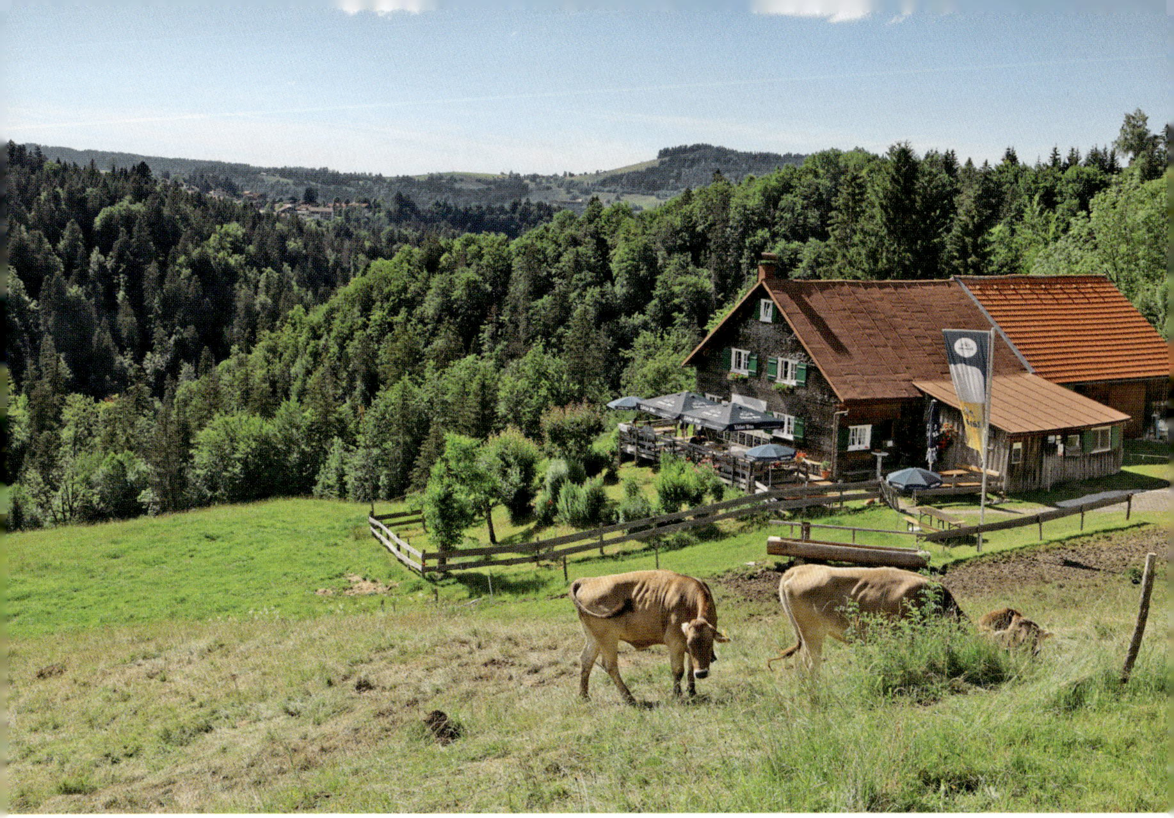

auch die Tura-Alpe passiert haben, treffen wir beim Abzweig zur Alpe Bärenschwand erneut auf die Nagelfluhschleife Wildes Wasser. Einen halben Kilometer weiter biegen wir mit dieser zu den **Buchenegger Wasserfällen** ab. Gegenüber früher wurde der Zugang erleichtert. Auf dem steil abfallenden Pfad ist aber dennoch Vorsicht geboten.

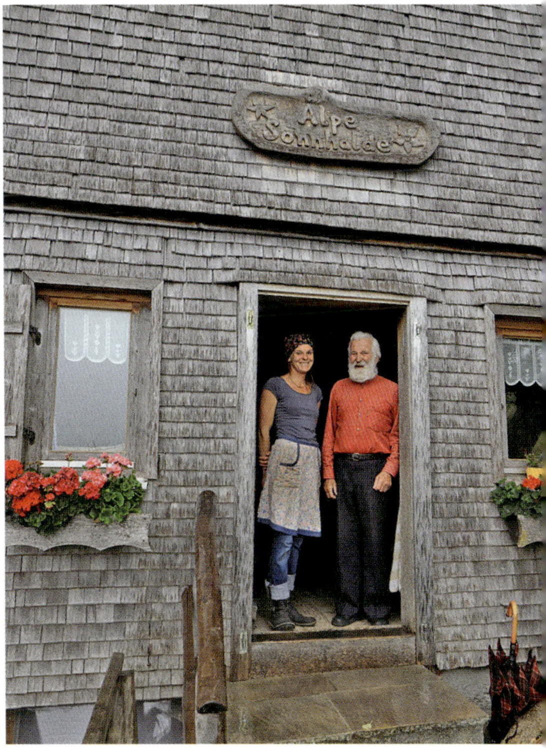

Rückweg über die Alpe Neugreuth Wo jenseits vom Einschnitt die Nagelfluhschleife abbiegt, gelangen wir geradeaus zur **Alpe Neugreuth**. Nach der zweiten Einkehrmöglichkeit zweigt ein erster Weg nach Steibis ab. Für den Rückweg zum Parkplatz In der Au biegen wir erst nach der Alpe Neugeschwand rechts ab und folgen anschließend der Beschilderung Richtung Au. Sowie wir die Straße zur Hochgratbahn und den Stegenbach gekreuzt haben, schließt sich die Runde. Damit geht es rechts über den Golfplatz zurück zum Parkplatz in der Au.

5 Immenstädter und Gschwender Horn

Zu den Bergbriada im Kemptener Naturfreundehaus

Mittel	9,8 km	800 Hm	4–5 Std.

Tourencharakter
Konditionell fordernde Bergwanderung mit reizenden Ausblicken. Bei Auslassen des Immenstädter Horns entfallen gut 150 Höhenmeter.

Ausgangspunkt/Endpunkt
Parkplatz beim Schullandheim Gschwender Hof
GPS 47.5646, 10.1743

Anfahrt
Bus/Bahn: –
Auto: Von der B 308 Immenstadt–Oberstaufen bei Bühl am Alpsee in die Rieder Steige abfahren. Der Straße über Rieder zum Parkplatz beim Schullandheim Gschwender Hof folgen

Einkehr
Hochberg-Alpe (tgl. ab 10 Uhr), Bergbriada im Naturfreundehaus Kempten (Di–So ab 10 Uhr), Alpe Gschwenderberg (Fr–So ab 10 Uhr)

Karte
AV-Karte 1:25 000, BY 1 Allgäuer Voralpen West

Informationen
Tourist-Information Immenstadt im Naturparkzentrum Nagelfluhkette, Tel. 08323/998877, www.alpsee-gruenten.de

Das Kemptener Naturfreundehaus ist aus einer Schutzhütte der frühen 1920er-Jahre hervorgegangen. Mit dem Einzug der »Bergbriada« ist neuer Schwung in die Hütte eingekehrt. Danach besuchen wir eine der ältesten Hütten am Großen Alpsee.

Aufstieg über die Hochberg-Alpe … Der Einstieg in die Runde erfolgt gegenüber dem **Parkplatz Gschwend** auf dem deutlich ansteigenden Schotterweg. Bereits nach der ersten Kehre eröffnet uns dieser eine schöne Sicht auf den Großen Alpsee. Nach 300 Metern biegen wir rechts auf den Wirtschaftsweg ab und folgen der Beschilderung zur **Hochberg-Alpe**. Ab Anfang Mai bis Mitte September ist diese täglich ab 10 Uhr geöffnet. Auf

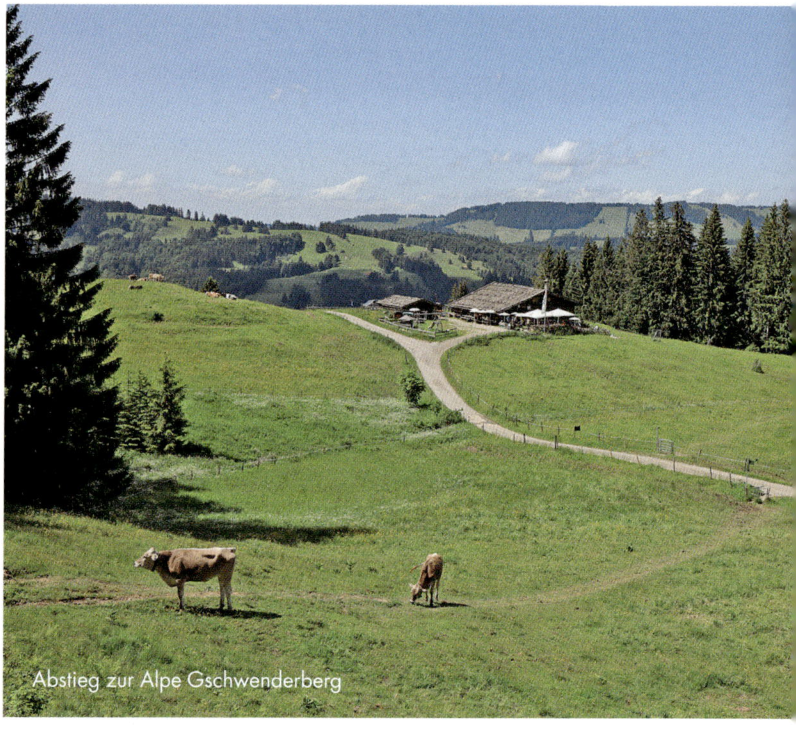

Abstieg zur Alpe Gschwenderberg

der Bergseite der Hütte laden mehrere liebevoll gestaltete Sitzgruppen zum Chillen ein. Im weiteren Anstieg ermöglicht eine Verbindung zur Alpe Gschwenderberg, die Runde abzukürzen. Wer diese nimmt, kann die Tour als Bergspaziergang verbuchen. Alle anderen nehmen den Fahrweg an der **Rabennestalpe** vorbei und tauchen etwas oberhalb davon in den Wald ein. Wo wir diesen wieder verlassen, sehen wir vor uns die **Kessel-Alpe**. Bei der unbewirteten Hütte haben wir erneut die Wahl: Wer hier schon mit der Steigung zu kämpfen hatte, nimmt am besten den direkten Weg zur Alpe Alp.

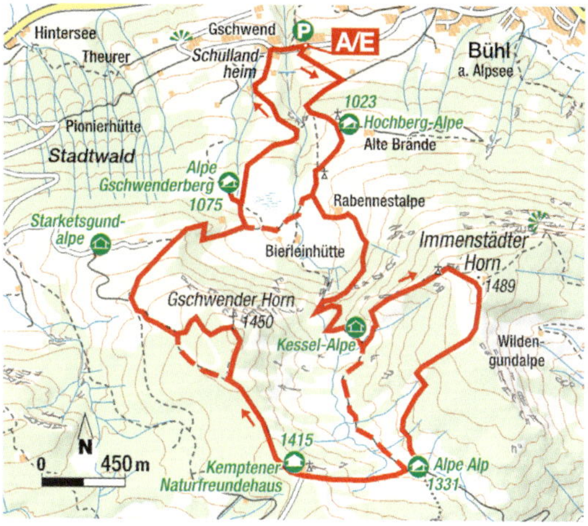

… auf das Immenstädter Horn Als konditionell fitte Bergsteiger biegen wir bei der Hütte links zum Immenstädter Horn ab. Damit zieht die Steigung nochmals an und wird außerdem das Terrain anspruchsvoller. Es lohnt sich. So öffnet sich oberhalb des nächsten Waldstücks ein zweites Mal die Sicht auf den inzwischen tief

Kommen und Gehen auf dem Immenstädter Horn

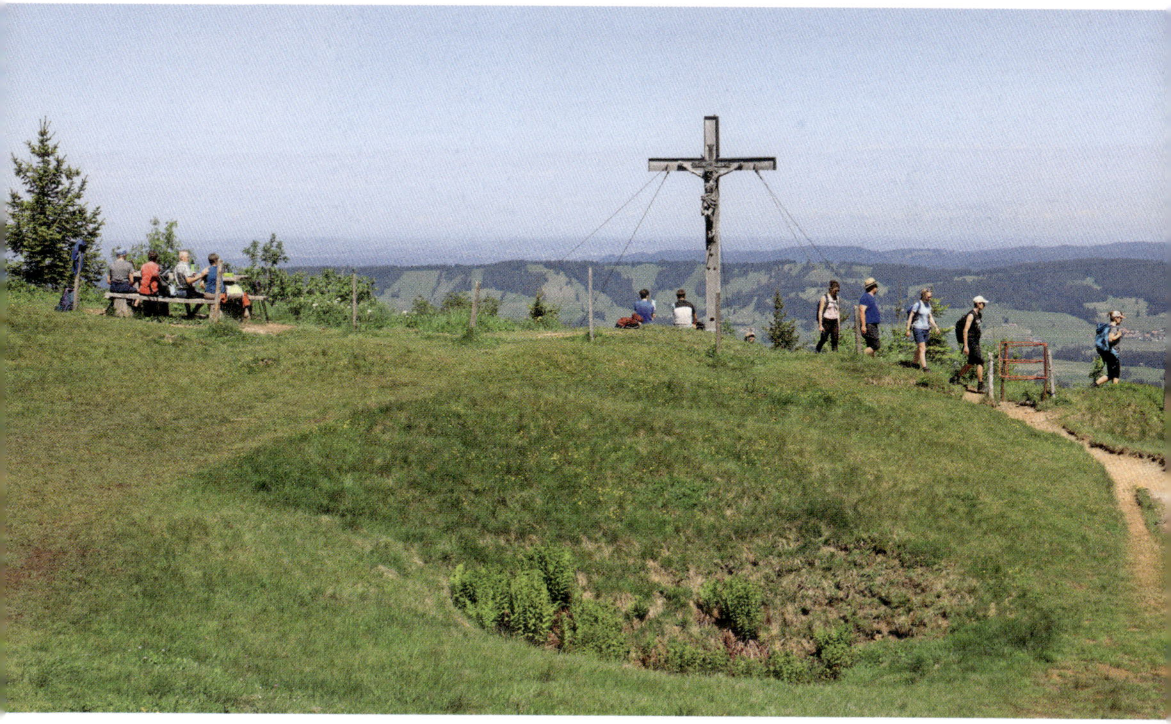

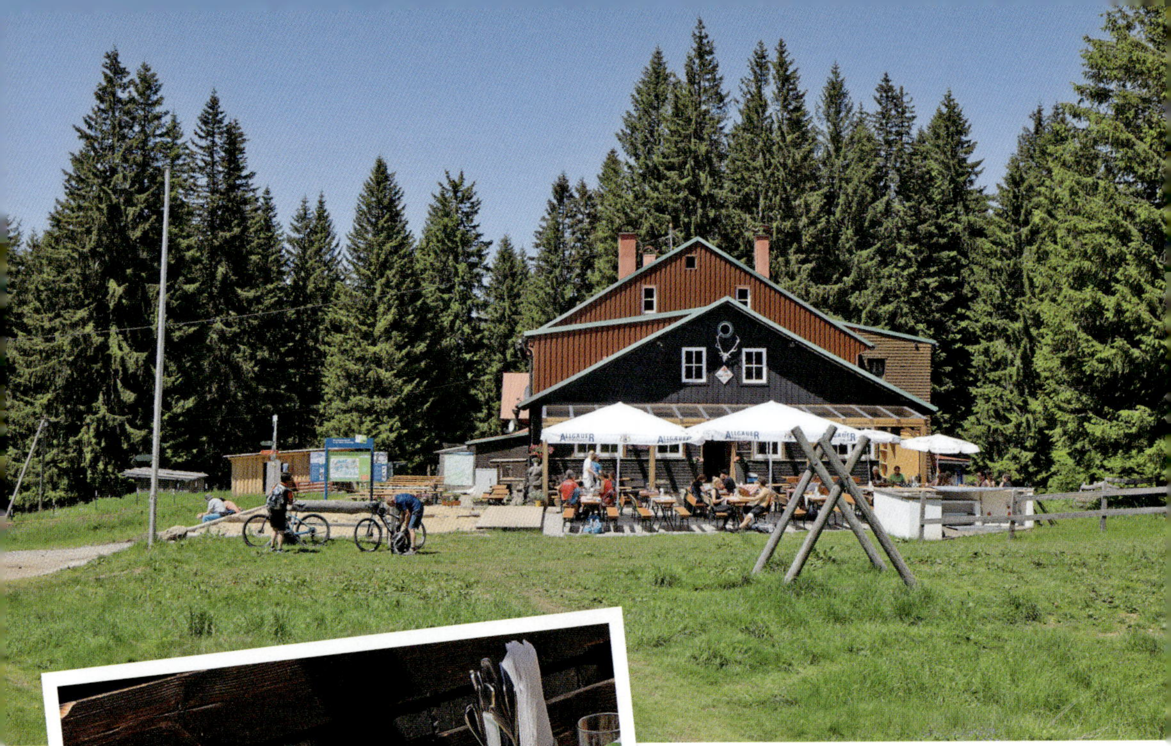

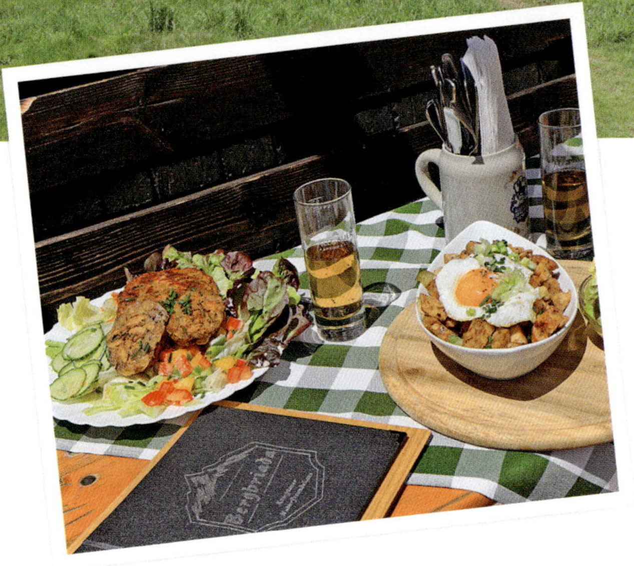

unter uns liegenden Großen Alpsee. Wenden wir uns nach Südwesten, so reihen sich da die Gipfel der Nagelfluhkette aneinander. Mit etwas Glück ist zwischen ihnen und dem benachbarten Gschwenderhorn der Alpstein mit dem Säntis zu erkennen. Oben auf dem **Immenstädter Horn** angekommen, liegen uns weite Teile des Allgäuer Voralpenlands zu Füßen.

Ob Knödel-Duo auf Salat oder Knödel mit Ei – beides lecker!

Ganz oben: Das Kemptener Naturfreundehaus

Altes Naturfreundehaus, neuer Schwung Für den anschließenden Abstieg verlassen wir die Felskanzel in südlicher Richtung an der Ingolstädter Hütte vorbei. Die offenen Bereiche auf dem Immenstädter Horn sind als Borstgrasrasen kartiert. An feuchten Stellen wird der wertvolle Biotop durch einen Bohlenweg vor Trittbelastung geschützt. Dann schwenkt der Pfad nach Südwest und führt hinunter zur **Alpe Alp**. Von dort sind es noch 20 Minuten bis zum **Kemptener Naturfreundehaus**. Früher sahen sich Wanderer im Umfeld der Hütte einer Vielzahl an Schildern mit Verhaltensregeln ausgesetzt. Mit dem Einzug der Bergbriada im Jahr 2018 sind diese verschwunden. Auch sonst hat Christian Voltz als neuer Pächter einiges geändert. So entstand auf der Ostseite eine neue Terrasse und es werden Getränke und Speisen am Tisch serviert. Spezialität des Hauses sind Knödel in allen erdenklichen Varianten.

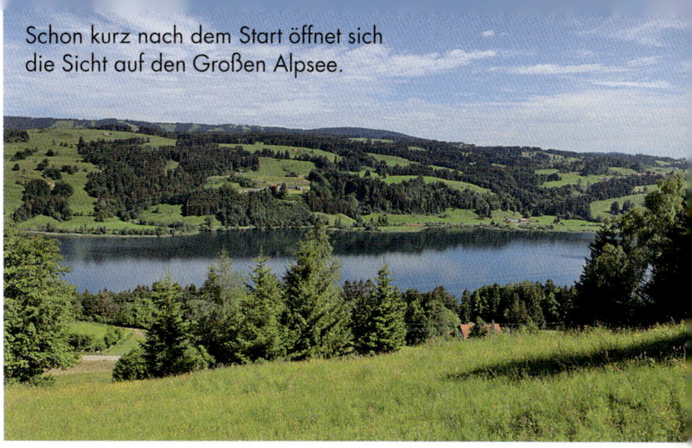
Schon kurz nach dem Start öffnet sich die Sicht auf den Großen Alpsee.

Gschwender Horn und Alpe Gschwenderberg Pappsatt passieren wir nach der Einkehr das zum Naturfreundehaus gehörende Nebengebäude und halten uns bei der Gabelung rechts. Einen halben Kilometer weiter wechseln wir rechts auf den von Wurzeln überzogenen Pfad zum **Gschwender Horn**. Nach einer weiteren Aussicht über den Großen Alpsee kehren wir auf einen zweiten Pfad zurück auf den Wirtschaftsweg. Wir wandern kurz in Richtung Alpsee Bergwelt, biegen dann aber rechts ab und folgen den Wegweisern quer über eine Weide, dann durch einen Waldstreifen hindurch zur **Alpe Gschwenderberg**. Die Sennalpe steht seit über 300 Jahren auf einer aussichtsreichen Bergwiese oberhalb des Großen Alpsees. Da sie im Originalzustand erhalten blieb, zählt sie zu den schönsten und urigsten Alphütten im Oberallgäu. Neben den klassischen Brotzeiten ist die Alpe für ihre hausgemachten Kuchen und würzigen Käs(e)-salate bekannt.

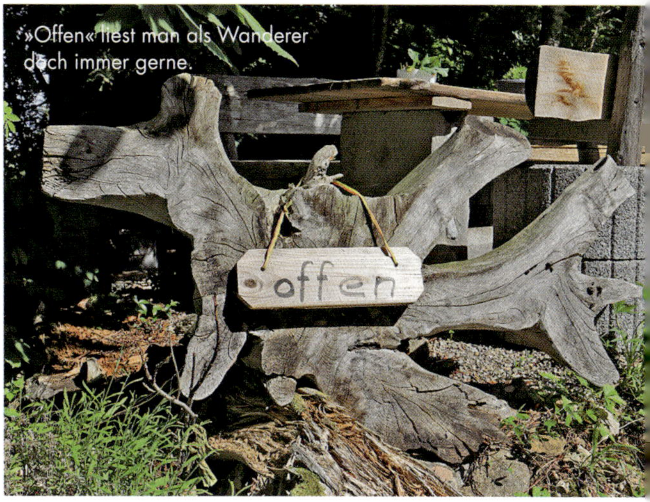

»Offen« liest man als Wanderer doch immer gerne.

Alpsee Bergwelt

Als Kontrastprogramm zur ruhigen Bergwanderung bietet die Alpsee Bergwelt Spaß und Spannung pur. Hauptattraktion ist der Alpsee Coaster, eine ganzjährig betriebene Rodelbahn. Nahe der Bergstation der Sesselbahn gibt es einen Kletterwald und Abenteuerspielpark. Im Winter werden zwei Naturrodelbahnen mit 3,5 und 4,5 km Länge eingerichtet (www.alpsee-bergwelt.de).

Wieder runterkommen Ab dem Wegweiser nahe der Sennalpe erfolgt der weitere Abstieg wahlweise auf dem Weg über die Viehweide in Richtung Ratholz bis zum **Schullandheim** oder über den Alpweg. Letzterer führt uns auf bereits bekanntem Weg nochmals an der **Hochberg-Alpe** vorbei, wo wir bis zum frühen Abend Gelegenheit finden, den Ausflug gemütlich ausklingen zu lassen.

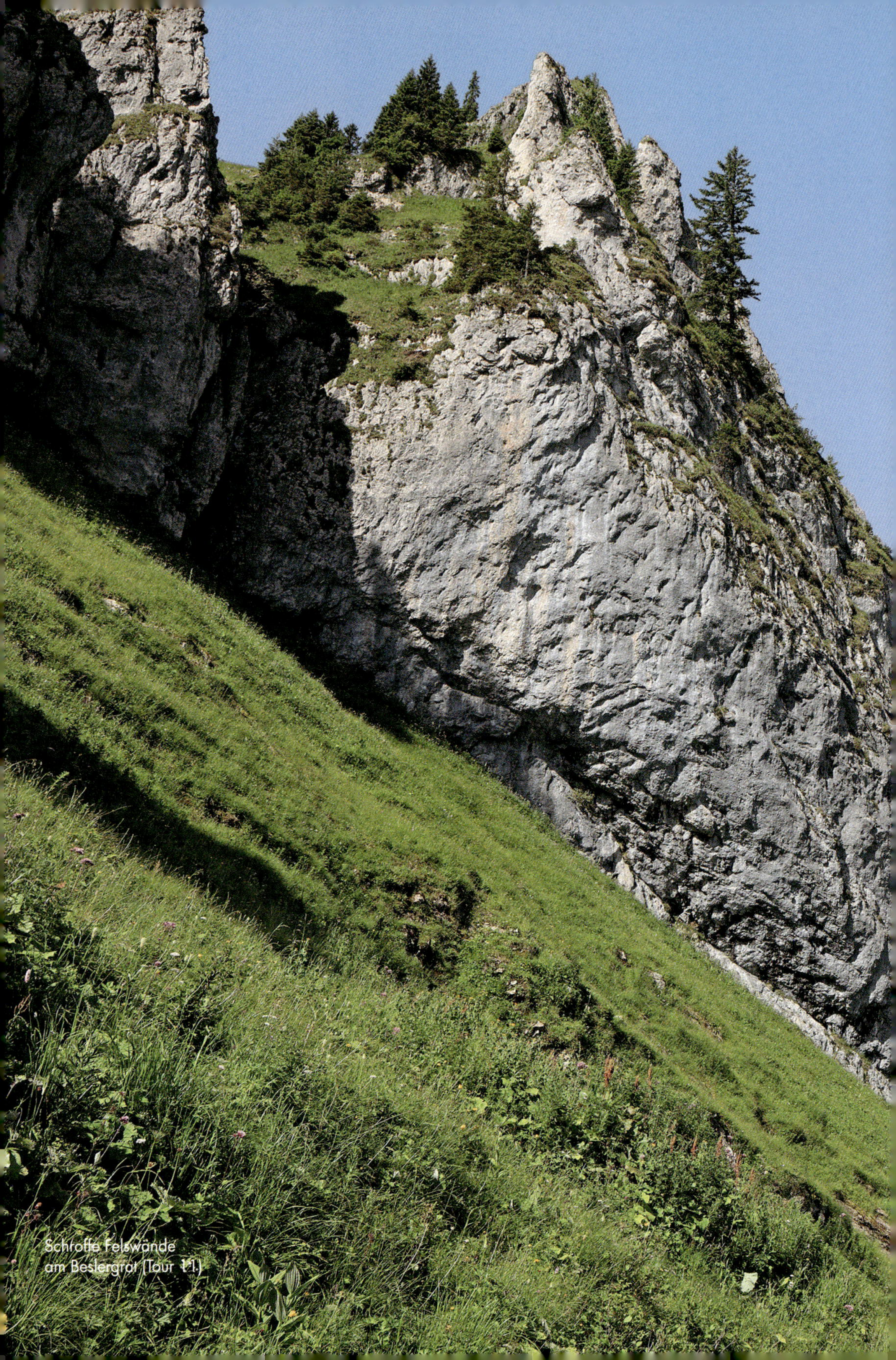

Schroffe Felswände am Beslergrat (Tour 11)

Naturpark Nagelfluhkette

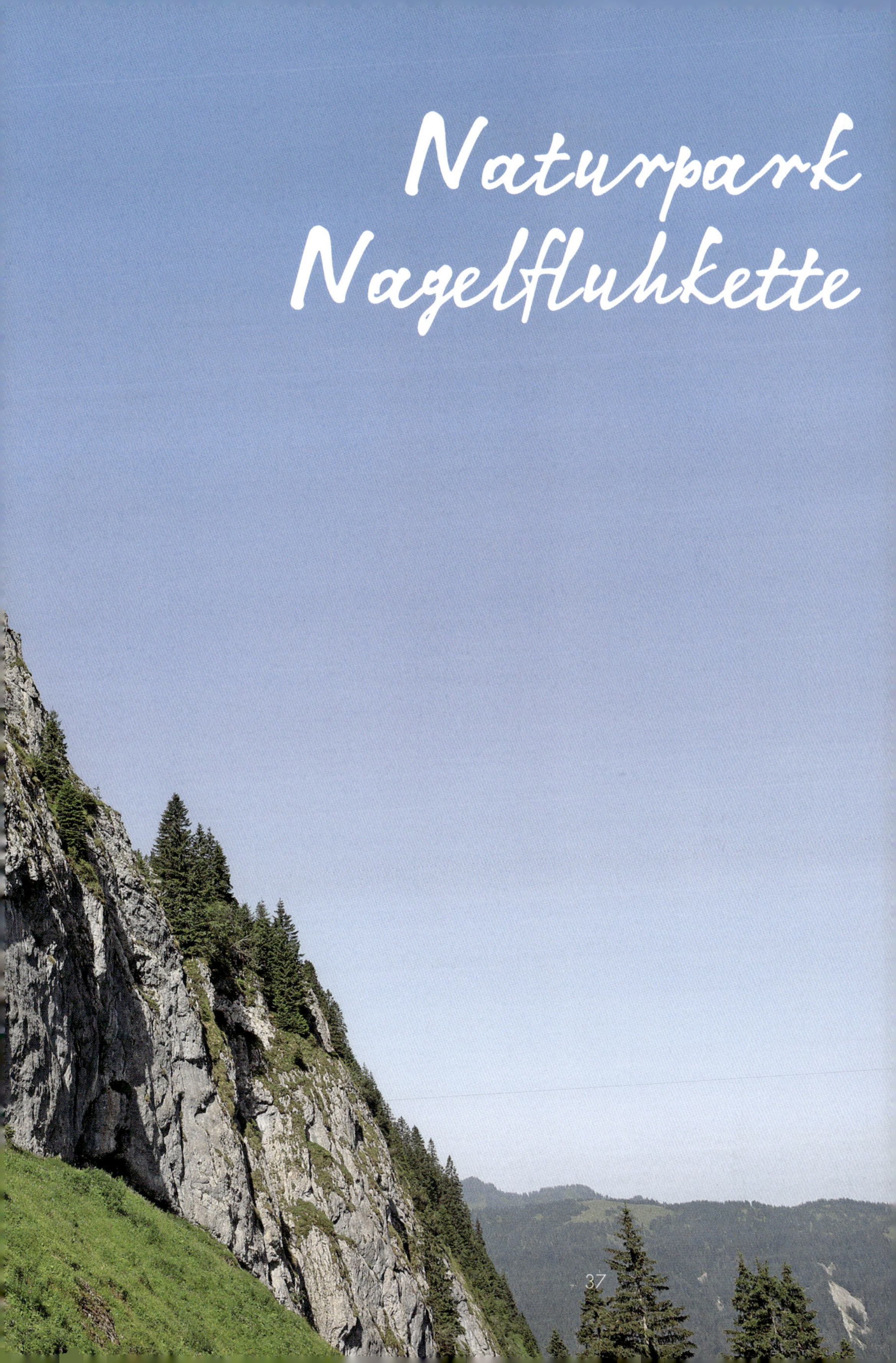

6 Almagmach versus Mittelalpe

Aufstieg durch das Steigbachtal

Mittel | 13 km | 800 Hm | 3–4 Std.

Tourencharakter
Der Aufstieg entlang dem Steigbachtobel sowie der Abstieg über den Aussichtspunkt erfordern festes Schuhwerk und Trittsicherheit. Bei nasser Witterung vermatscht der Pfad unterhalb der Kanzel schnell.

Ausgangspunkt/Endpunkt
Parkplätze bei der Mittagbahn von Immenstadt
GPS 47.5558, 10.2193

Anfahrt
Bus/Bahn: Ab dem Bahnhof Immenstadt erfolgt der Zugang zur Mittagbahn über die Staufner Straße und Mittagstraße.
Auto: Von der B 19 Kempten–Sonthofen bei Immenstadt auf die B 308 nach Immenstadt abfahren. Anschließend der Beschilderung zur Mittagbahn folgen.

Einkehr
Berggasthof Almagmach (tgl. ab 10.30 Uhr), Sennalpe Mittelberg (Fr–Mi ab 10 Uhr)

Karte
AV-Karte 1:25 000,
BY 1 Allgäuer Voralpen West

Informationen
Tourist-Information Immenstadt im Naturparkzentrum Nagelfluhkette,
Tel. 08323/99 88 77,
www.alpsee-gruenten.de

Die Wanderung ab Immenstadt verbindet einen der ältesten Berggasthöfe des Allgäus mit der idyllisch gelegenen Mittelalpe. Zu Beginn sowie auch gegen Ende der Runde erleben wir den Naturpark Nagelfluhkette von seiner ungezähmten Seite.

Kaiserlich durch den Steigbachtobel Los geht es bei der Talstation der **Mittagbahn** in Immenstadt. Ab dort folgen wir der Beschilderung unter der Seilbahn hindurch sowie über die **Sepp-Gammel-Brücke** ins Steigbachtal. Sowie wir den Bach überquert haben, treffen wir auf die Wasserläufer- und Himmelsstürmer-Route der Wandertrilogie Allgäu. Wir können uns damit zusätzlich an dem blau-roten Steinmännlesignet orientieren. Links ab haben wir außerdem die Wahl: Bequemer ist der Aufstieg auf dem als Winterrodelbahn genutzten Wirtschaftsweg. Um den

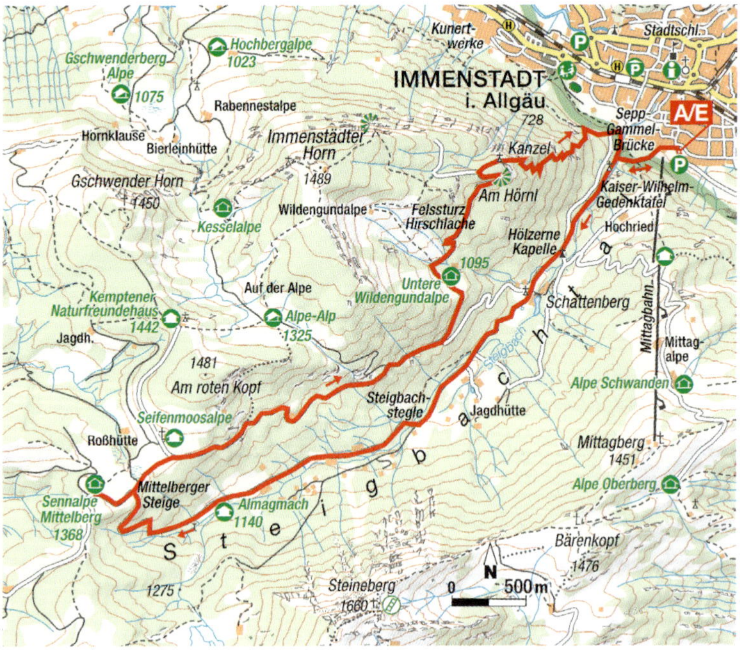

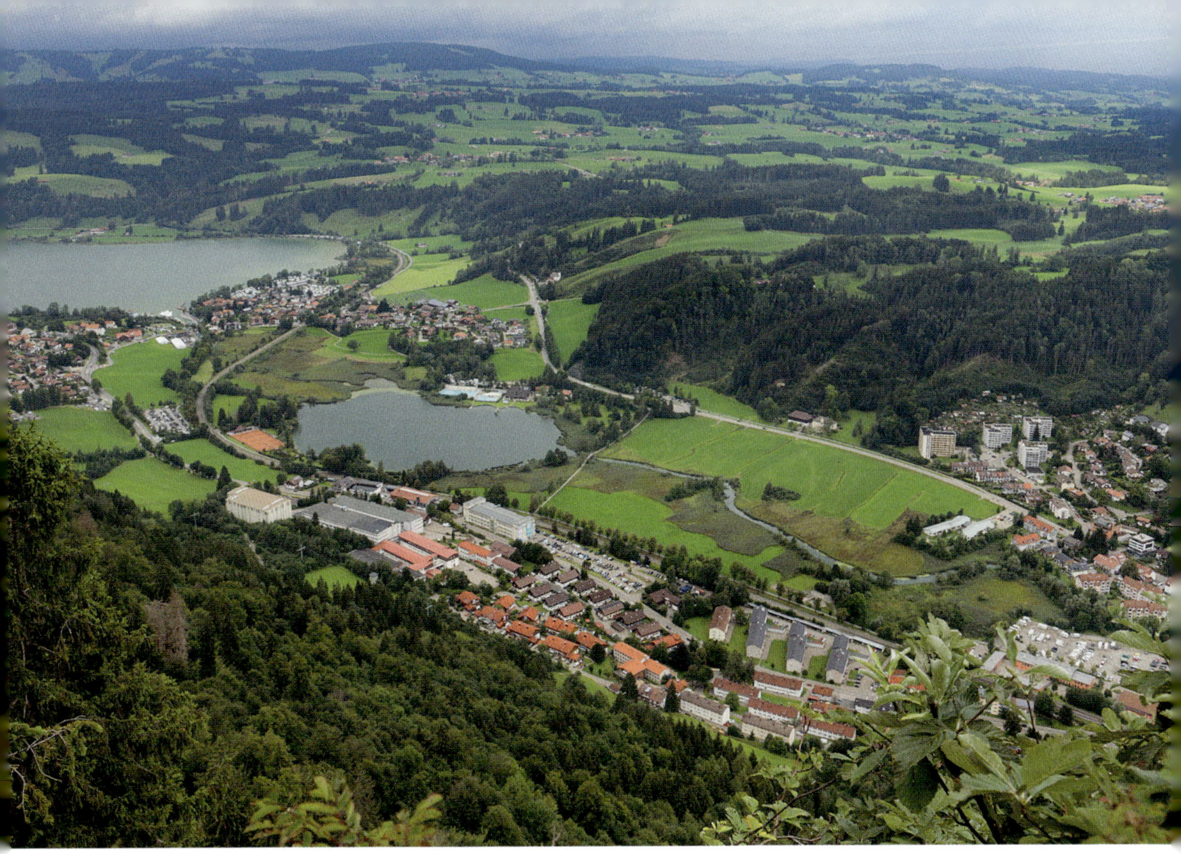

Aussicht von der Kanzel auf den Kleinen und Großen Alpsee

Steigbachtobel richtig zu erleben, sollte man indes auf den Steigbachweg wechseln. Im unteren Teil des Tobels fällt eine Kupfertafel auf. Sie wurde aus Spenden finanziert und zum 100. Geburtstag von Kaiser Wilhelm I. an einer Felswand angebracht. Mit der Tafel erinnert die Stadt auch an das verheerende Hochwasser von 1873. Heute begeistert der Steigbachtobel mit Wasserfällen und -rutschen, Gumpen und Felssperren.

Dem Wildbach entgegen Wo der Steigbachweg endet, ist links bald die **Hölzerne Kapelle** erreicht. Wer sich nur mal kurz die Füße vertreten wollte, gelangt direkt nach der Kapelle links über den Steigbach zur Sennalpe Hochried sowie auch zur Mittelstation der Mittagbahn. Alle anderen bleiben auf dieser Seite des Wildbachs. Bei der nächsten Gabelung des

Kapellen im Steigbachtal

Die erste Kapelle im Steigbachtal geht auf den Dreißigjährigen Krieg zurück. Aus Angst vor der Pest und schwedischen Truppen hatten sich Bewohner Immenstadts oberhalb des Tobels angesiedelt und 1632 eine Kapelle aus Stein errichtet. Diese wurde durch eine erstmals 1745 erwähnte Holzkapelle ersetzt. Das heute auch als »s' hilze Kappelle« bekannte Gebäude entstand um 1900 und ist dem heiligen Wendelin geweiht.

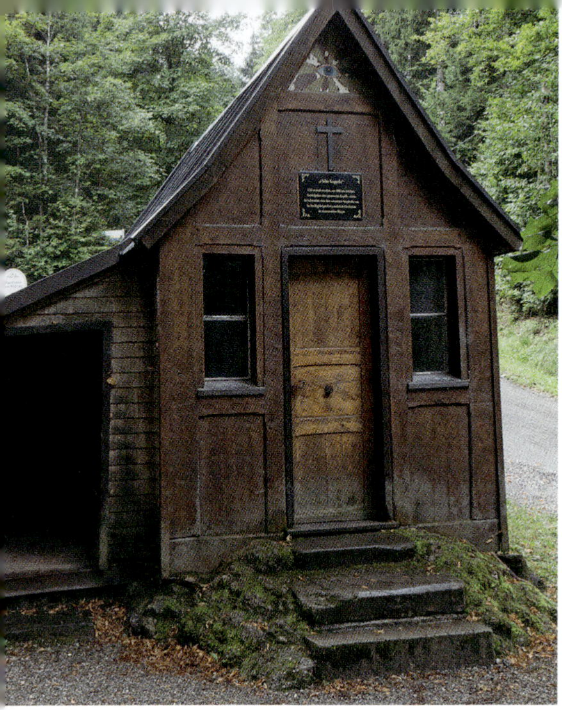

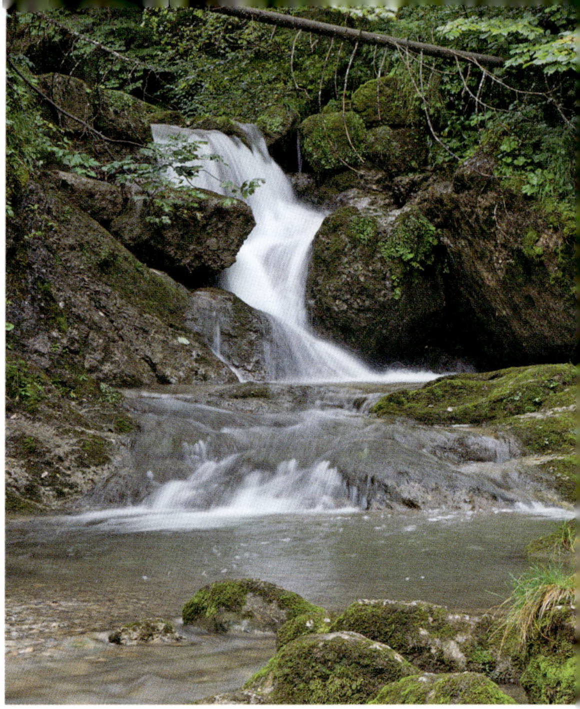

Links: Holzkapelle oberhalb des Tobels

Rechts: Kleine Wasserfälle und Becken prägen den Steigbachtobel.

Forstwegs halten wir uns erst links, dann rechts, sodass wir dem Steinmännlesignet weiter flussaufwärts zum **Steigbachstegle** folgen. Von der Brücke geht es mit dem Wildbach zu unserer Linken weiter bergan zum **Berggasthof Almagmach**.

Berggasthof Almagmach Der Name des 1853 erbauten Einkehrhauses leitet sich von »allgemeines Gemach« ab. Johann Hirnbein wollte damit Älpler, Senner und Holzer gleichermaßen willkommen heißen. Nach einigen Erweiterungen und Umbauten durchlitt das Almagmach in den letzten Jahrzehnten eine wechselvolle Zeit. Binnen 26 Jahren gaben sich hier 16 Pächter quasi die Klinke in die Hand. Vor allem aber stand es immer wieder längere Zeit leer, weshalb das Gebäude auch als Geisterhaus bekannt ist.

Mit Marco Gilgenast erlebt das Almagmach nun endlich eine Renaissance. Neben Brotzeiten bietet er seinen Gästen eine gutbürgerliche Küche mit saisonalen Gerichten. Während an sonnigen Tagen der Biergarten lockt, finden wir bei trübem Wetter im urigen Gastraum ein gemütliches Plätzchen mit geschichtsträchtigem Ambiente.

Sennalpe Mittelberg Oberhalb der Lichtung mit dem Gasthof tauchen wir erneut in den Wald ein. Wo wir diesen wieder verlassen, bietet sich links beim Wegweiser Mittelberger Steige ein Abste-

cher zur **Alpe Mittelberg** an. Sie steht auf dem Übergang zum Ehrenschwanger Tal mit der Weißach. Diese Lage geht mit einem herrlichen Blick auf die felsigen Rippen der Nagelfluhkette einher. Passend zu einer Sennalpe können wir uns hier über eine Berglar-Brotzeit mit würzigem Alpkäse freuen.
Zurück beim letzten Wegweiser schlagen wir anschließend den Weg Richtung Immenstadt über die Seifenmoos-Alpe ein. Wo dieser in einen Fahrweg mündet, lassen wir die Alpe jedoch links liegen und orientieren uns wieder an den Schildern zum Steigbachtal bis zur Grenze eines Wildschutzgebiets. Bei nasser Witterung biegen wir dort am besten rechts ab, sodass wir wieder an den Steigbach gelangen.

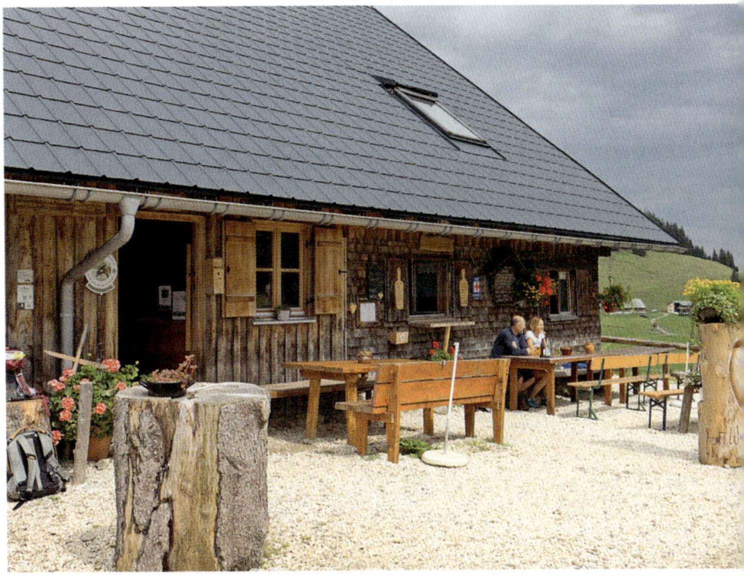

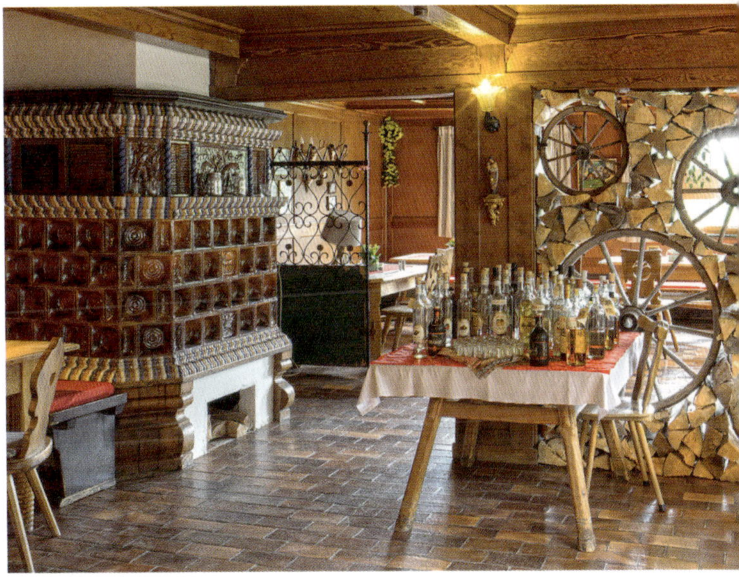

Felssturz Hirschlache und Kanzel Ab Mitte Mai bis zum 1. November ist das Wildschutzgebiet zugänglich. Der Weg führt dann an der Wildengund-Alpe vorbei zum **Felssturz Hirschlache**. Nach der nächsten scharfen Linkskurve zweigen wir rechts auf den Pfad zur **Kanzel** ab. Der exponierte Felsen eröffnet uns nochmals eine schöne Sicht über Immenstadt, den Kleinen und Großen Alpsee. Ab der Kanzel erfolgt der weitere steile Abstieg über einige Kehren wieder hinunter an den Ortsrand sowie über die Sepp-Gammel-Brücke zurück zur Mittagbahn.

Im Almagmach gibt es einiges zu entdecken.

Ganz oben: Rast bei der Alpe Mittelberg

7 Genuss unterm Bleicherhorn

Von Gunzesried-Säge zur Höllritzer Alpe

Schwer · 16,5 km · 800 Hm · 6–7 Std.

Tourencharakter
Durch ihre Länge anspruchsvolle Bergwanderung, die mit reichlich Aussichten einhergeht. Auf dem Bleicherhorn halten sich oft Schneereste bis in den Sommer hinein. Der Abstieg durch den Ostertobel erfolgt über felsige Pfade, Stege und Treppen.

Ausgangspunkt/Endpunkt
Gunzesried-Säge
GPS 47.5078, 10.1944

Anfahrt
Bus/Bahn: Es bestehen Busverbindungen ab Blaichach bis Gunzesried-Säge.
Auto: Von der B 19 Kempten–Oberstdorf bei Bleichach Richtung Gunzesried abbiegen, weiter über die OA 27 bis zum Wanderparkplatz in Gunzesried-Säge.

Einkehr
Mittelberg-Alpe Gunzesried (Fr–Mi ab 10 Uhr), Höllritzer Alpe

Karte
AV-Karte 1:25 000, BY 1 Allgäuer Voralpen West

Informationen
Tourist-Info Blaichach, Tel. 08321/800 85 10, www.blaichach.de

In den Ferien ächzt Gunzesried-Säge regelmäßig unter einer Blechlawine. Der Parkplatz scheint chronisch überlastet. Das Gros der Wanderer steuert auf den Stuiben zu oder nutzt den Talweg. Damit bleibt es auf dem Weg zum Bleicherhorn erstaunlich ruhig.

Aufstieg zur Mittelberg-Alpe Nach der ersten Orientierung nutzen wir die Straße zur Ortsmitte, wo wir bei der Bushaltestelle links abbiegen. Nach wenigen Schritten erreichen wir den unteren **Zugang zum Tobelweg**. Den Ostertobel sparen wir uns als Abschluss der Runde auf. Geradeaus weiter biegen wir nach der **Stuttgarter Hütte** zur Mittelberg-Alpe ab. Wir befinden uns damit auf dem Birkachweg. Relativ steil geht es auf diesem zunächst an den Waldrand, dann durch den Wald zur **Mittelberg-Alpe**. Nach nur zwei Kilometern, zugleich aber der ersten gro-

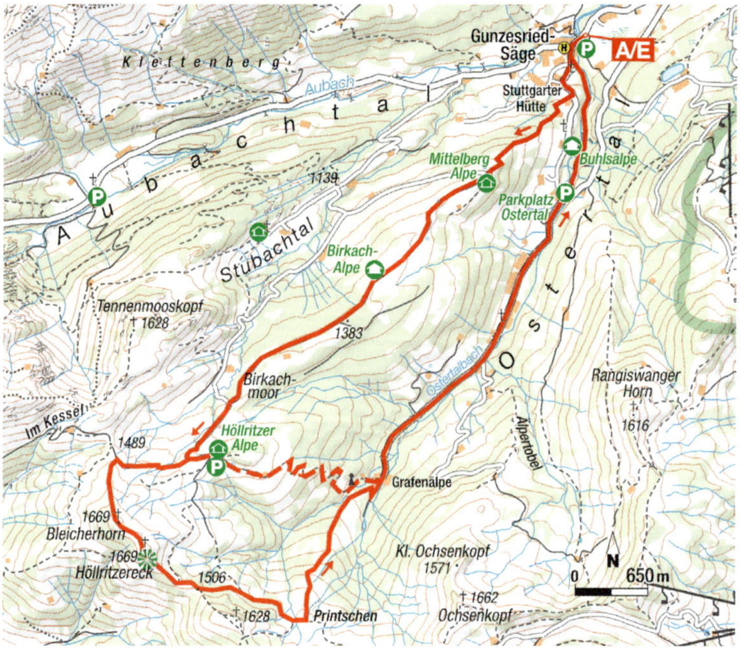

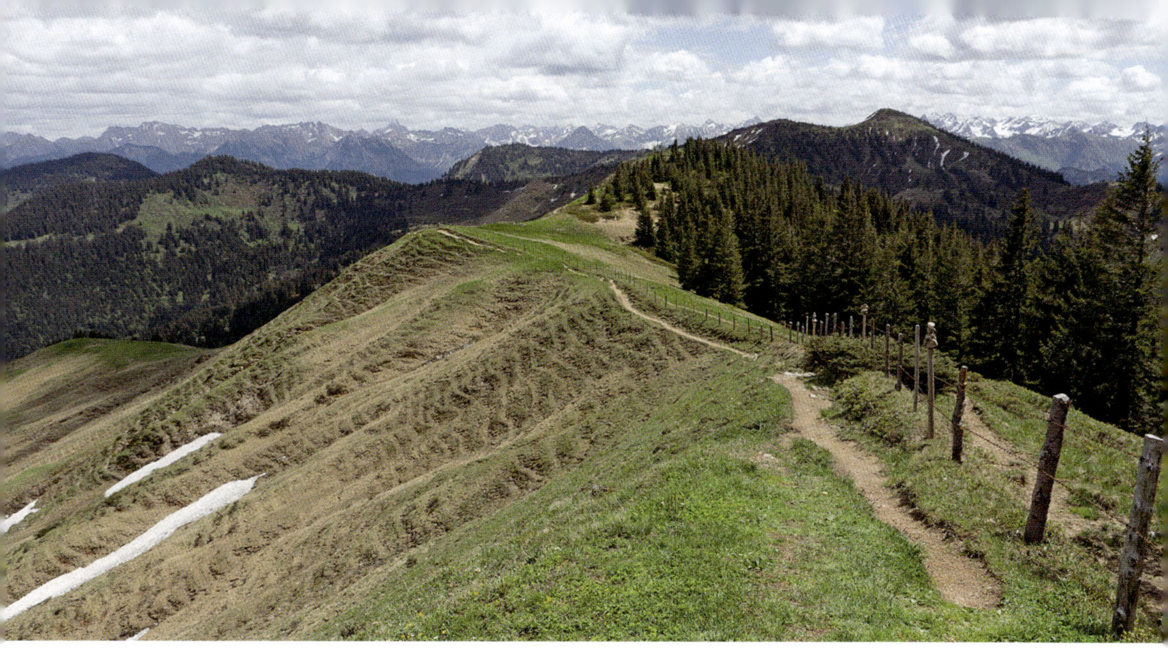

ßen Steigung, ermöglicht sie uns eine frühe Einkehr. Vor Ort informiert eine Tafel über die Wasserversorgung der Alpe. Durch die Lage auf einem Höhenrücken wird ein Großteil des Bedarfs durch zwei Quellen gedeckt, die über einen Kilometer entfernt entspringen. Wenige Meter oberhalb wird dieses in zwei Zisternen zwischengespeichert. Ebenfalls oberhalb der Alpe bietet das Kreuz ein dankbares Fotomotiv.

Gratweg über das Bleicherhorn

Vielfalt im Birkachmoor Anschließend können wir den Fahrweg bis zur Höllritzer Alpe nutzen. Nur noch leicht bergan, bietet uns dieser eine klasse Sicht über das Aubachtal zu den schroffen Gipfeln der Nagelfluhkette. Vorbei an der nicht bewirteten **Birkach-Alpe** tauchen wir nochmals in einen etwas dichter bestandenen Bergwald ein. Nach einer Infotafel zur nachhaltigen Forstwirtschaft am Ostertalberg mündet unser Weg in einen Forstweg. Hier öffnet sich die Sicht über eine Feuchtwiese zum Bleicherhorn. Auch die Höllritzer Alpe ist von hier bereits gut zu erkennen. Von hier sind es rund 15 Minuten bis zum überdachten Infostand über das **Birkachmoor**.

Höllritzer Alpe Nachdem wir das Hochmoor gequert haben, zweigt rechts ein

Birkachmoor

Das Birkachmoor ist mit einer Torfmächtigkeit von 12 Metern eines der ältesten Moore im Allgäu. Da der Kontakt zum Grundwasser fehlt, ist die obere Torfschicht so nährstoffarm, dass nur wenige Pflanzen damit zurechtkommen. Dadurch ist das Hochmoor ein bedeutender Lebensraum für konkurrenzschwache Spezialisten. So wurden bislang 16 Libellenarten im Birkachmoor entdeckt.

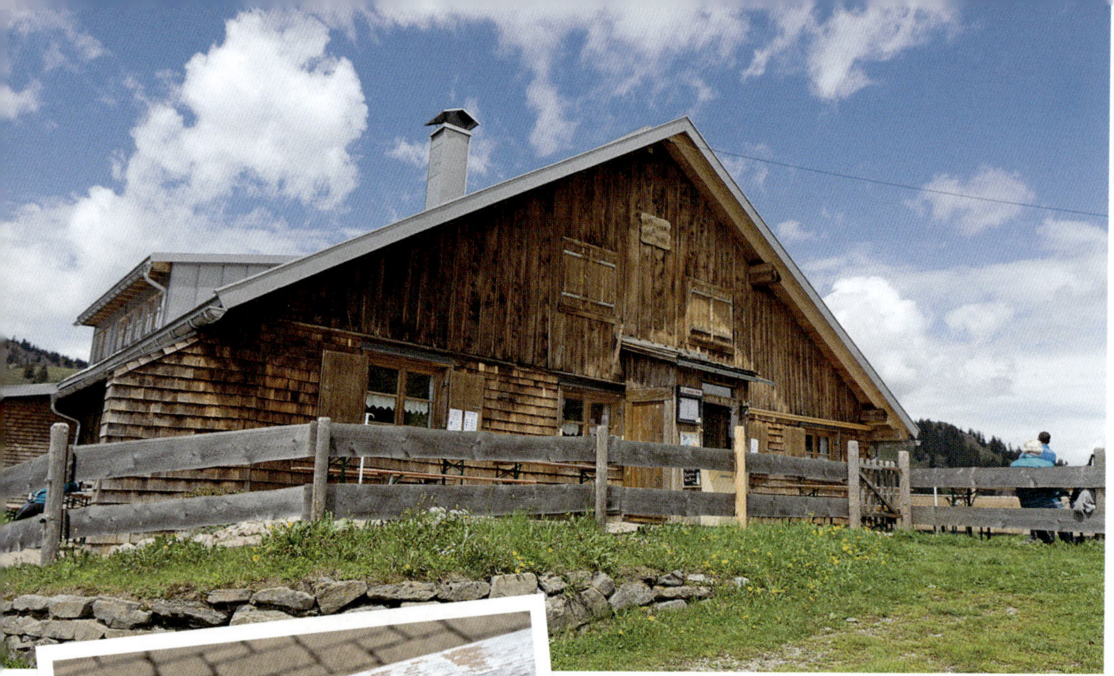

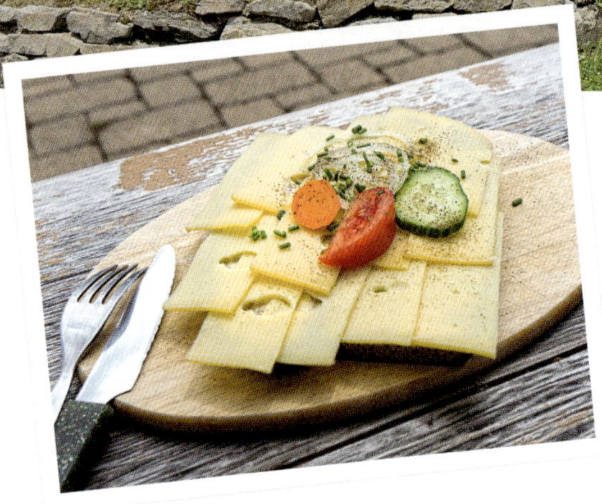

Weg zur Unteren Wilhelmine Alpe ab. Wer einen leichten Rückweg bevorzugt, kann hier den Fahrweg hinunter zum Aubachtal nach Gunzesried-Säge nutzen. Für unser Ziel halten wir uns indes links. Zehn Minuten weiter geht es dann abermals links zur **Höllritzer Alpe**. Trotz ihrer Lage auf 1484 Metern über Normalnull ist die Alpe auch mit dem Auto über eine Mautstraße zu erreichen. Durch die sehr begrenzte Anzahl an Parkmöglichkeiten herrscht auf der kleinen Sonnenterrasse aber dennoch meist nur wenig Betrieb. Somit finden wir hier einen schönen Platz für eine Brotzeit. Wer es lieber süß mag, ist mit dem Zwetschgenkuchen oder Hefezopf bestens bedient. Die schöne Aussicht nach Süden zum Höhenzug mit dem Riedberger Horn, Bolgen und Wannenkopf gibt es gratis obendrauf.

Die leckeren Käsebrotzeiten schmecken auf der kleinen Sonnenterrasse besonders gut.

Ganz oben: Die Höllritzer Alpe besticht mit ihrer traumhaften Lage.

Bleicherhorn und Höllritzereck Nach der Einkehr müssen wir uns entscheiden. Liegt weiter oben Schnee, empfehlen wir den Fahrweg in Richtung Ostertal-Parkplatz. In dem Fall trifft man bei der Gräfenälpe wieder auf unsere Hauptrunde. Sind die Bedingungen gut, kehren wir zum letzten Wegweiser zurück und folgen der Beschilderung links über den Stubenbach bis nahe der Oberen Wilhelmine Alpe, dann erneut links auf das **Bleicherhorn**. Der Aufstieg erfolgt über einen Treppenweg. Oben ange-

kommen, liegen uns weite Teile des Gunzesrieder Tals zu Füßen. Zugleich lohnt sich der Blick an den Wegrand, wo im Sommer Frühlings- und Tüpfel-Enzian (auch Punktierter Enzian) Farbtupfer in die Landschaft zaubern. Nachdem wir im Abstieg das **Höllritzereck** passiert haben, lassen wir die beiden Abzweige zur Höllritzer Alpe aus. Wir folgen der Beschilderung damit um den Dreifahnenkopf herum bis **Printschen**, dann links zur **Gräfenälpe**.
Der weitere Rückweg erfolgt ab der Gräfenälpe-Hütte auf der Forststraße bis zum **Parkplatz Ostertal**. Noch vor dem Ostertalbach ginge es links über die Buhlsalpe direkt hinunter nach Gunzesried-Säge. Schöner wird die Tour, wenn wir den Wildbach erst überqueren, um dann links auf den Tobelweg einzubiegen. Bis zum unteren Zugang eröffnet uns dieser mit Gumpen und Strudellöchern, Wasserfällen und einem von Felsen umrahmten Becken faszinierende Einblicke in die ungezähmte Natur.

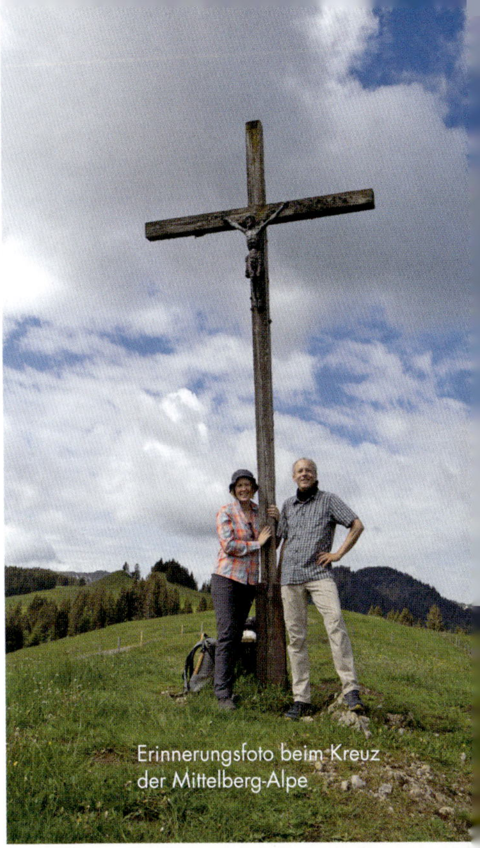
Erinnerungsfoto beim Kreuz der Mittelberg-Alpe

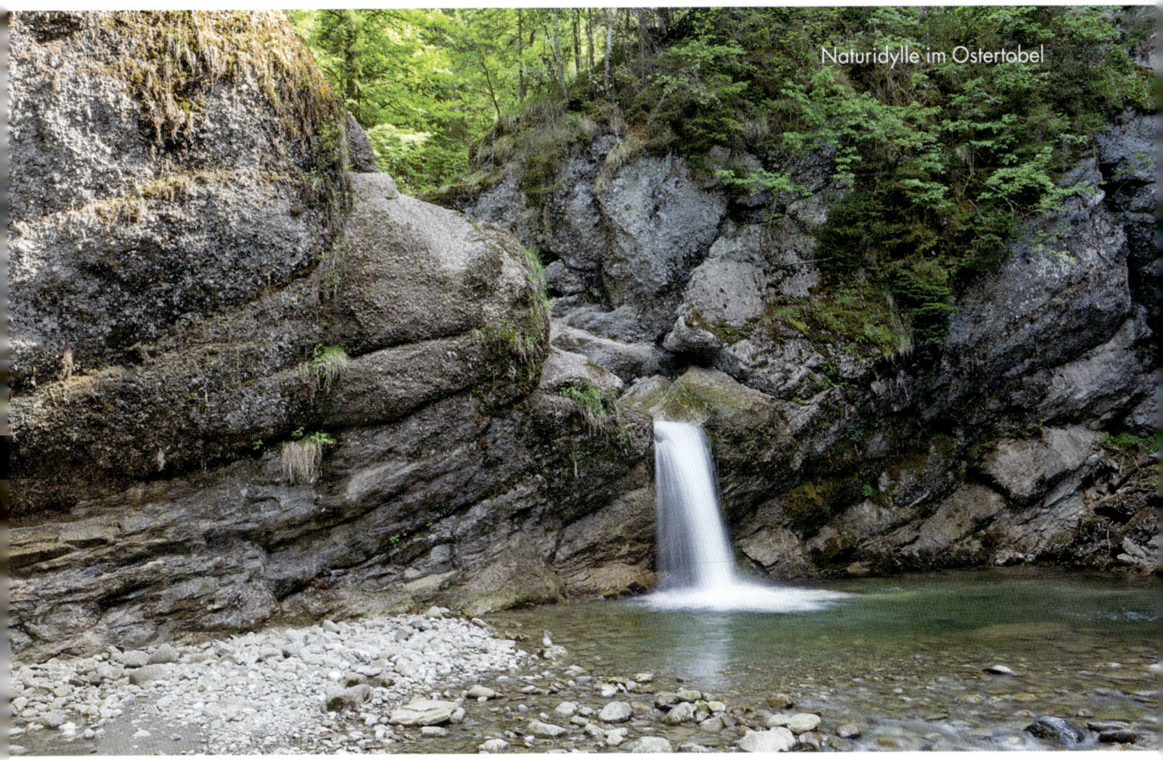
Naturidylle im Ostertobel

8 Grenzenlos im Naturpark

Über die Seelosschelpen zur Burgl-Hütte

Mittel | 13,5 km | 650 Hm | 4–4.30 Std.

Tourencharakter
In weiten Teilen einfache Runde auf breiten Wegen, aber auch Wiesen- und Waldpfaden. Bis zum Gelbhansekopf steigt der Weg durchweg gemächlich an. Der Abschnitt zwischen Hochschelpen und Sättele erfordert Trittsicherheit.

Ausgangspunkt/Endpunkt
Balderschwang, Wanderparkplatz an der Bolgenach
GPS 47.4633, 10.1025

Anfahrt
Bus/Bahn: Ab Oberstdorf und Hittisau fährt die Buslinie 46 zur Haltestelle Balderschwang. Der Zugang zum Ausgangspunkt führt an der Kirche vorbei hinunter an die Bolgenach.
Auto: Von der B 19 Kempten–Oberstdorf bei Fischen auf die OA 9 abbiegen und der Straße über den Riedbergpass bis nach Balderschwang folgen. Der Wanderparkplatz befindet sich beim Skilift von Balderschwang.

Einkehr
Boden Balderschwang, Alpe Seelosschelpen, Burgl-Hütte

Karte
AV-Karte 1:25 000,
BY 1 Allgäuer Voralpen West

Informationen
Gästeinformation Balderschwang, Tel. 08328/1056,
www.hoernerdoerfer.de/balderschwang

Balderschwang genießt durch die Lage westlich vom Riedbergpass eine Alleinstellung. Weil hier Wintersportler obendrein eine schneesichere Gemeinde finden, ist es auch als »Bayerisch Sibirien« bekannt. Im Sommer verwandelt sich die Landschaft in ein Wanderparadies.

Über die Höfle Alp zur Bodenseehütte Als Wanderer profitieren wir von der Bedeutung Balderschwangs als Wintersportort. So ist der **Parkplatz an der Bolgenach** während der ruhigeren Sommersaison deutlich überdimensioniert. Während woanders Parklücken rar gesät sind, haben wir also hier die komfortable Qual der Wahl. So eingestimmt nutzen wir die Brücke über die

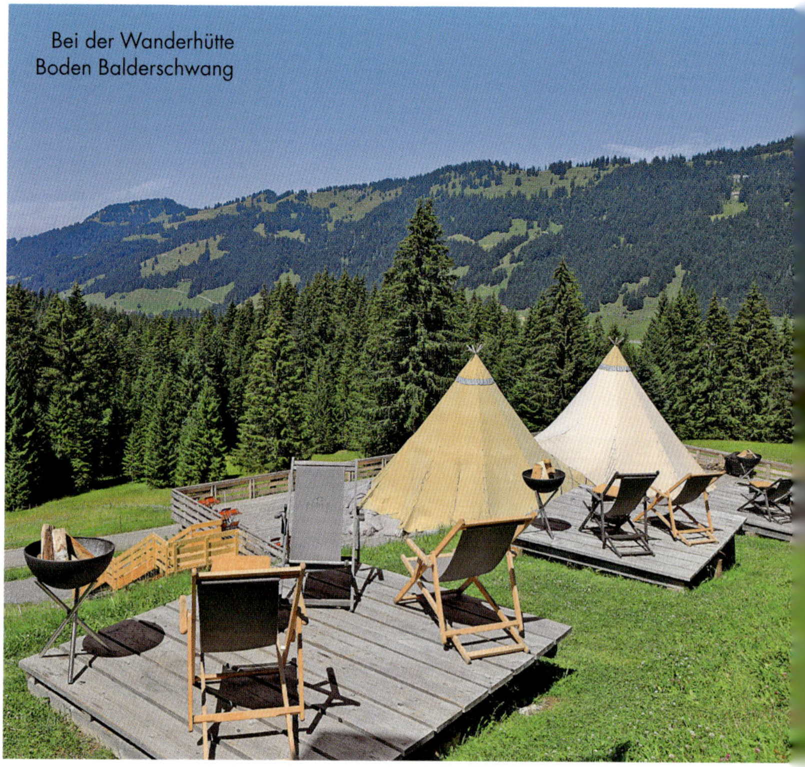
Bei der Wanderhütte Boden Balderschwang

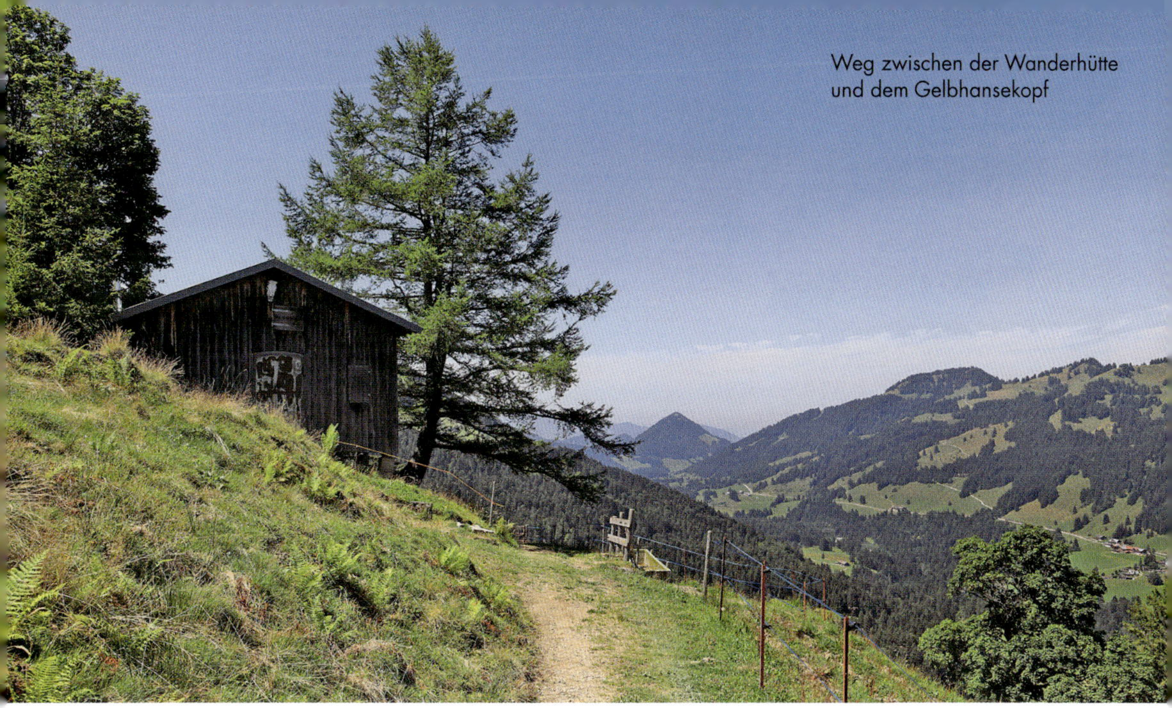

Weg zwischen der Wanderhütte und dem Gelbhansekopf

Bolgenach zur Talstation der Schelpenbahn, wo wir rechts zur **Höfle Alp** abbiegen. Unser Weg führt über die FIS-Standardstrecke am Kohlerberg, dann links um das Gebäude herum zur Bergstation vom Höflealplift. Nach der schönen Aussicht zum Gegenhang mit dem Girenkopf und Bleicherhorn kreuzen wir abwechselnd Waldinseln und weitere Skipisten. Beim Abzweig zur Köpfle-Hütte biegen wir rechts zur Bodenseehütte ab. Nach einem weiteren Waldstück mündet der Weg in die Fahrstraße, der wir links bis hoch zur **Wanderhütte Boden Balderschwang** folgen.

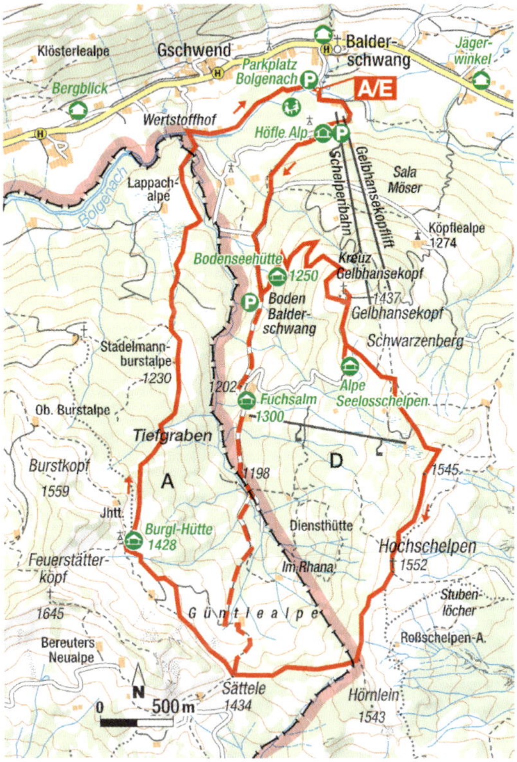

Über den Gelbhansekopf … Der Wanderweg führt rechts am Hauptgebäude vorbei und in mehreren Serpentinen hoch zum **Gipfelkreuz vom Gelbhansekopf**. Dort erwartet uns die nächste herrliche Aussicht. Von hier aus ist der Girenkopf nun direkt oberhalb von Balderschwang zu sehen. Ein Stück weiter links wird die Bergkette vom Hochgrat überragt. Wer genau hinsieht, erkennt rechts des Gipfels die Bergstation des

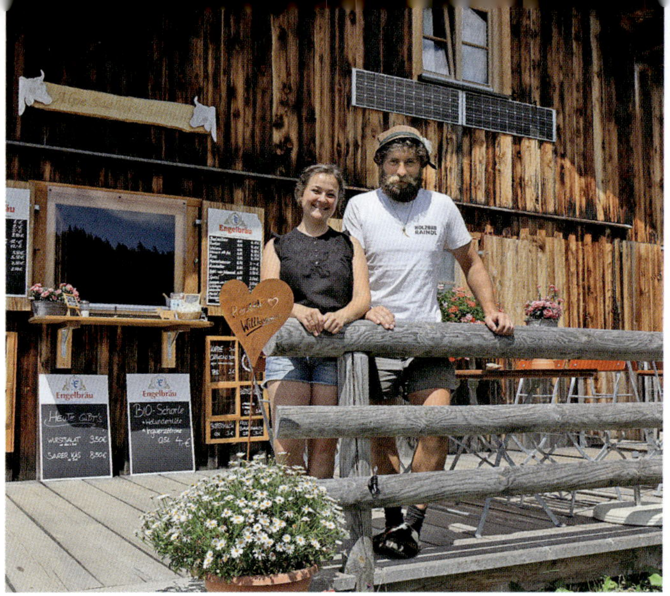

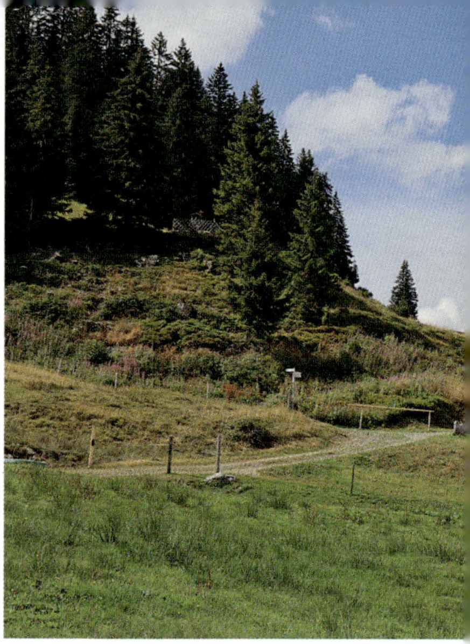

Links: Kathi und Markus Körbe haben aus der Alpe Seelosschelpen eine herrlich gelegene Einkehrmöglichkeit gemacht.

Mitte: Blick zur Burgl-Hütte

höchsten Bergs der Nagelfluhkette. Nach diesem Eindruck kehren wir zum letzten Wegweiser zurück und nutzen den Fahrweg durch den Wald zur **Alpe Seelosschelpen**.

… zur Alpe Seelosschelpen Bei der Alpe werden Wanderer herzlich willkommen geheißen. Die nach Südwesten bis Südosten ausgerichtete Terrasse wird an heißen Sommertagen von Sonnenschirmen angenehm beschattet. Dazu verkündet eine der Speisetafeln: »Vor Kuchen kannst du dich nicht verstecken. Er findet dich …« Dahinter versüßen Apfelstreuselkuchen, Kirschschmandkuchen und Nussecken den Aufenthalt. Eine Spezialität ist der Kuchen im Glas. Diesen gibt es in den Geschmacksrichtungen Schoko-Nuss und Eierlikör. Doch auch die Brotzeitklassiker sind zu haben. Von der Alpe Seelosschelpen führt ein leichter Weg über die Fuchshütte zurück nach Balderschwang. Für den Aufstieg auf den Hochschelpen wechseln wir stattdessen auf den Pfad nördlich der Hütte.

Auf den Hochschelpen Nach einem schönen Blick zurück auf die Alpe steigen wir hoch auf den nach Norden sanft abfallenden Rücken des Hochschelpen. Wo sich die Sicht nach Osten öffnet, halten wir uns rechts. Damit wechseln sich in

Aus einer mach zwei

Die relativ lange Tour lässt sich durch die Verbindung zwischen der Bodenseehütte und dem Sättele gut in zwei mittelschwere Runden aufteilen. Bei der Runde mit der Alpe Seelosschelpen erfolgt der Abstieg ab dem Sättele über die Güntlealpe und Fuchshütte. Für die Runde mit der Burgl-Hütte laufen wir bei der Zufahrt zur Bodenseehütte einfach geradeaus weiter.

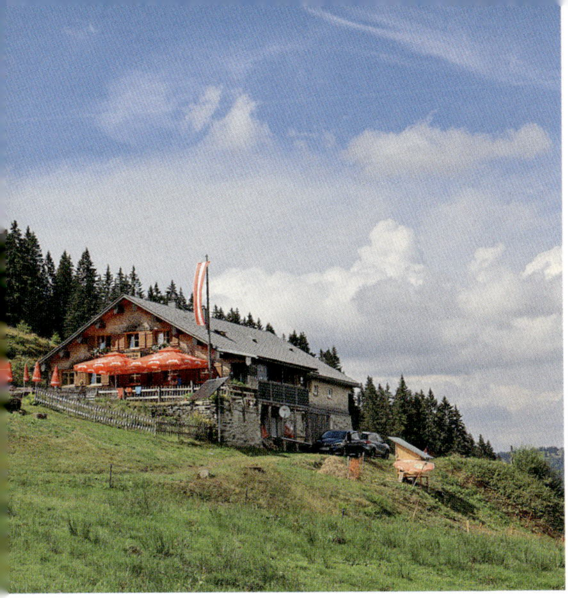

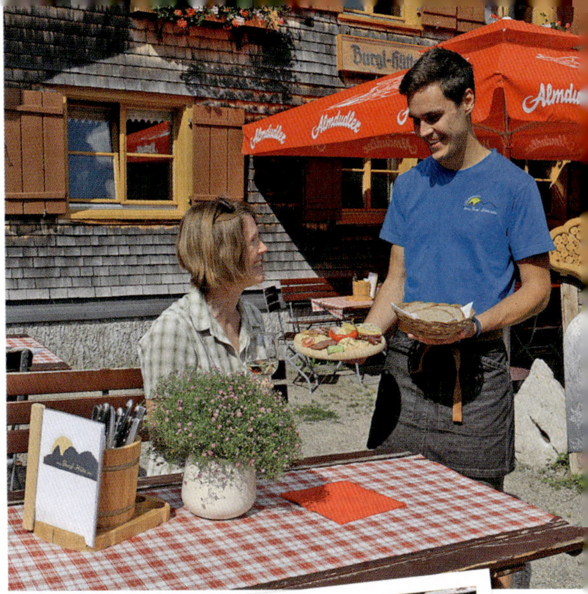

südlicher Richtung Ausblicke mit bewaldeten Abschnitten ab. Nach einer stellenweise versumpften Feuchtwiese geht es schließlich hoch auf den **Hochschelpen**. Beim zweiten Gipfelkreuz können wir durchaus eine Zeitlang gut verweilen. Denn durch die Lage zwischen zwei Höhenzügen besticht der abgeflachte Gipfel mit einer traumhaften Rundumsicht. Der anschließende Abstieg erfolgt in Richtung Sibratsgfäll. Auf dem Weg dorthin überqueren wir nahe dem Hörnlein die Grenze nach Österreich.

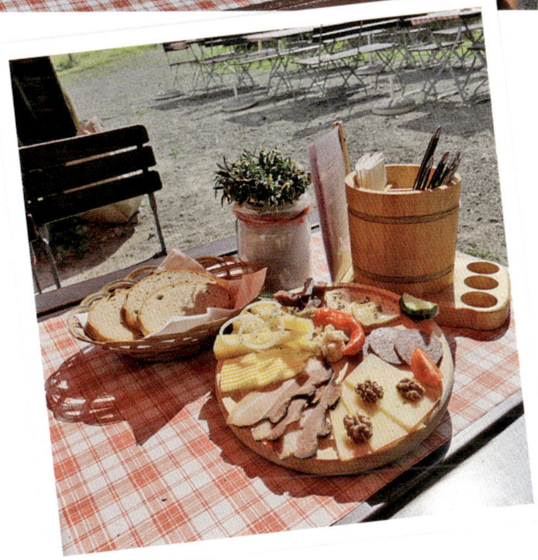

So sieht eine leckere Brotzeit mit Käse und Rauchwaren aus.

Ganz oben: Rast bei der Burgl-Hütte

Rückweg über die Burgl-Hütte Bei der Passhöhe **Sättele** orientieren wir zunächst rechts, wechseln dann aber sogleich auf den Bergpfad zur **Burgl-Hütte**. Wo dieser in einen Fahrweg endet, trennen uns links noch 600 Meter von der zweiten Einkehr des Tages. Auch hier bietet die Terrasse eine tolle Sicht über das Lappachtal und dem Sättele hinweg zu den Gottesackerwänden und, links davon, dem Fellhorn. Beim späteren Abstieg halten wir uns bei der Gabelung nördlich der Hütte rechts. Der Bergweg führt uns durch einen lockeren Bergwald sowie an der **Stadelmannburstalpe** vorbei bis zum Abzweig zur **Lappbachalpe**. Sowie wir weiter bergab den Lappbach gekreuzt haben, geht es auf der deutschen Seite des Naturparks über die Bolgenach rechts zum **Wertstoffhof** sowie ab dort auf dem Fußweg flussaufwärts zurück zum Parkplatz.

9 Zwischen den Hörnern

Zu den Alpen Bolgen und Zunkleiten

Mittel | 11,2 km | 750 Hm | 4–5 Std.

Tourencharakter
Bis zur Alpe Zunkleiten bequeme Bergwanderung auf meist breiten Schotterwegen, der Aufstieg zum Wannenkopf ist ab 1. Mai bis Mitte Dezember erlaubt und erfolgt über steile Wurzelpfade. Im anschließenden Abstieg teils entlang von Hochmooren vernässen einige Stellen schnell.

Ausgangspunkt/Endpunkt
Obermaiselstein-Grasgehren
GPS 47.4431, 10.1762

Anfahrt
Bus/Bahn: Es bestehen Busverbindungen ab Oberstdorf mit Umstieg beim Abzweig Obermaiselstein zur Haltestelle Grasgehren.
Auto: Von der B 19 Kempten–Oberstdorf bei Fischen Richtung Riedbergpass auf die OA 9 abbiegen. Auf der Passhöhe zum Skigebiet Grasgehren abzweigen

Einkehr
Alpe Bolgen (tgl. ab 9 Uhr), Alpe Zunkleiten (tgl. ab 10 Uhr), Berghütte Grasgehren (tgl. ab 9 Uhr)

Karte
AV-Karte 1:25 000, BY 1 Allgäuer Voralpen West

Informationen
Gästeinformation Obermaiselstein, Tel. 08326/277, www.hoernerdoerfer.de/obermaiselstein

Nach der Tour ab Balderschwang begegnen wir auch hier einer Bolgenach. Diese entspringt nördlich des Bolgen und wird durch den Wannenkopf und mehrere Hörner malerisch umrahmt. So auch die beiden Alpen Bolgen und Zunkleiten, die bereits früh morgens öffnen.

Ungewohnter Ausgangspunkt Die Alpen im Tal der Bolgenach sind – wie auch das weiter nördlich gelegene Berghaus Schwaben und die Alpe Hinteregg – ab der Bergstation der Hörnerbahn bequem erreichbare Ziele. Durch weitere Verbindungen über das Sonderdorfer Kreuz zur Talstation sowie nach Bolsterlang lässt sich so eine lockere Familienwanderung kreieren. Die Wege sind entsprechend frequentiert. Sowie wir bei Grasgehren starten, ändert sich das Bild. Den ersten Anstieg teilen wir uns noch mit einigen Wanderern auf deren Weg zum Riedberger Horn. Auf dem Rückweg über den Wannenkopf geht es jedoch selbst während der Hochsaison meist einsam zu.

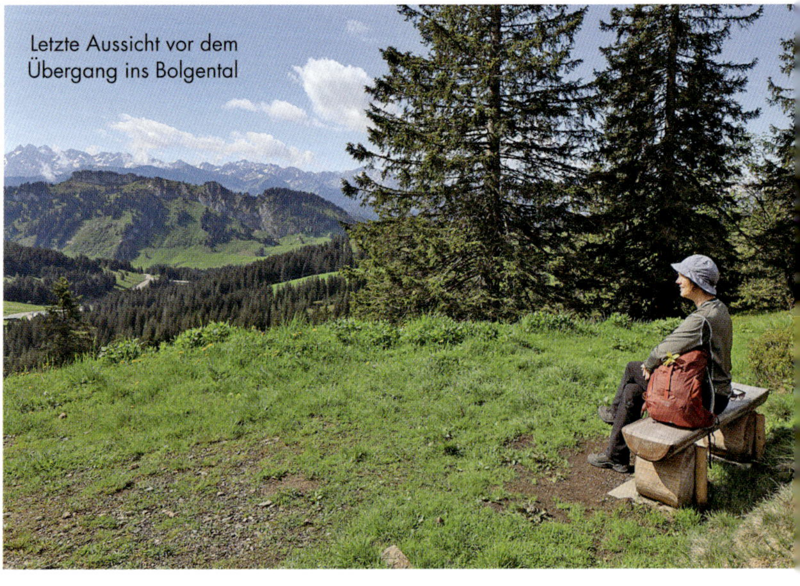
Letzte Aussicht vor dem Übergang ins Bolgental

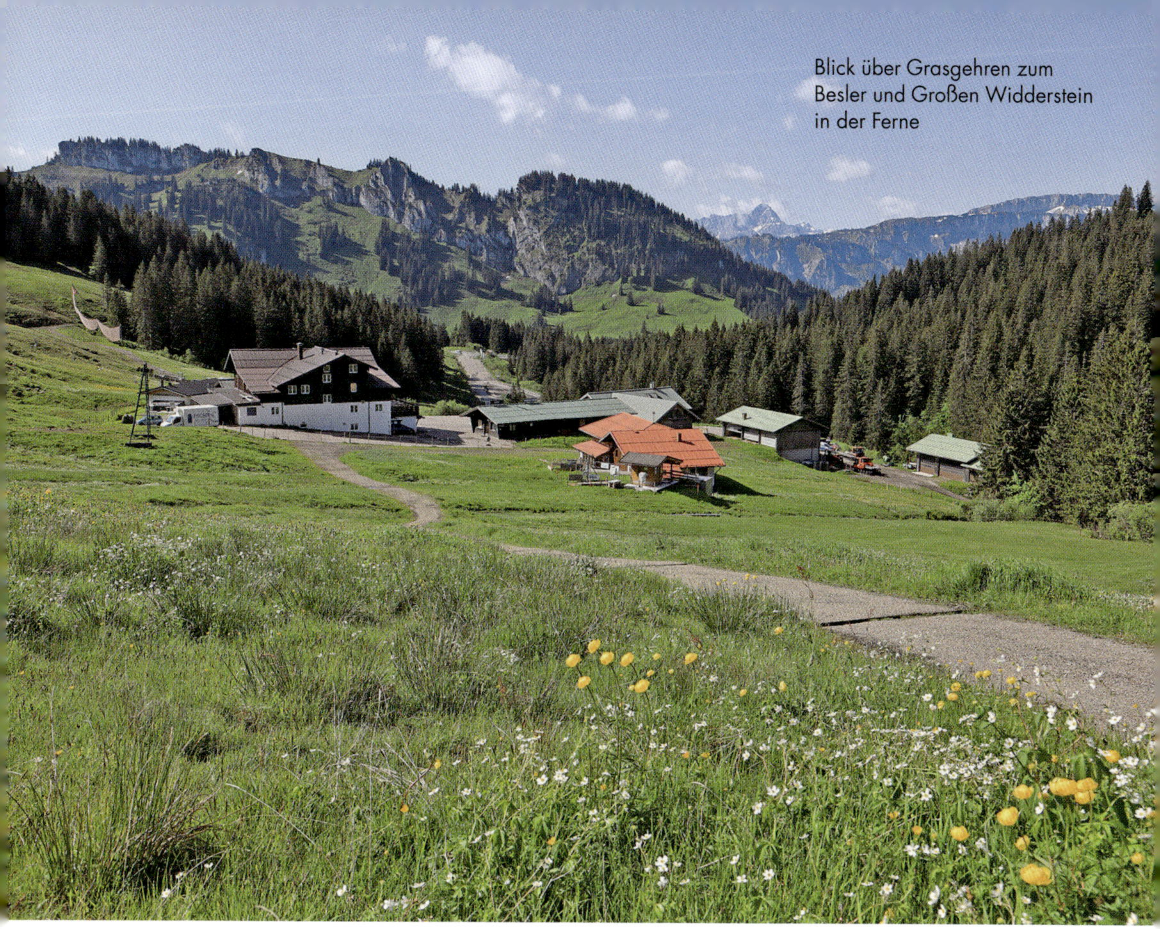

Blick über Grasgehren zum Besler und Großen Widderstein in der Ferne

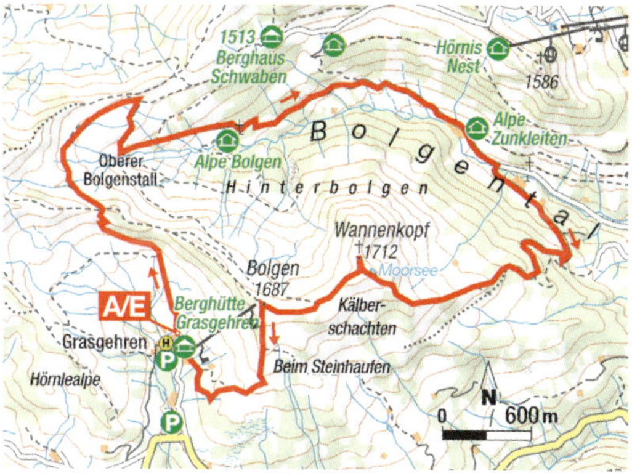

Unter dem Riedberger Horn Nach der Ankunft beim **Skiparadies Grasgehren** nutzen wir den Durchlass zwischen den Gebäuden des Liftverbunds und der Berghütte Grasgehren. Auf dem asphaltierten Bergweg bleibt der größte Trubel bald hinter uns. So lohnt es sich schon nach wenigen Schritten, innezuhalten und die Landschaft auf sich wirken zu lassen. Während vor uns der Kessel des Riedberger Horns die Kulisse bestimmt, erheben sich im Süden der Besler und Schafskopf malerisch über Grasgehren. Rechts davon ist in der Ferne der Große Widderstein zu sehen. Weiter oben des Wegs tauchen einige weitere Gipfel der Allgäuer Hochalpen über dem Besler auf. Mit diesem schönen Eindruck erreichen wir den Grat. Beim Übergang ginge es rechts zum Wannenkopf und links aufs Riedberger Horn. Wir indes wechseln in etwa geradeaus auf den Treppenweg hinunter ins Bolgental.

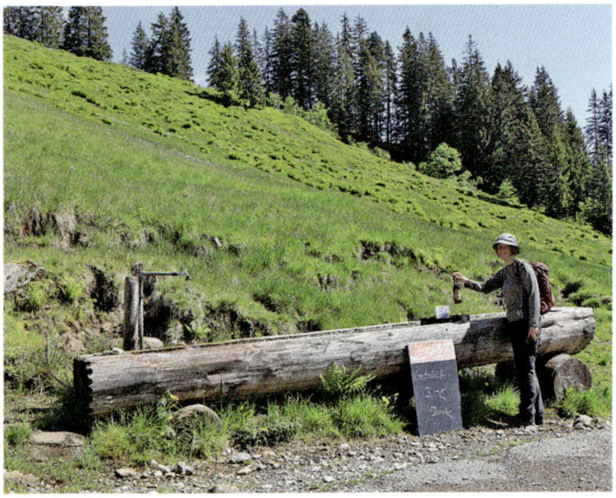

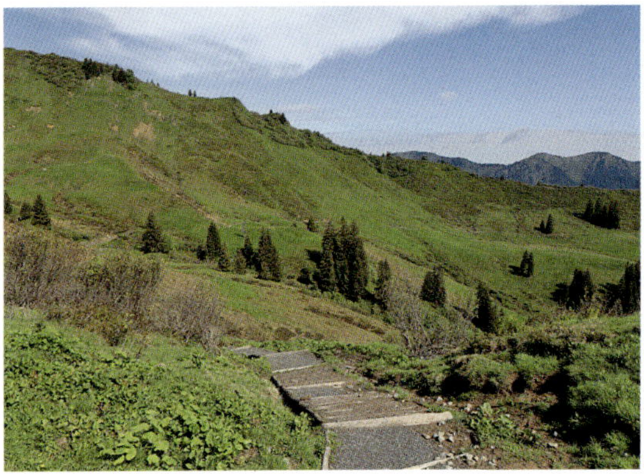

Malerischer Übergang ins Bolgental Damit ändert sich die Kulisse. Während im Osten ein zweiter Kessel als Quellgebiet der Bolgenach dient, bildet in nordöstlicher Richtung der Ochsenkopf eine markante Landmarke. Über dem Grat dazwischen sind nun einige Gipfel der Nagelfluhkette gut zu erkennen. Es lohnt sich also auch hier, ab und an innezuhalten und den Blick über die malerische Berglandschaft schweifen zu lassen. Wir folgen dem Weg in einem Bogen durch den Kessel bis zum Abzweig zum Berghaus Schwaben. Rechts nutzen wir den breiteren Weg hinunter zum oberen Bolgenstall. Mit etwas Glück finden wir im Brunnen eine Auswahl an gekühlten Getränken. Ansonsten trennen uns auf dem Fahrweg nur noch zehn Minuten von der **Alpe Bolgen**. Auf der Galtalpe sömmern um die 245 Stück Jungvieh. Zwei Milchkühe sorgen für täglich frische Milch und Milchprodukte. So verarbeitet Hirtin Bärbel Willwerth die Alp-Butter zusammen mit Dinkelmehl in verschiedenen Kuchen.

Alpe Zunkleiten Knapp zwei Kilometer weiter talwärts befindet sich die ebenfalls traumhaft gelegene **Alpe Zunkleiten**. Rund die halbe Strecke liegt dort hinter uns – und ein langer Anstieg noch vor uns. Damit fällt es leicht, auf der Sonnenterrasse Platz zu nehmen, um auszuruhen und neue Energie zu tanken. Wir selbst konnten uns über eine liebevoll garnierte Brotzeit mit Bergkäse und einer Auswahl an Rauchwaren freuen. An heißen Tagen empfehlen wir dazu ein Glas Skiwasser. Dieses wird ebenfalls vor Ort in den Geschmacksrichtungen Himbeere, Zitrone und Orange mit Leitungswasser gemischt. Nach der Einkehr müssen wir uns entscheiden. Wer den Aufstieg über den

Doppelte Bolgenach

Nahe dem Riedberger Horn entspringen zwei Bäche, die als Bolgenach bekannt sind. Westlich der Passhöhe handelt es sich um einen Nebenfluss der Weißach, deren Wasser über den Rhein zur Nordsee abfließt. Die Bolgenach dieser Runde vereint sich bei Obermaiselstein mit der Schönberger Ach zur Weiler Ach, einem Nebenfluss der Iller.

Treppenweg ins Bolgental

Ganz oben: Erste Erfrischungsstation beim Bolgenstatt

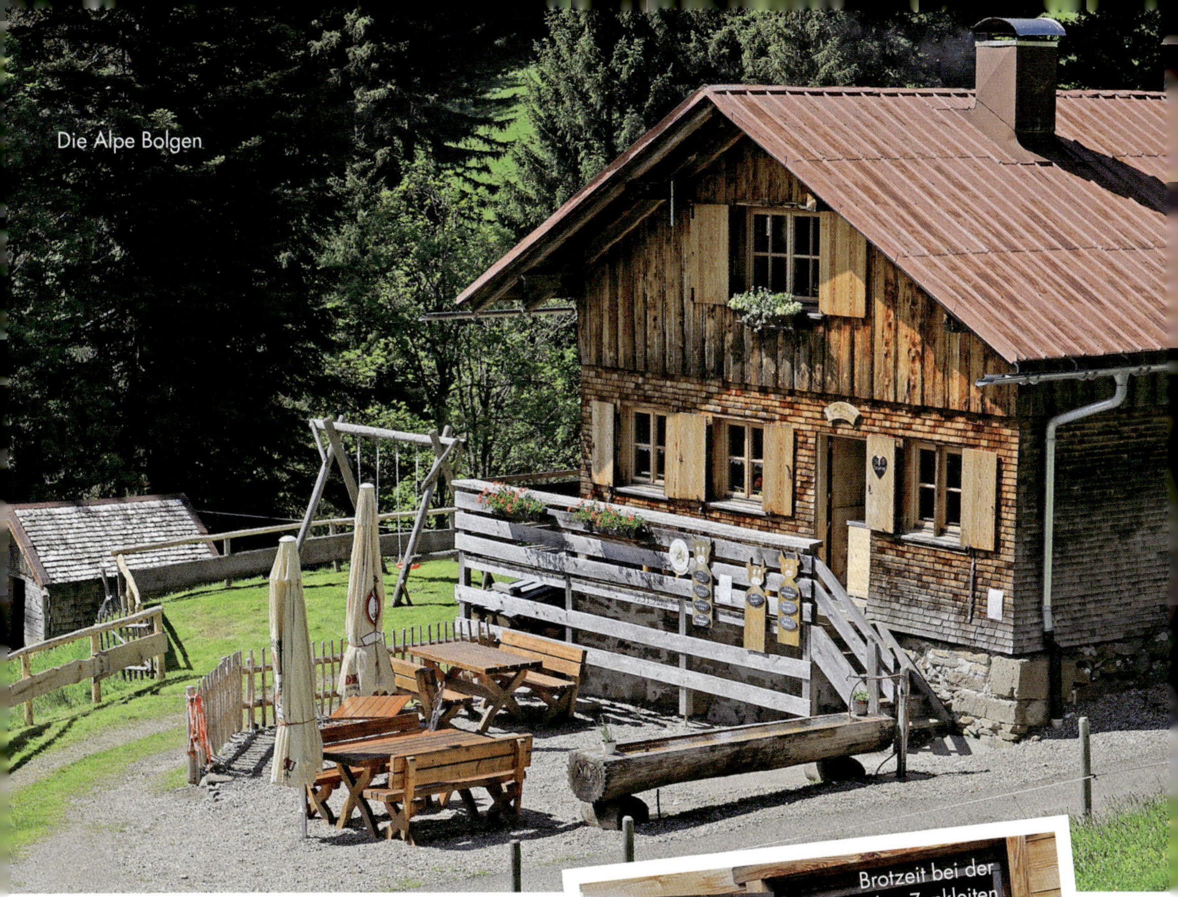

Die Alpe Bolgen

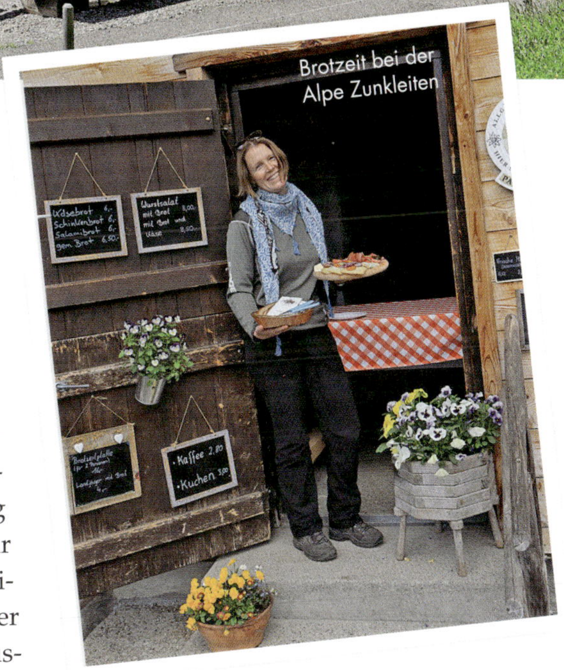

Brotzeit bei der Alpe Zunkleiten

Wannenkopf scheut, dem empfehlen wir, der Beschilderung nach Bolsterlang zu folgen und ab dort mit dem Bus zurück nach Grasgehren zu fahren.

Rückkehr über den Wannenkopf Alle anderen nutzen rund 300 Meter unterhalb der Alpe Zunkleiten die Brücke über die Bolgenach. Nach der tiefsten Stelle der Runde erfolgt der lange Aufstieg auf zunächst breiten Forstwegen. Den Abzweig nach Sonderdorf auslassend, wechseln wir nach rund 45 Minuten ab der Alpe Zunkleiten auf den Pfad zum Wannenkopf. Weiter bergan eröffnen sich uns zunehmend Aussichten, bis schließlich im Bereich des **Moorsees** rechts ein Pfad zum Gipfel des **Wannenkopfs** abzweigt. Nach dem kurzen Abstecher zum Gipfelkreuz geht es über den **Bolgen** wieder hinunter nach Grasgehren.

10 Um den Schafkopf ins Lochbachtal

Über die Alpe Schönberg zur Freyburger Alpe

Mittel | 8,3 km | 500 Hm | 3 Std.

Tourencharakter
Für den steilen und felsigen Aufstieg zum Übergang zwischen dem Besler und dem Besler Grat ist eine gute Kondition am Berg von Vorteil. Ab der Freyburger Alpe eher leichte Bergwanderung

Ausgangspunkt/Endpunkt
Parkplatz Mittelalpe an der Riedbergstraße
GPS 47.4358, 10.1734

Anfahrt
Bus/Bahn: Es bestehen Busverbindungen ab Oberstdorf mit Umstieg beim Abzweig Obermaiselstein zur Haltestelle Riedbergpass/Mittelalpe.
Auto: Von der B 19 Kempten–Oberstdorf bei Fischen Richtung Riedbergpass auf die OA 9 abbiegen. Der Wanderparkplatz befindet sich nach der Passhöhe auf der linken Seite.

Einkehr
Alpe Schönberg (tgl. ab 10 Uhr, Juni–Sept.), Freyburger Alpe (tgl. ab 10 Uhr ab Alpauftrieb bis Sept.), etwas abseits Alpe Dinjörgen

Karte
AV-Karte 1:25 000, BY 1 Allgäuer Voralpen West

Informationen
Gästeinformation Obermaiselstein, Tel. 08326/277, www.hoernerdoerfer.de/obermaiselstein

Der Schafkopf ist eine kaum beachtete Kuppe zwischen dem Riedbergpass und dem Lochbachtal. Wanderwege führen entweder östlich davon auf den Besler, oder westlich daran vorbei. Unsere Route nimmt außerdem einen Abstecher zur urigen Freyburger Alpe mit.

Auftakt im Schönbergtal Los geht es beim **Parkplatz zur Mittelalpe** direkt an der Riedbergstraße. Wenige Schritte südlich davon biegen wir mit der weiß-roten Markierung zum Besler ab. Der erste Abschnitt dieser Tour verläuft somit auf dem Oberallgäuer Rundwanderweg (OAR) durch das Schönbergtal. Das passt, denn der Blick über die Feuchtwiesen der Schönberger Ach zum Besler und zum Schafkopf gibt einen schönen Vorgeschmack auf die Bergwelt vor uns. Mit dieser herrlichen Aussicht

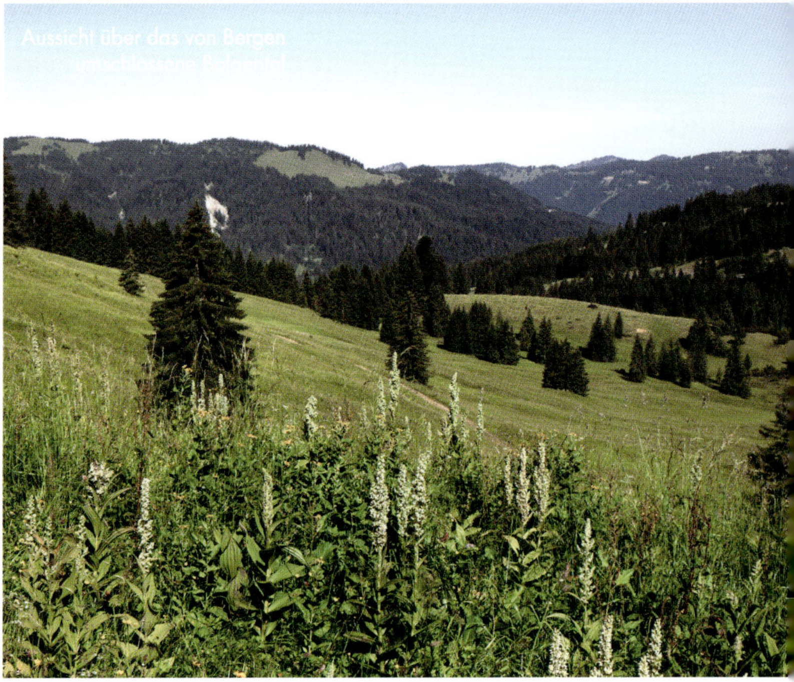

Aussicht über das von Bergen umschlossene Bolgental

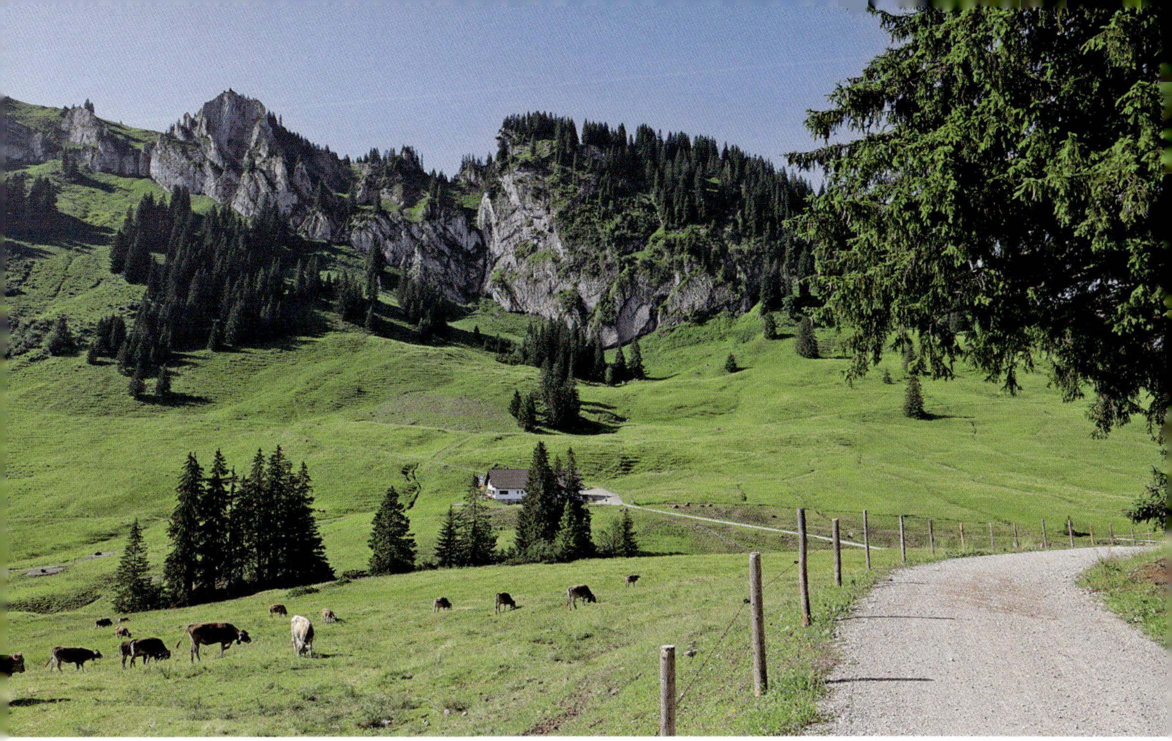

nutzen wir den breiten und bequem zu gehenden Schotterweg durch die Talsohle bis zur **Alpe Schönberg**. Im Sommer werden auf der Alpe rund 100 Stück Jungvieh sowie jeweils zwei Kühe, Haflinger und Esel versorgt. Da sich die Alpe zu Fuß in rund 15 Minuten erreichen lässt, eignet sie sich auch für eine Einkehr ohne Wanderung. Wir werden zum Ende der Runde nochmals Gelegenheit dazu bekommen.

Bis zur Alpe Schönberg gleicht die Wanderung einem Spaziergang.

Aussichtsreicher Aufstieg ... Im Bereich der Alpe Schönberg vereint sich der Fernwanderweg mit der Nagelfluhschleife Besler. Beim Abzweig südlich davon trennen sich die Wege bereits wieder. Von rechts werden wir später auf dem OAR zurückkommen. Wir bleiben also auf der Beslerrunde und nehmen Kurs auf die Felswand. Mit wenigen Kehren gewinnen wir auf dem Pfad rasch an Höhe. Gerne werden wir ab und an innehalten, um den Blick nach Norden zu den Bergen jenseits der Passstraße schweifen zu lassen. Besonders beeindruckend erheben sich das Riedberger Horn und der Wannenkopf links und rechts der Alpe.

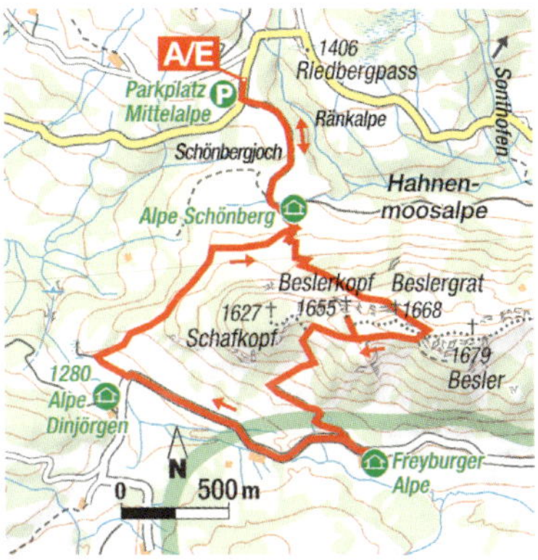

... auf den Beslerkopf Im Bereich des Beslerkopfs schwenkt der Pfad in zunehmend östliche Richtung. Die Felswände lassen zunächst keinen Durchlass erkennen.

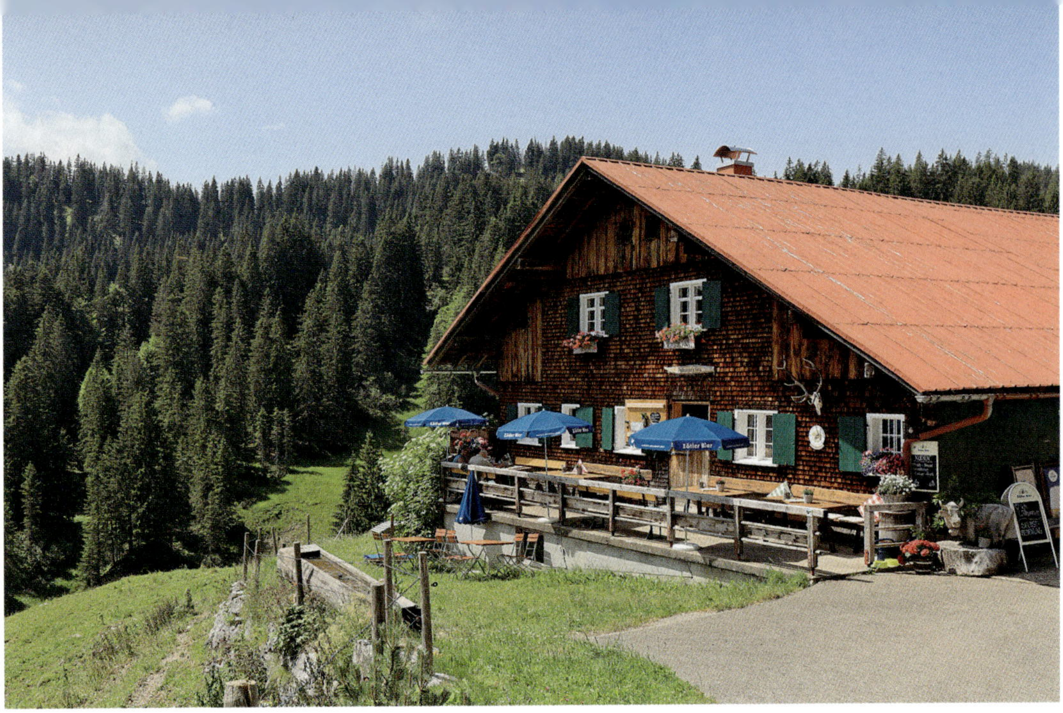

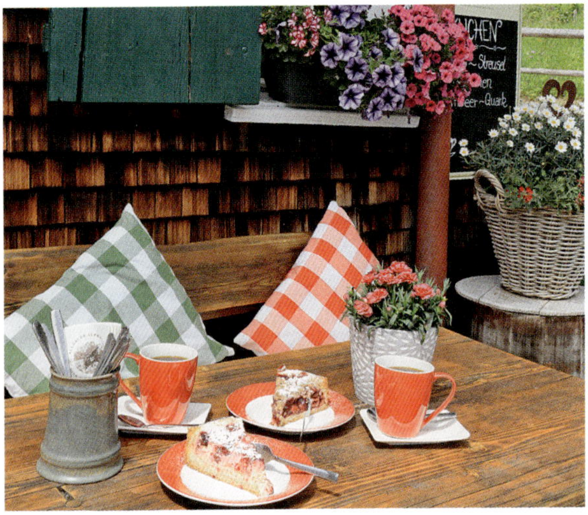

Erst nachdem wir den Beslergrat passiert haben und sich vor uns die Steilwand des Beslers in den Himmel erhebt, können wir zum Lochbachtal abbiegen. Die Beslerrunde wird hier durch einen Abstecher auf den Hauptgipfel des Beslers erweitert. Wer möchte, kann diesen gerne mitnehmen. Ansonsten biegen wir beim nächsten Abzweig erneut rechts ab und folgen dem Pfad auf die sonnige Südseite des Beslergrats. Damit öffnet sich die Sicht zunächst nach Südwesten zum Piesenkopf und – links davon – über den Bregenzerwald bis zum Alpstein, dann auch nach Süden über die Kackenköpfe hinweg zu den Bergen im Kleinwalsertal. Für eine perfekte Rundumsicht empfehlen wir im Bereich einer einfachen Hütte den Abstecher zum Gipfelkreuz auf dem **Beslerkopf**.

Lochbachtal und Freyburger Alpe Zurück auf dem Hauptwanderweg er-

Nagelfluhschleife Beslerrunde

Die Beslerrunde wurde nach den Kriterien von Premiumwanderwegen angelegt, womit sie sich auch für wenig erfahrene Bergwanderer eignet. Der Zugang zu der gut 8 km langen Runde erfolgt ab dem Parkplatz südlich der Herzberg-Alpe.

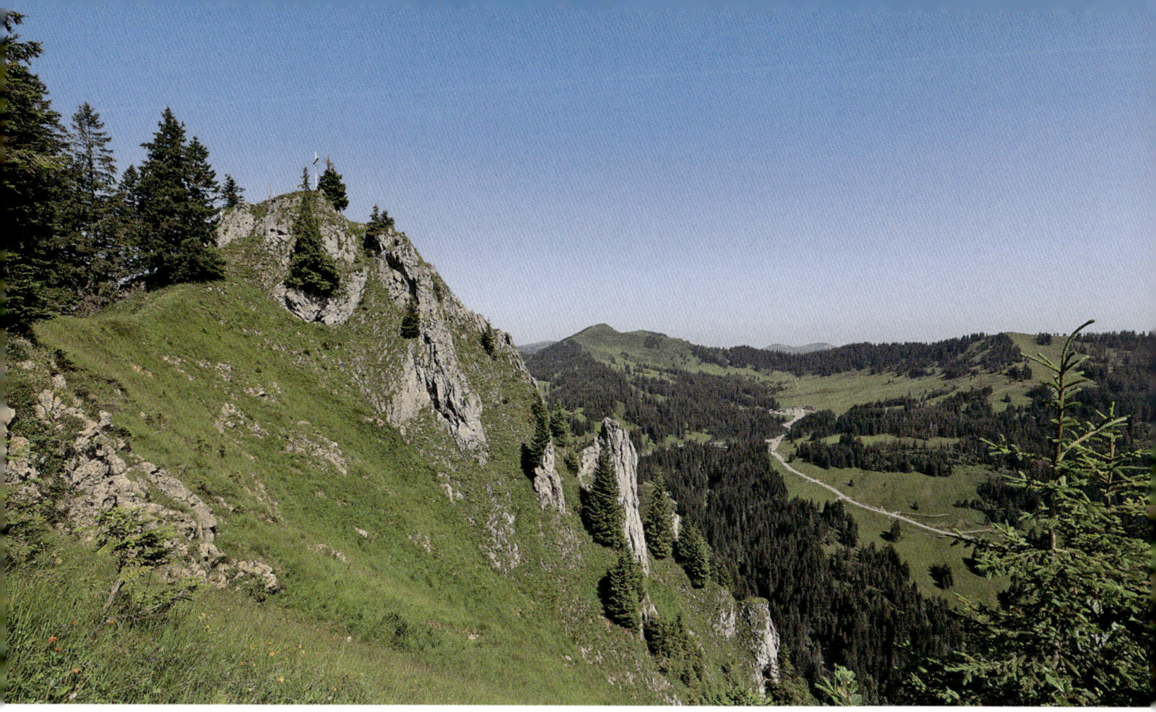

Blick am Beslergrat vorbei in den Kessel von Grasgehren

Linke Seite oben: Die Freyburger Alpe

Linke Seite unten: Kaffee und Kuchen laden zur gemütlichen Rast ein.

folgt der anschließende Abstieg mit Blick auf die schroffe Ostseite des Schafkopfs. Dann tauchen wir in den Bergwald ein und folgen dem Pfad hinunter zu einem Wirtschaftsweg. Links führt uns dieser hinunter ins Lochbachtal, wo wir auf die asphaltierte Passstraße treffen. Erneut links ist die **Freyburger Alpe** bald erreicht. Der Name der Alpe leitet sich von Freiburg im Breisgau ab. Um sich der Rekrutierung in die napoleonische Armee zu entziehen, war Josef Müller aus Ebnet ins Allgäu geflohen. 1805 heiratete er die Bauerntochter Katharina Dornacherin aus Oberdorf und gelangte so in den Besitz der zuvor als »Bueze Eys Alpe« bekannten Weiden im hinteren Lochbachtal. Heute finden wir auf der mit Blumen liebevoll geschmückten Terrasse einen gemütlichen Platz mit Blick durch das Tal bis zu den Oberstdorfer Bergen.

Um den Schafkopf Nach der Einkehr kehren wir zum letzten Wegweiser zurück und folgen der Beschilderung Dinigörgen-Alpe südlich am Schafkopf vorbei. Wo der auch bei Radfahrern beliebte Weg eine Linkskurve zur Alpe beschreibt, biegen wir rechts ab. Wir befinden uns damit wieder auf dem Oberallgäuer Rundwanderweg. Auf ihm geht es nochmals leicht bergan über die Nordwestseite des Schafkopfs zurück zur Alpe Schönberg. Ab dort erfolgt der weitere Rückweg auf dem bereits bekannten Schotterweg hoch zur Riedbergstraße.

11 Einmal um die Kackenköpfe

Von Rohrmoos zur Osterbergalpe

Mittel	14,5 km	400 Hm	4.30–5.30 Std.

Tourencharakter
Auf weiten Teilen breite Wege, der Abstieg vom Oberen Hörnle verläuft auf Brettern durch oft versumpfte Wiesen und Weiden. Ab dem Einbiegen auf den OAR wieder technisch einfache Runde

Ausgangspunkt/Endpunkt
Oberstdorf-Rohrmoos
GPS 47.4077, 10.1682

Anfahrt
Bus/Bahn: –
Auto: Von der B 19 Kempten–Oberstdorf vor Oberstdorf abfahren und der OA 5 und Rohrmooser Straße über Tiefenbach nach Rohrmoos folgen. Achtung Mautstraße: Der Automat nimmt nur Münzen und gibt kein Rückgeld.

Einkehr
Alpe Osterberg (Do–Di ab 9 Uhr), in Rohrmoos

Karte
AV-Karte 1:25 000, BY 2 Kleinwalsertal

Informationen
Tourist-Information Oberstdorf, Tel. 08322/7000, www.oberstdorf.de

Die Wege entlang der Breitach zählen zu den am stärksten frequentierten im Oberallgäu. Allein die Breitachklamm zählt jährlich über 300 000 Besucher. Ganz anders verhält es sich zwischen den beiden Seitentälern der Starzlach und des Hörnlebachs.

Ganzjahres-Eldorado für Naturgenießer In das Rohrmoostal führt nur eine öffentliche Straße. Weil diese mautpflichtig ist, fehlt der andernorts übliche Durchgangsverkehr und Motorradlärm. Zusammen mit den umliegenden Bergen gilt das Tal somit als ein Eldorado für die natur- und landschaftsbezogene Erholung. Neben den Radfahrern und uns Wanderern sollten sich dieses auch Wintersportler merken. Denn das Rohrmoostal gilt als eines der schneereichsten Gebiete im Allgäu. Im Winter werden nicht selten Schneehöhen zwischen zwei und drei Metern erreicht. Die nur wenig befahrene Mautstraße lädt dann zur einfachen Winterwanderung ein, während ab dem Berggasthaus die Loipe Rohrmoos zum Langlauf bittet.

Sankt-Anna-Kapelle Bereits gegenüber vom Parkplatz verdient die **Sankt-Anna-Kapelle** Beachtung. Das im Stil der Spätrenaissance erbaute Gotteshaus stammt aus dem späten 16. Jahrhundert. Damit ist sie die älteste Holzkapelle Süddeutschlands. Sehenswert sind der Flügelaltar von Truchsess Jakob von Waldburg-Wolfegg und die vollständig erhaltene Bemalung. Neben Darstellungen der Zwölf Apostel sowie auch Teufelsgestalten an den Wänden lohnt es sich, den 1568 erbauten Flügelaltar genauer unter die Lupe zu nehmen. Hier fällt eine handflächengroße Darstellung eines Hirten auf, der ein langes, röhrenförmiges Instrument hält. Es handelt sich hierbei um die älteste bekannte Abbildung eines Alphornbläsers.

Den Hohen Ifen im Blick Für die Wanderung folgen wir ab dem Berggasthaus Rohrmoos zunächst der Beschilderung in

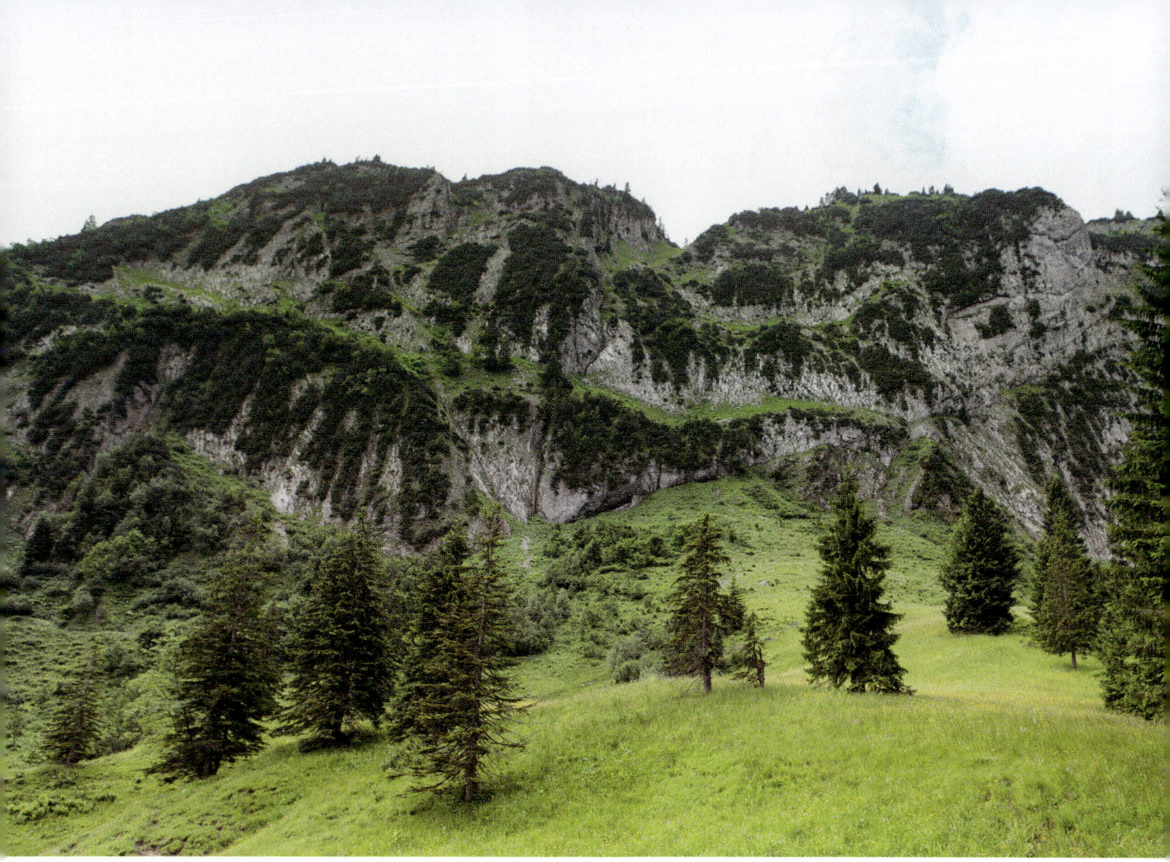

Richtung Hörnlepass zurück auf die Zufahrtsstraße. Rechts ab überqueren wir die Rohrmooser Starzlach. Geradeaus nutzen wir den bei Familien beliebten Talweg in Richtung der Aibele Alpe. Wer die Tour hier schon etwas verlängern möchte, kann dem Fahrweg über den **Rohrmoossattel** ins Achbach-Tal bis zur

Felswände zwischen der Spitzwand und der Weißen Platte

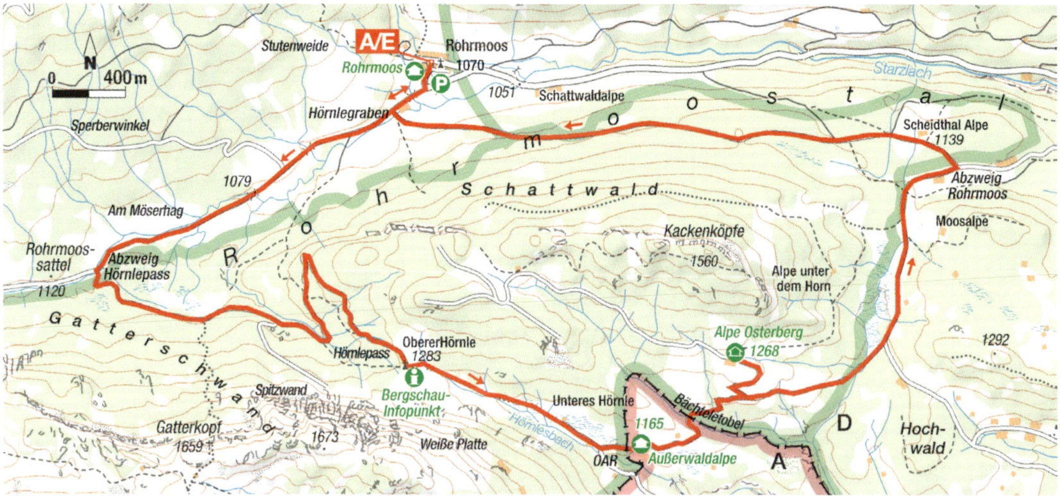

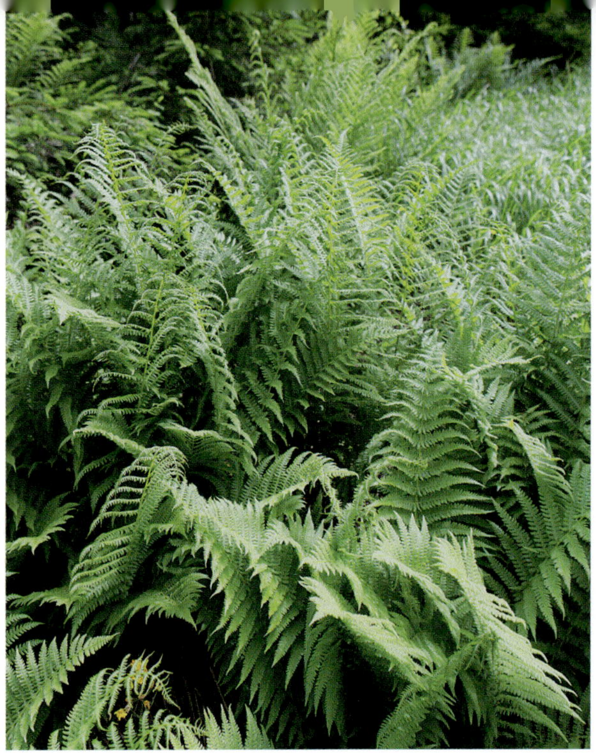

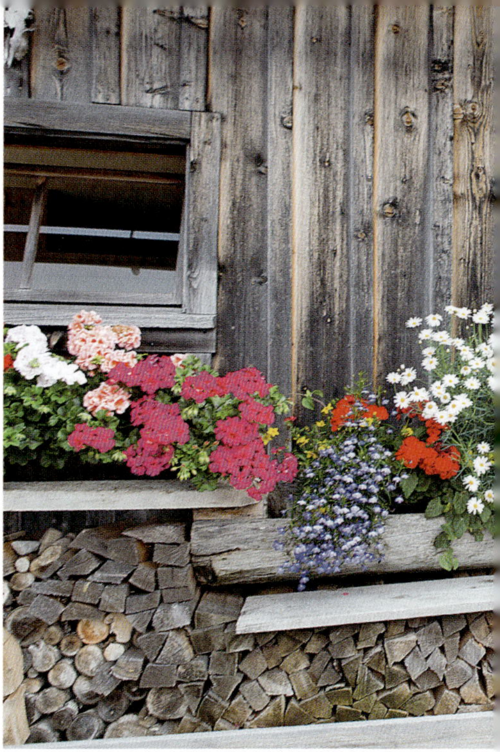

Doppelgänger im Allgäu

Namen helfen, sich in einer Landschaft zurechtzufinden. Schwierig wird es jedoch, wenn verschiedene Orte gleich heißen. Neben der Starzlach im Rohrmoostal ist auch der linke Zufluss der Wertach als Starzlach bekannt. Eine dritte Starzlach mündet bei Sonthofen in die Ostrach. Sie bildet die sehenswerte Starzlachklamm.

Aibele Alpe folgen. Ansonsten biegen wir noch vor der Sattelhöhe links zum Hörnlepass ab. Der technisch einfache Forstweg eröffnet uns eine besonders beeindruckende Sicht auf die zerklüftete Nordseite des Hohen Ifen und zu den Unteren Gottesackerwänden. Im Quellgebiet der Starzlach schwenkt der Wirtschaftsweg erst nach Norden, dann – einen halben Kilometer weiter – nach Südosten zum **Oberen Hörnle**.

Links: Wurmfarnflur

Mitte: Blumenschmuck bei der Osterberg-Alpe

Sumpfiger Abstieg am Hörnlesbach Vom höchsten Punkt dieser Runde erfolgt der anschließende Abstieg auf einem Pfad. Mehrere kurze Passagen erfordern Trittsicherheit. Tatsächlich ist dies noch oft der angenehmere Bereich. Denn weiter unten versumpfen die Weiden entlang des Hörnlesbachs regelmäßig. Als Entschädigung bietet uns der Pfad freie Sicht von der Weißen Platte (links) über den Spitzberg bis zum Gatterkopf. Im weiteren Abstieg schützen aneinander gelegte Bretter vor nassen Füßen. Leider werden diese zuweilen von den hier weidenden Rindern als Liegefläche genutzt. Schließlich aber mündet der Pfad in den **Oberallgäuer Rundwanderweg**.

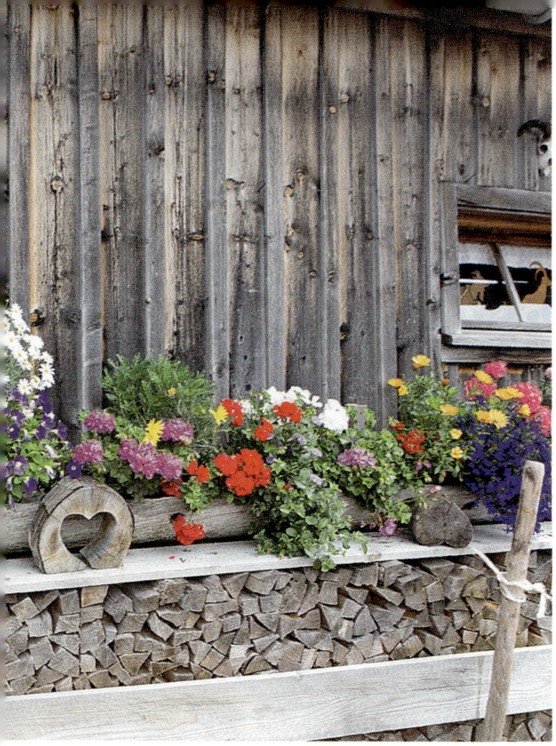

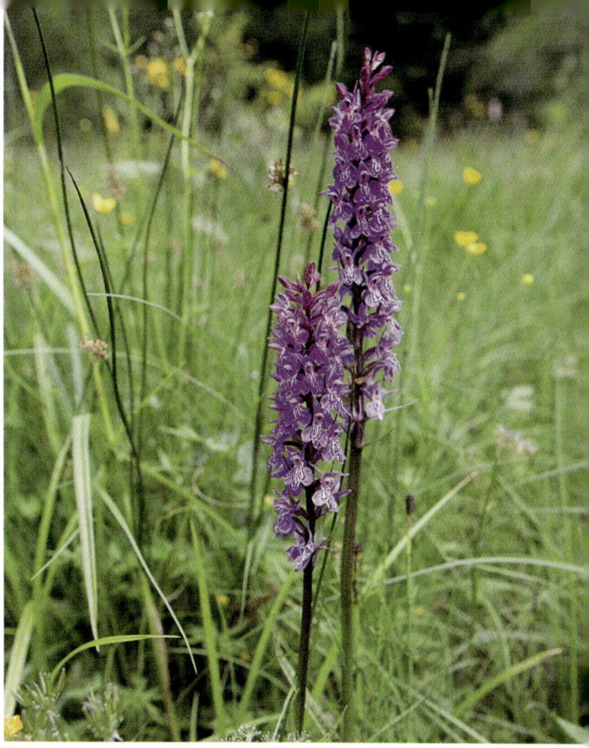

Durchs Kleinwalsertal zur Alpe Osterberg

Links ab geht es auf dem bequem zu gehenden Forstweg zur Außerwaldhütte. Sie gehört zum Kleinwalsertal, womit wir uns bis zum **Bächteletobel** in Österreich aufhalten. Wenige Minuten weiter nehmen wir den Abzweig hoch zur **Alpe Osterberg**. Die familiär geführte Alpe zählt mit ihrer Aussicht zu den Kleinwalsertaler und Oberstdorfer Bergen zu den schönsten, die wir bisher im Allgäu entdeckt haben. Als Wanderer werden wir hier mit frisch gebackenem Käsekuchen, Hüttenbrotzeiten und selbst gemachter Rhabarberschorle verwöhnt.

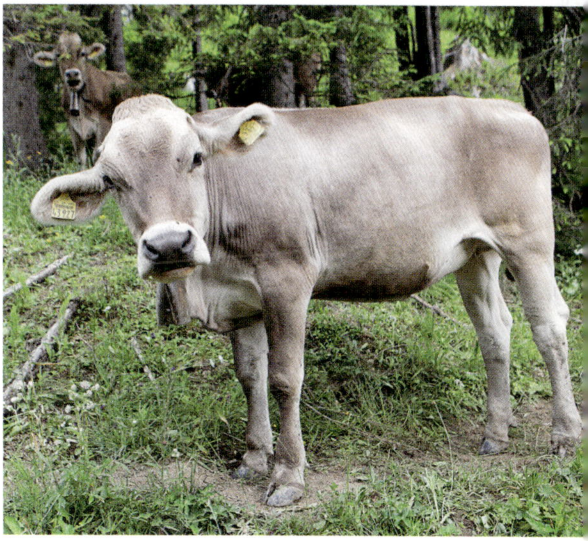

Auch die Rinder nutzen die Wanderpfade.

Ganz oben: Auf den Feuchtwiesen blühen im Sommer reichlich Knabenkräuter.

Auf dem Oberallgäuer Rundwanderweg

Nach dem Abstecher zur Alpe folgen wir dem Oberallgäuer Rundwanderweg zwischen den Kackenköpfen und dem Engenkopf hindurch. Rund zwei Kilometer ab der Osterbergalpe biegen wir schließlich links nach Rohrmoos ab und folgen dem OAR an der **Scheidthal Alpe** vorbei zurück auf den Talboden sowie rechts zum Berggasthaus Rohrmoos.

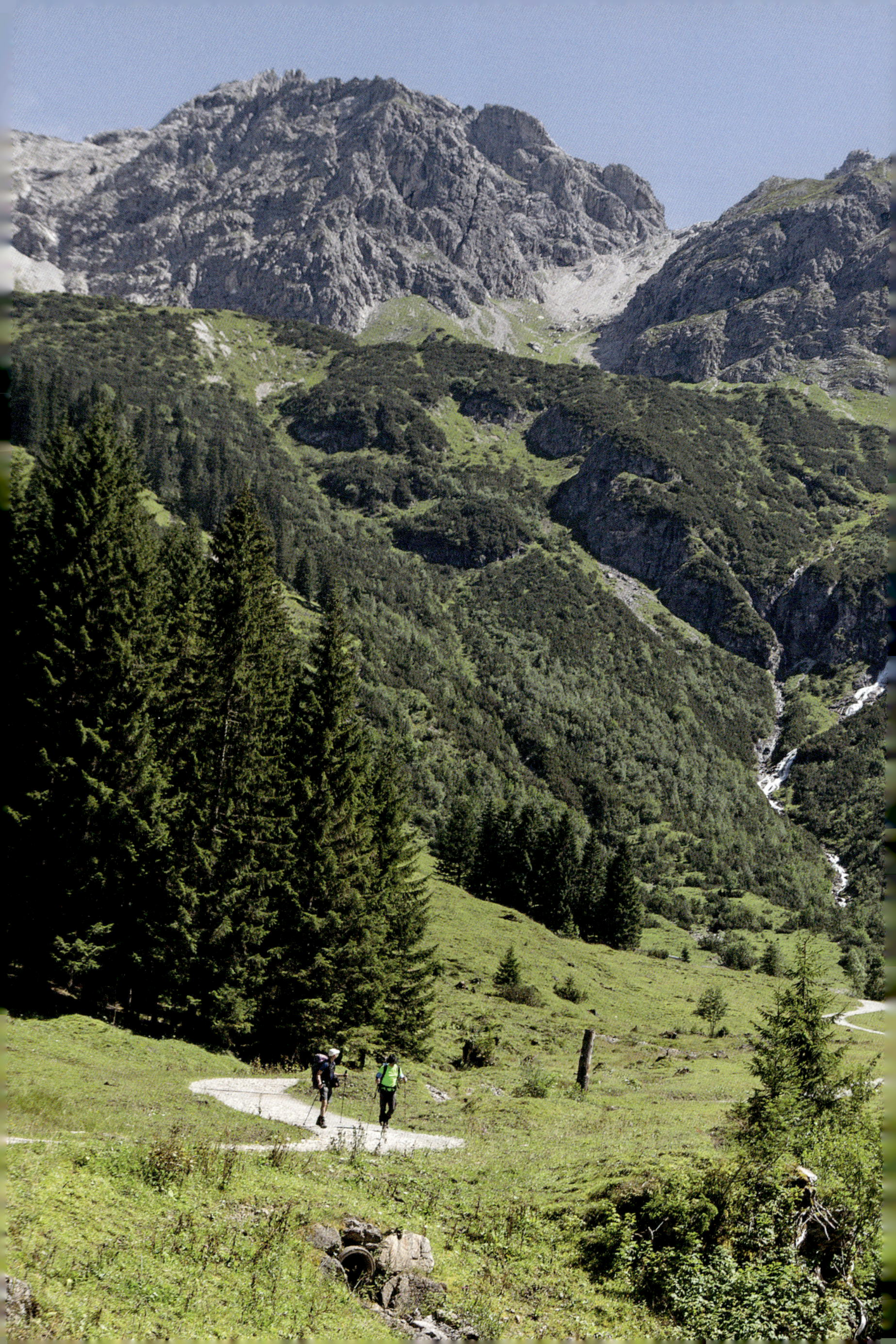

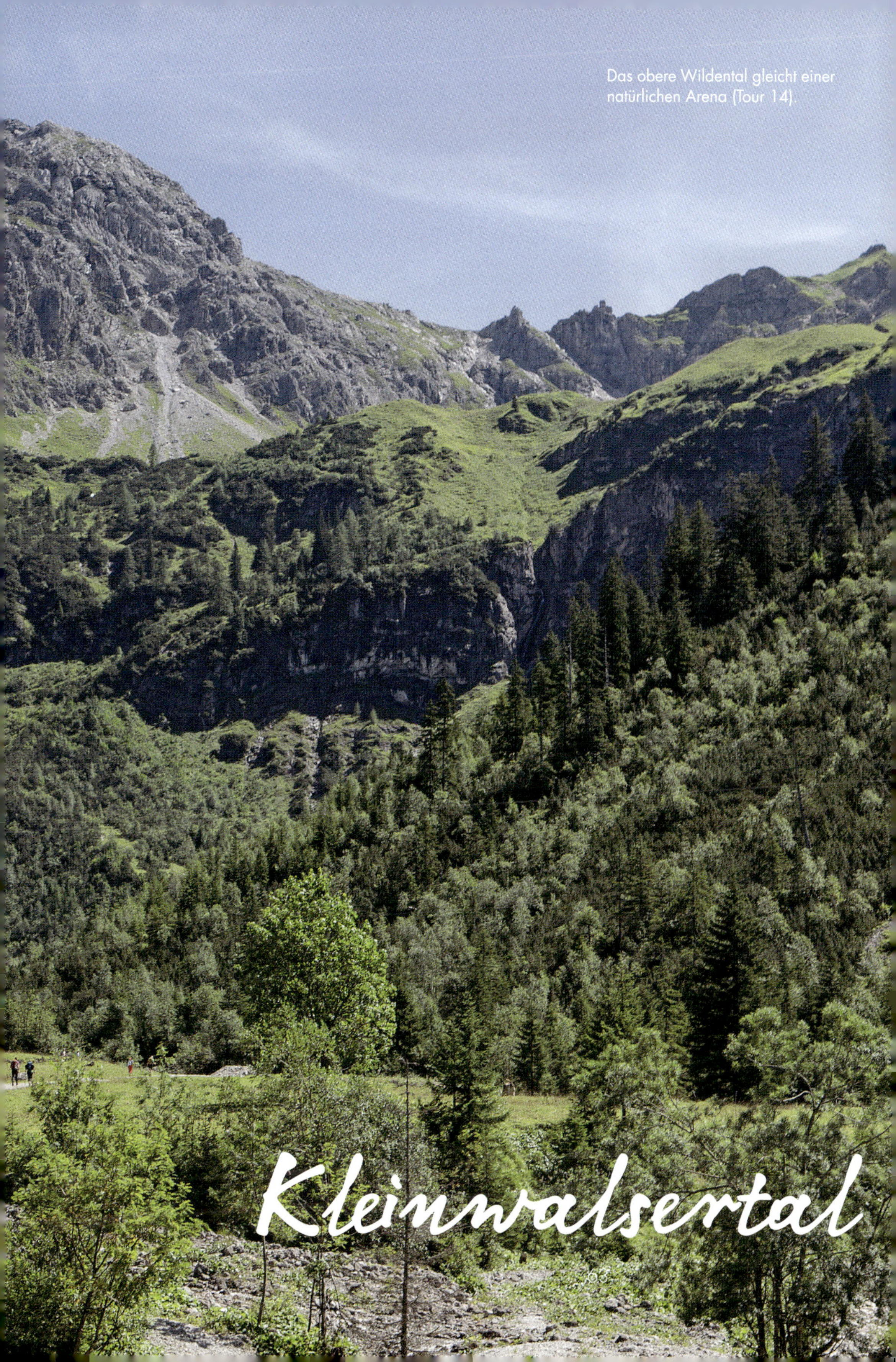

Das obere Wildental gleicht einer natürlichen Arena (Tour 14).

Kleinwalsertal

12 Ruhe rund ums Derraköpfle

Von Baad zur Mittleren Spitalalpe

Mittel | 8,2 km | 600 Hm | 3.30 Std.

Tourencharakter
Landschaftlich reizvolle Wanderung auf zunächst breiten Wegen, dann über schmale Pfade; für die Steigung zu Beginn ist eine gute Kondition am Berg von Vorteil. Stöcke sind sehr zu empfehlen.

Ausgangspunkt/Endpunkt
Mittelberg-Baad im Kleinwalsertal
GPS 47.3094, 10.1214

Anfahrt
Bus/Bahn: Ab Oberstdorf fährt der Walserbus-Linie 1 bis zur Endstation Kleinwalsertal Baad.
Auto: Über die B 19 Kempten–Oberstdorf an Oberstdorf vorbei ins Kleinwalsertal folgen, weiter auf der österreichischen L201 bis zum Ende in Baad

Einkehr
Mittlere Spitalalpe (im Sommer bis Ende Okt. tgl. geöffnet), Tel. +43 676-490 43 33

Karte
AV-Karte 1:25 000, BY 2 Kleinwalsertal

Informationen
Kleinwalsertal Tourismus, Tel. +43 5517/511 40, www.kleinwalsertal.com

Die Pfade rund um das Derraköpfle zählen zu denen im Kleinwalsertal, die relativ wenig begangen werden. Durch die Verbindung nahe der Mittleren Spitalalpe können wir zwischen einer langen und kurzen Runde wählen. Eine malerische Landschaft gibt es obendrauf.

Ruhe bewahren Baad ist der westlichste und von Deutschland aus gesehen hinterste Ort im Kleinwalsertal. Hier enden die Walserbus-Linie 1 und die österreichische L201. Rund um einen Kreisverkehr teilen sich mehrere Parkplätze die Aufgabe, die alltäglich anrollende Blechlawine zu schlucken. Dies gelingt nicht immer. Insbesondere während der Ferien geht es hier zu wie in einem Taubenschlag. Lacht dann noch die Sonne vom blauen Firmament, sollten wir besonders umsichtig sein. Denn die Park-

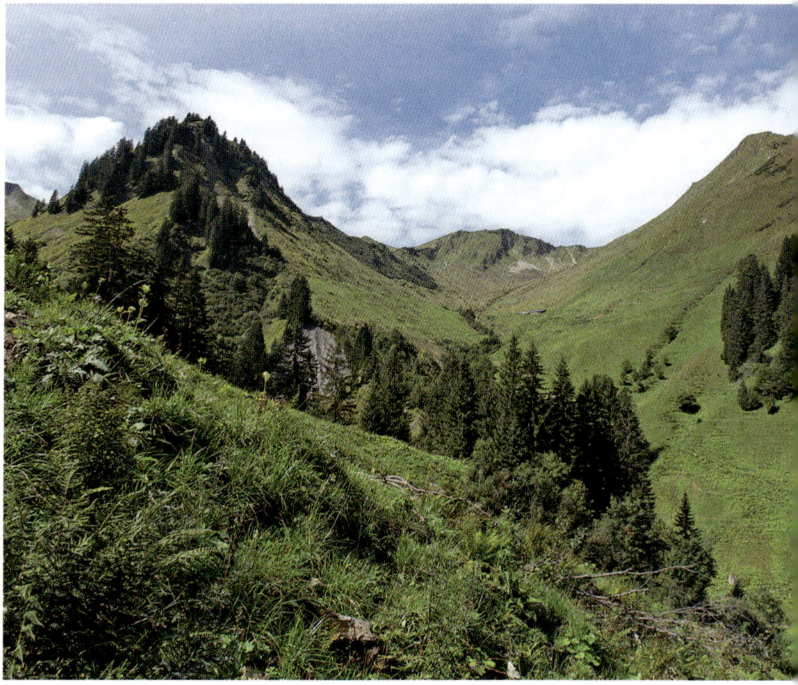

Blick am Derraköpfle vorbei zum Derrenjoch und, rechts, der Unspitze

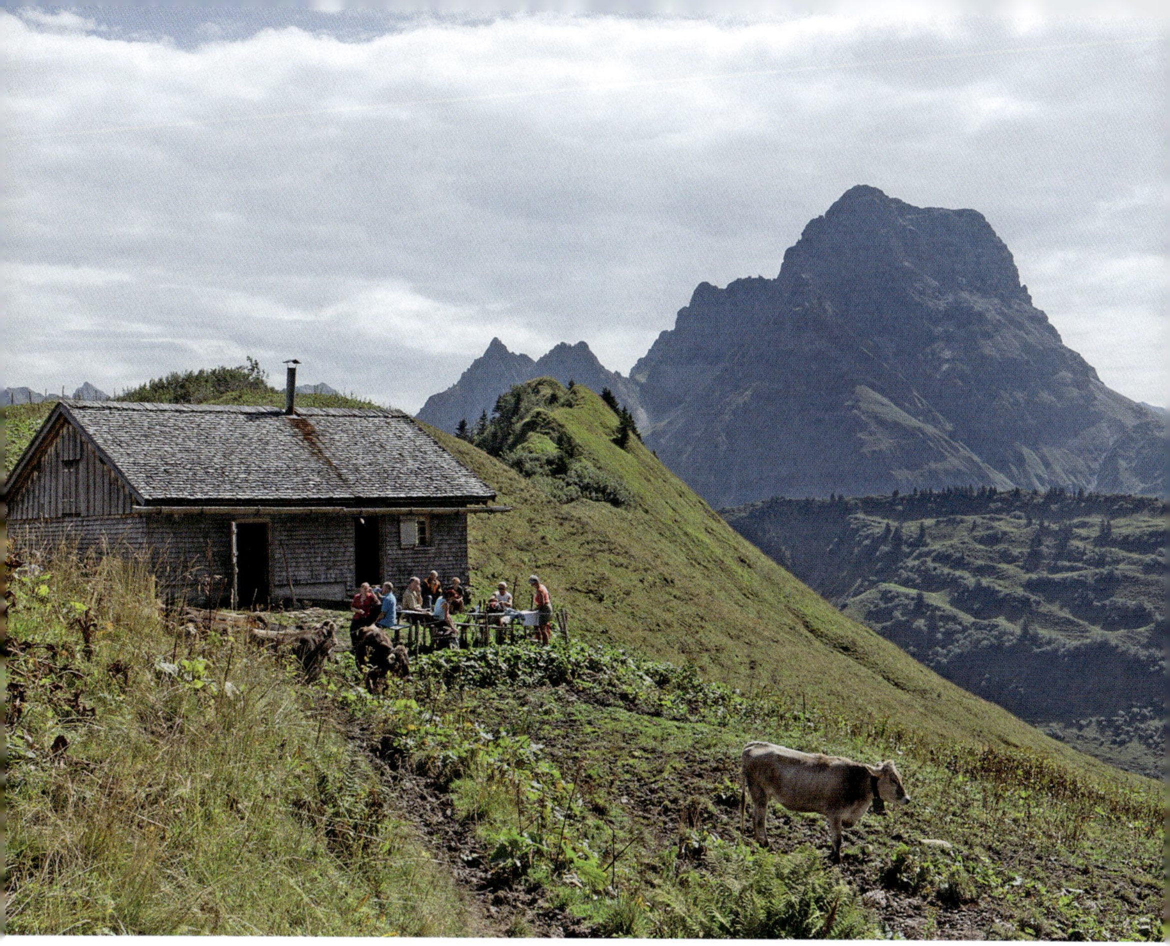

plätze sind zwar gut angelegt, bergen aber doch Mulden und Kuppen. Beides zusammen kann dazu führen, dass ein niedriges Cabriolet schlichtweg aus dem Sichtfeld verschwindet. Aufgefallen ist uns dies beim langsamen Zurücksetzen, als aus dem Nichts heraus eine Hupe ertönte. Auch ohne solch einen Schreckmoment unterstreicht dies: Gegenseitige Rücksichtnahme, ein gelegentliches Sich-Bemerkbar-Machen und die Ruhe bewahren sind an touristischen Hotspots Gold wert.

Bei der Oberen Derrenalpe bietet sich uns eine majestätische Sicht zum Großen Widderstein.

Ausscheren aus der Menge So eingestimmt kehren wir der Breitach den Rücken und laufen zunächst in den kleinen Ferienort hinein. Direkt nach dem **Alpenhotel Widderstein** biegen wir links zur Mittleren Spitalalpe ab. Das Gros der Wanderer hat bereits zuvor den Weg ins Bärgunttal eingeschlagen oder begibt sich geradeaus auf

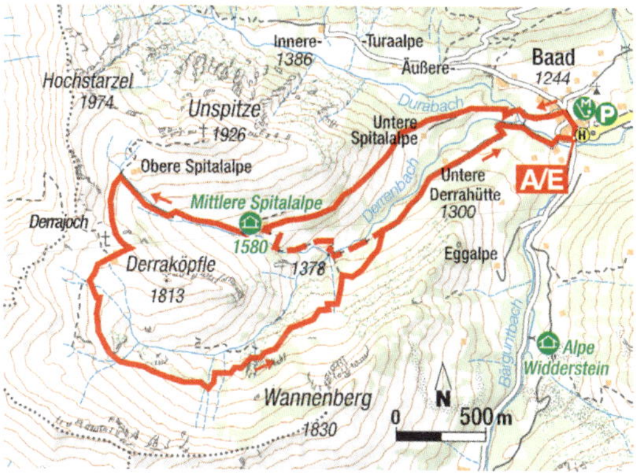

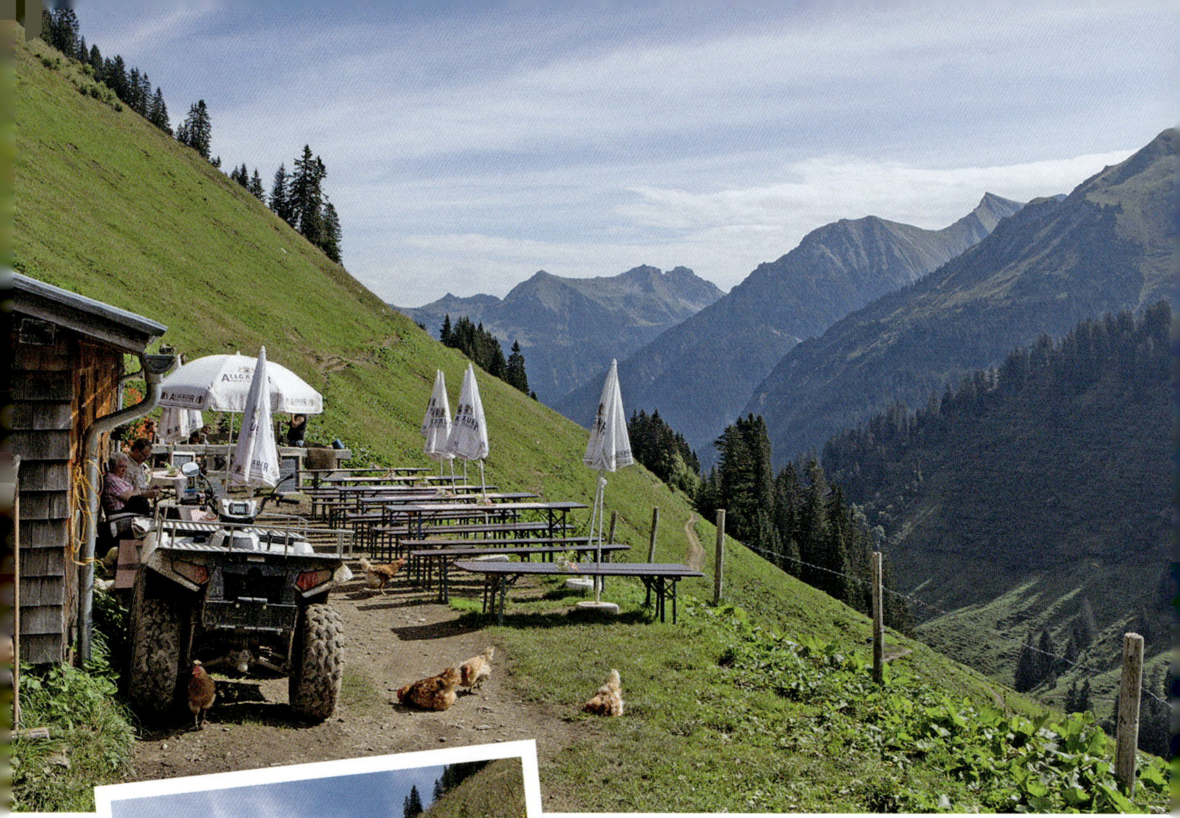

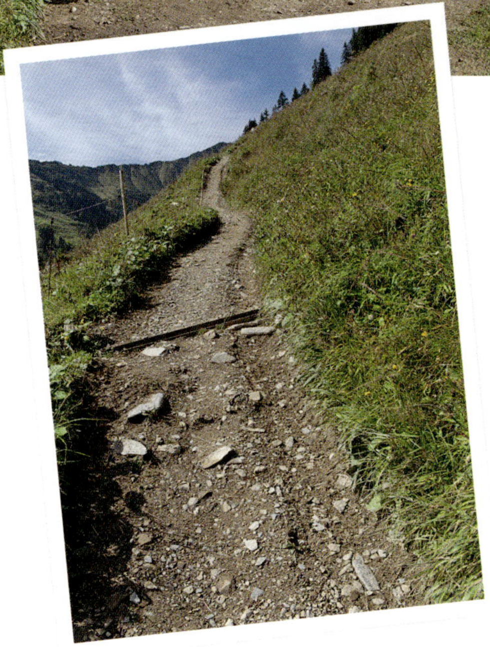

einen der leichteren Wege. Somit sollte es auf den nächsten Metern deutlich entspannter um uns herum werden. Sowie wir den Turabach (auch Durabach) überqueren, öffnet sich auf der Brücke die Sicht nach Süden zum Bärenkopf sowie zum Kleinen und Großen Widderstein. Jenseits der Brücke können wir es langsam angehen lassen. Im Sprint ist der Aufstieg ohnehin nicht zu schaffen. Gönnen wir uns also kurze Pausen und lassen den Blick nach Osten über das Kleinwalsertal, nach Norden zum Grat mit dem Ochsenhöfer Köpfle und dem Muttelbergkopf sowie über die Berge vor uns schweifen. Daneben erfreuen uns im Sommer zahlreiche Alpenpflanzen wie die Silberdistel und verschiedene Enzian-Arten am Wegrand.

Wanderpfad zu den Spitalalpen

Ganz oben: Sonnenterrasse der Mittleren Spitalalpe

Aufstieg zur Mittleren Spitalalpe Am Ende einer Lichtung lassen wir den Abzweig zur **Unteren Spitalalpe** aus. Nach gut einer Stunde sollte dann die **Mittlere Spitalalpe** erreicht oder zumindest in Sichtweite sein. Als einzige Einkehrmöglichkeit auf dieser Runde empfängt sie uns mit einer urigen Terrasse und frei laufenden Hühnern. Als Sennalpe wird hier die Milch von Kühen und Ziegen zu Käse, Butter und Joghurt verarbeitet. An heißen Sommertagen ist die Buttermilch ein verlässlicher Durstlöscher. Neben den typischen Brotzeiten und hausgemachten Kuchen können wir uns außerdem über die Aussicht zum Widderstein und Bärenkopf im Osten und Südosten freuen. Die Sicht nach Süden wird durch das Derraköpfle bestimmt, das es nun zu umrunden gilt. Wer dieses auslassen will, kann zum Abzweig unterhalb der Alpe zurückkehren und über die Verbindung zum Derrenbach abkürzen.

Oberhalb der Mittleren Spitalalpe begegnet man öfter Galtvieh als Wanderern.

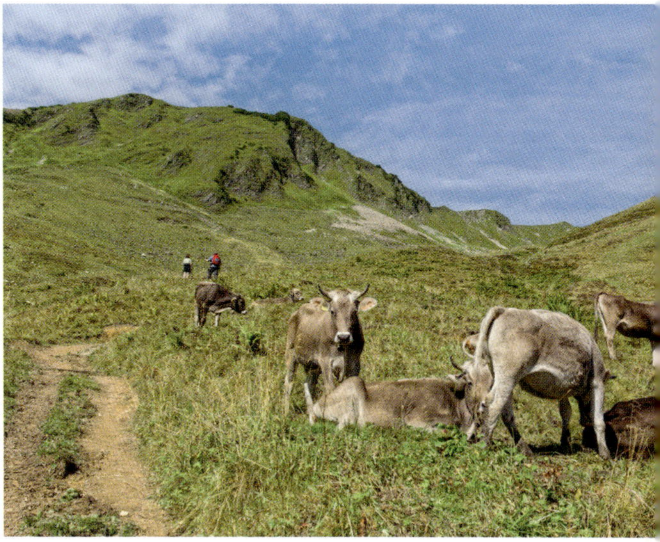

Über die Obere Spitalalpe zur Derrenalpe Oberhalb der Mittleren Spitalalpe steigt der Bergweg bis zur **Oberen Spitalalpe** an. Sie liegt in einem Kessel zwischen der Unspitze zu unserer Rechten, dem Hochstarzel direkt voraus und dem daran nach Südsüdwest anschließenden Grat zur Güntlespitze. Mit etwas Glück lassen sich hier Murmeltiere beobachten. Wenige Meter unterhalb der nicht bewirteten Oberen Spitalalpe biegen wir scharf links ab, sodass wir in nun südlicher Richtung zur **Derrenalpe** wandern. Sie steht auf einem Bergrücken, der das Tal in einen südlichen und einen nördlichen Bereich teilt. Der Rückweg nach Baad erfolgt entlang der beweideten Hänge unterhalb der Güntlespitze und dem Wannenberg. Nach längeren Regenperioden sind die Pfade bis zum unteren Ende des Verbindungswegs versumpft. Wo beide Varianten zusammentreffen, können wir schließlich den letzten Abschnitt über die **Untere Spitalalpe** wieder entspannt angehen, bevor diese schöne Runde in Baad endet.

Übergang ins Schwarzwassertal

Ab der Derrenalpe besteht über das Derrenjoch und den Hochstarzel sowie die Ochsenhofer Scharte eine Verbindung zur Schwarzwasserhütte. Von der exponiert gelegenen Hütte ist der Abstieg durch das Schwarzwassertal zur Endstation der Walserbus-Linie 5 bei der Talstation der Ifenbahn möglich.

13 Unter dem Großen Widderstein

Hütten im Gemsteltal

Leicht | 6,7 km | 200 Hm | 2.30 Std.

Tourencharakter
Technisch einfache Wanderung auf breiten Schotterwegen ins reizvolle und ruhige Gemsteltal. Das Tal und insbesondere der von uns gewählte Rückweg ist auch bei Radfahrern beliebt.

Ausgangspunkt/Endpunkt
Parkplatz und Haltestelle Weiher im Kleinwalsertal
GPS 47.3133, 10.1413

Anfahrt
Bus/Bahn: Ab Oberstdorf mit der Walserbus-Linie 1 bis zur Haltestelle Weiher
Auto: Über die B 19 bis Oberstdorf, im Kreisverkehr in Richtung Kleinwalsertal abfahren und der B 19/L201 Richtung Baad bis zum Parkplatz bei der Haltestelle Weiher folgen

Einkehr
Alpe Schönesboden (tgl. ab 9.30 Uhr), Hintere Gemstelhütte (tgl. ab 9 Uhr), Bernhards Gemstelalpe (tgl. ab 10 Uhr)

Karte
AV-Karte 1:25 000, BY 2 Kleinwalsertal

Informationen
Kleinwalsertal Tourismus,
Tel. +43 5517/51 1 40,
www.kleinwalsertal.com

Das Gemsteltal wird zu drei Seiten von majestätischen Bergzügen umrahmt. Neben dem 2533 Meter hohen Großen Widderstein erreichen vier weitere Gipfel Höhen deutlich über 2300 Meter. Ein landschaftlicher Hochgenuss in dem autofreien Tal ist uns damit gewiss.

Über die Breitach in die Stille Von der Bushaltestelle in **Mittelberg-Weiher** aus gesehen befindet sich der Einstiegspunkt auf der linken Seite vom benachbarten Parkplatz. Ein kurzer Verbindungsweg führt hinunter an die Breitach, der wir flussabwärts bis zur **Breitachbrücke** folgen. Vor Ort ist angeschrieben, welche der vor uns liegenden Alpen geöffnet sind. Mit diesem Wissen überqueren wir die Brücke und folgen der Breitach bis zur Gemstelbach-Mündung. Der Breitachweg schwenkt hier nach rechts und führt über die **Gemstelbrücke**. Gleich nach der Brücke biegen wir rechts auf den Gemsteltal-Rundweg ab.

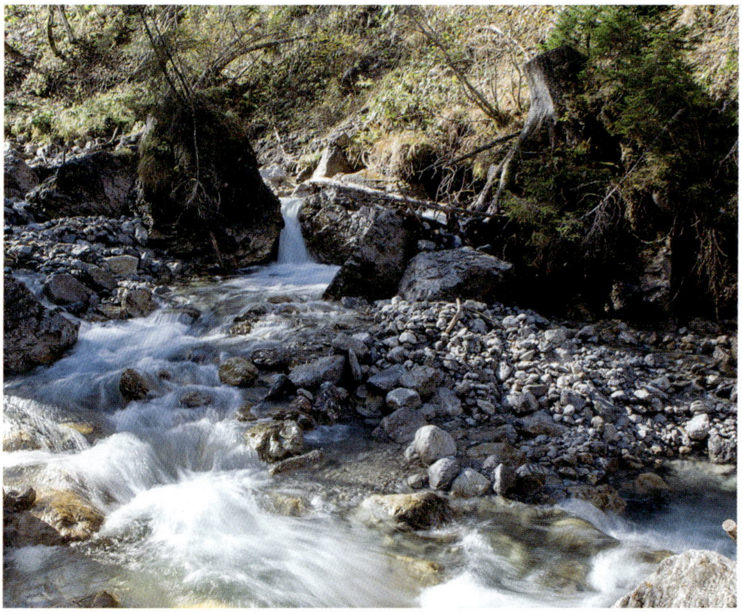

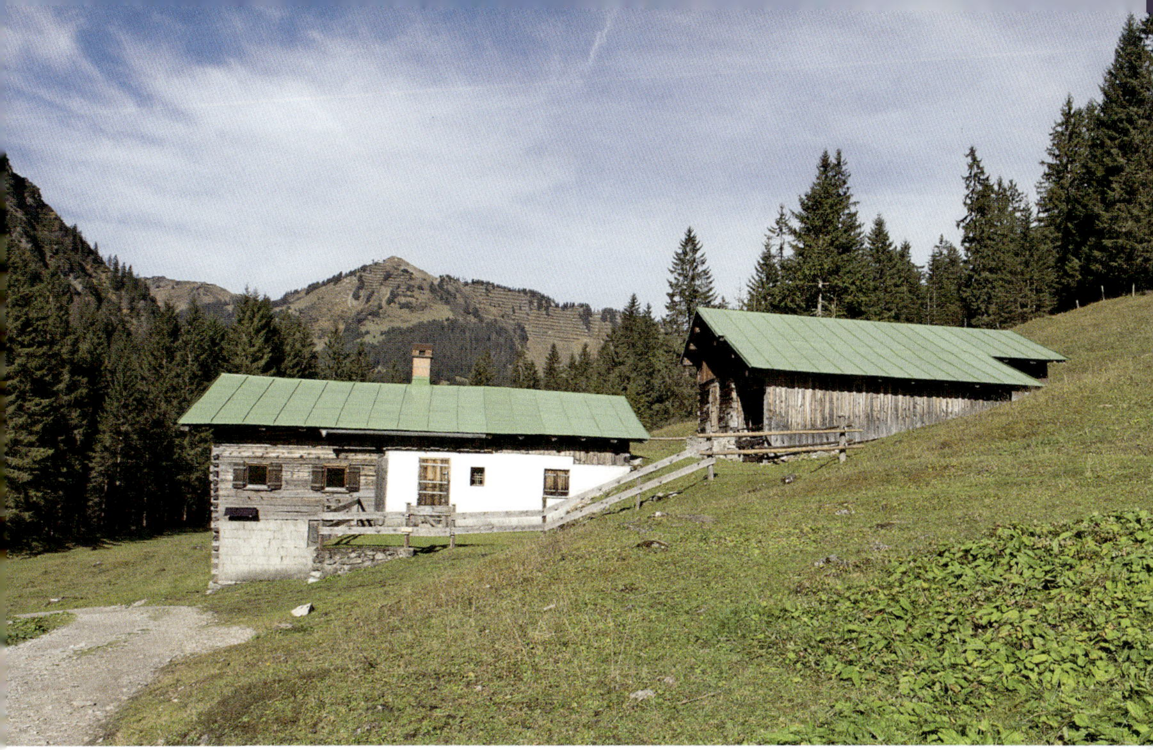

Die Tonisgemstelalpe

Linke Seite: Der Gemstelbach

Das Geißhorn im Blick Auf bequem zu laufenden Waldwegen streben wir dem Gebirgsbach entgegen. Immer wieder ergeben sich Blicke auf das schluchtartige Bachbett. An ein, zwei Stellen ist der Zugang zu den Kiesbänken möglich. Bei einer größeren Lichtung öffnet sich erstmals die Sicht zur Bergkette mit dem 2366 Meter hohen Geißhorn. Beim nächsten Abzweig halten wir uns links und folgen dem breiten Weg nahe dem Gemstelbach durch ein weiteres Waldstück. Wenige Schritte unterhalb der nicht bewirteten **Tonisgemstelalpe** verlassen wir dieses wieder. Vor uns öffnet sich nun ein Bergpanorama, das einer natürlichen Arena gleicht.

Wanderer im Aussichtsglück Rechts von uns erstrecken sich Grasmatten und Nadelwälder bis in die felsige Gipfelregion des Bärenkopfs. Wenden wir uns nach Südosten, sind oberhalb der Hütte und dem Bergwald die Gipfel vom Zwölfer-, Elfer- und, rechts davon, Liechelkopf zu sehen. Direkt voraus rückt der Große Widderstein ins Bild. Nach Osten ist dieser über den Gemstelpass und das Schärtle mit dem Haldenwanger Kopf und dem Geißhorn verbunden. Komplettiert wird die Rundumsicht, sobald die Tonisgemstelalpe hinter uns liegt. Im Norden reicht die Sicht dann über die Breitach hinweg zum Walmendinger Horn und seinen markanten Lawinenverbauungen.

Bis zur Hinteren Gemstelalpe sind die Wege leicht zu wandern.

Schönesboden und Hintere Gemstelalpe Mit diesem malerischen Rundumblick folgen wir dem Wanderweg sowie dem Abstecher hoch zur **Alpe Schönesboden**. Spezialität der Jausenstation mit Terrasse und Älplerstube ist die Jausenplatte aus dem Räucherofen. Käse, Schinken und Butter stammen aus eigener Produktion, während im Brunnen Getränke gekühlt werden. Je nach Schneelage ist die Alpe ab Mitte Mai bis Ende Oktober geöffnet. Zurück auf dem Wanderweg überqueren wir bald den Gemstelbach. Links erreichen wir über einen zweiten Abstecher die **Hintere Gemstelalpe**. Sie liegt unterhalb vom Gemstelpass und besticht durch ihre großzügige Sonnenterrasse. Stolz sind die Hüttenwirte Sabine und Mathias Fritz auf ihren original österreichischen Apfelstrudel.

Umrundung des Großen Widdersteins

Die Obere Gemstelalpe ist über den Gemstelpass mit der Widdersteinhütte verbunden. Ab dort besteht eine Verbindung über den Hochalppass und durch das Bärgunttal bis nach Baad. Über den Breitachweg lässt sich die Wanderung so zu einer Tagestour ausbauen.

Abstecher für Bergsteiger Wer mehr Ruhe sucht und fit am Berg ist, dem empfehlen wir die Obere Gemstelalpe. Der Aufstieg erfolgt südlich der Hinteren Gemstelalpe und bein-

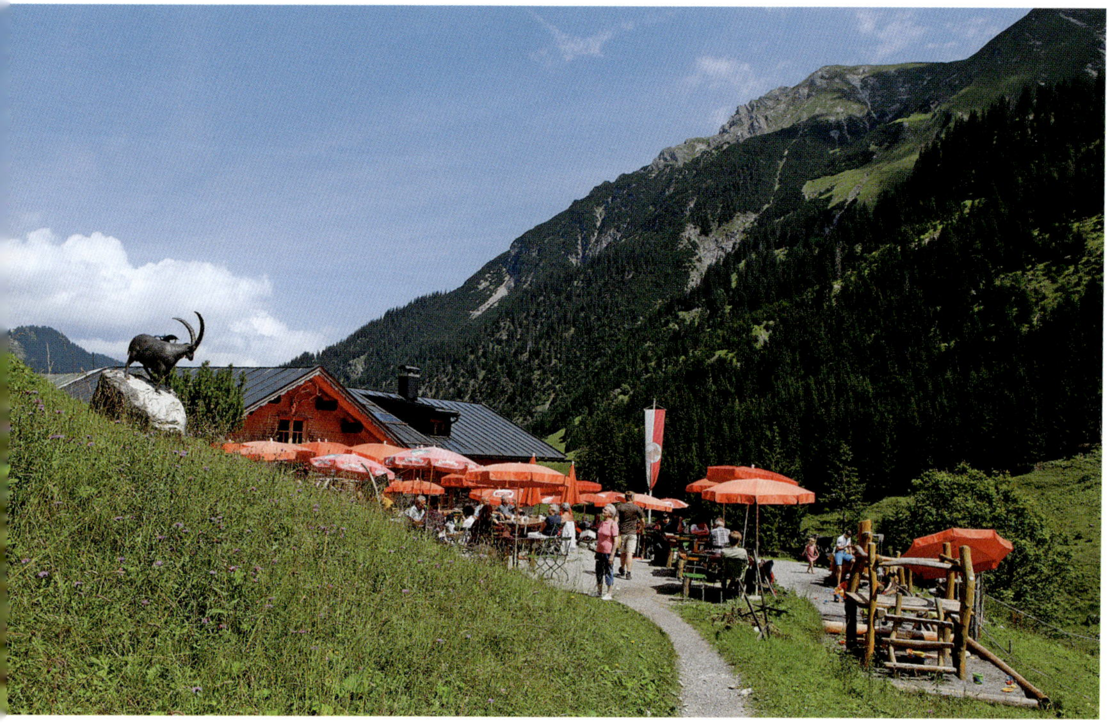

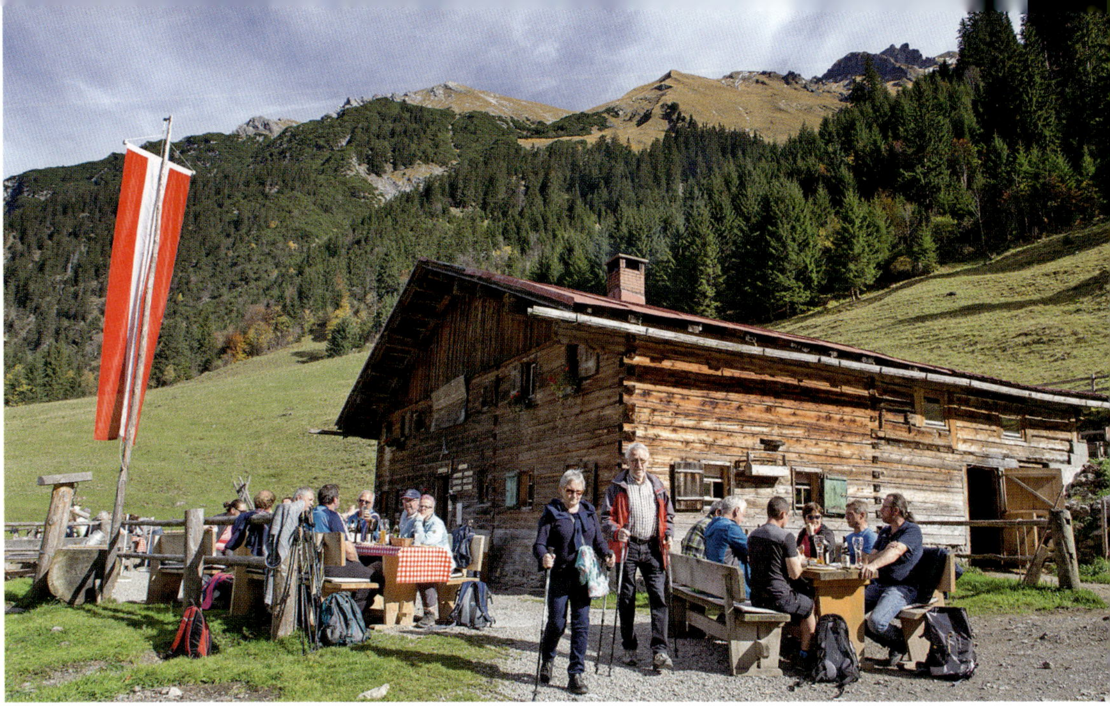

haltet 400 Höhenmeter auf felsigem Terrain. Mehrere Passagen des Gemstelpasses sind mit Drahtseilen gesichert. Auf 1694 Metern über Normalnull eröffnet uns die Obere Gemstelalpe eine einmalige Sicht über das nun tief unter uns liegende Gemsteltal. Direkt westlich der Hütte erhebt sich der Hauptgipfel des Großen Widdersteins. Ihm liegt im Osten das ebenfalls imposante Geißhorn gegenüber. Mit etwas Glück zeigen sich an den umliegenden Berghängen Gämsen oder Steinböcke.

Bei der Alpe Schönesboden

Bernhards Gemstelalp Wanderer, die gemütliche Wege bevorzugen, sollten auf den Abstecher besser verzichten. In diesem Fall geht es wieder bergab am Abzweig zur Alpe Schönesboden vorbei zu **Bernhards Gemstelalp**. Auch sie lädt mit einer aussichtsreichen Terrasse zu Wurst- und Käsespezialitäten aus heimischer Landwirtschaft ein. Bei ungemütlichem Wetter genießen wir in der heimeligen Stube die Hüttenatmosphäre, eh wir dem Gemsteltal-Rundweg wieder hinunter zur **Breitachbrücke** folgen. Ab dort geht es auf dem bereits bekannten Abschnitt des Breitachwegs zurück nach **Mittelberg-Weiher**.

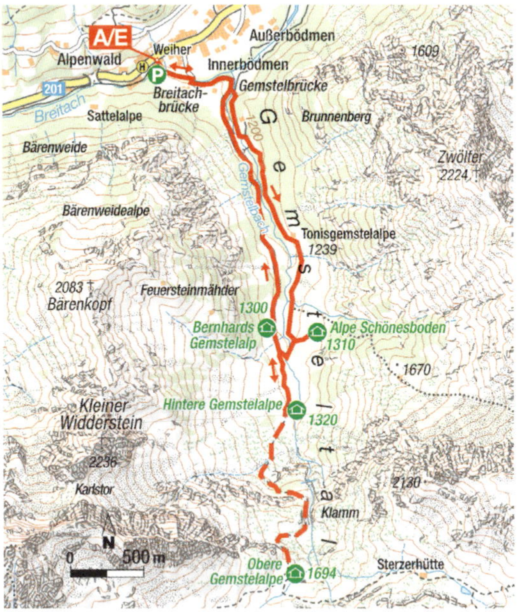

14 Im Bann des Wildentals

Über die Fluchtalpe zur Kuhgehren

Mittel/Schwer | 10,5 km | 700 Hm | 5 Std.

Tourencharakter
Bis zur Fluchtalpe bequem zu wandernder Schotterweg, oberhalb davon erfordern etliche Kehren griffiges Schuhwerk, Trittsicherheit und auch eine gute Kondition am Berg.

Ausgangspunkt/Endpunkt
Wanderparkplatz Schwendle bei Mittelberg
GPS 47.3210, 10.1614

Anfahrt
Bus/Bahn: Ab Oberstdorf mit der Walserbus-Linie 1 nach Mittelberg, weiter mit der Linie 4 zur Haltestelle Abzweig Schwendle
Auto: Der B 19 ins Kleinwalsertal folgen, bei Mittelberg links auf die Wildentalstraße abbiegen und dieser bis zum Parkplatz am Abzweig Schwendle folgen

Einkehr
Untere und Innere Wiesalpe (ab Mitte Mai Di–So ab 11 Uhr), Fluchtalpe (tgl. ab 10 Uhr), Innere Kuhgehrenalpe (Öffnungszeiten unter Tel. +49 170/3287376)

Karte
AV-Karte 1:25 000, BY 2 Kleinwalsertal

Informationen
Kleinwalsertal Tourismus, Tel. +43 5517/511 40, www.kleinwalsertal.com

Das Wildental wird vom Elfer- und Zwölferkopf, den Schafalpenköpfen sowie der Hammer- und Hochgehrenspitze umschlossen. Alle zusammen bilden eine Arena, die Wandererherzen höher schlagen lässt. Oberhalb der Wiesalpen führt unser Weg über die Fluchtalpe zur Inneren Kuhgehrenalpe.

Bequem zu den Wiesalpen Auch wenn weite Teile dieser Wanderung wenig begangen werden, sollten Autofahrer möglichst zeitig anreisen. Denn bei **Mittelberg-Schwendle** gibt es nur zwei Parkstreifen mit einer sehr begrenzten Zahl an Stellflächen. Von der Breitach aus gesehen halten wir uns beim Parkplatz rechts. Der erste Abschnitt erfolgt auf der Schwendlestraße zum **Bergheim Moser**. Oberhalb der Frühstückspension geht die Straße in einen Güterweg über. Begleitet von lockeren Bergwäldern erreichen wir den Wildenbach. Sowie wir diesen überquert haben, lassen wir den Abzweig nach Höfle und Mittelberg links liegen. Dann öffnet sich die Sicht über die Wiesalpe. Rechts von

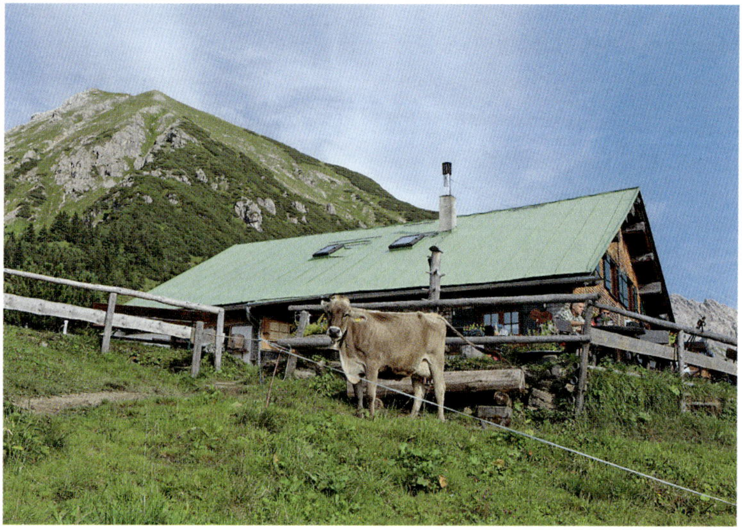

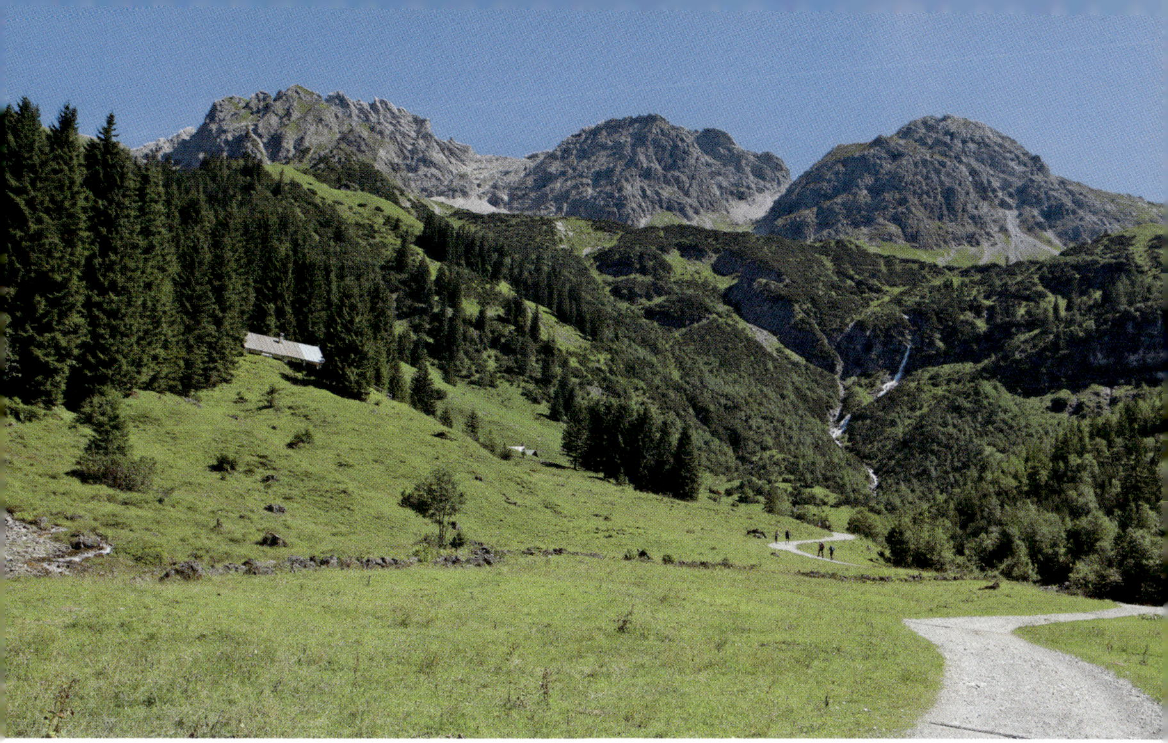

uns geben der Zwölfer- und Elferkopf einen Vorgeschmack auf die Traumkulisse im oberen Wildental. Mit dieser tollen Aussicht steigt der Güterweg von der **Unteren Wiesalpe** bis zur **Inneren Wiesalpe** an.

Sicht durch das Wildental zu den drei Schafalpenköpfen

Linke Seite: Empfangskomitee bei der Inneren Kuhgehrenalpe

Durch das Wildental zur Fluchtalpe Vor der Inneren Wiesalpe biegen wir rechts ab und folgen dem Spazierweg zurück an den Wildenbach. Die Steigung ist weiterhin mäßig. Allein wegen der Sicht lohnt es sich jedoch, ab und an innezuhalten und den Blick über die Landschaft schweifen zu lassen. Direkt vor uns wird die Kulisse durch die Schafalpenköpfe begrenzt. Davor stürzt der Wildenbach-Wasserfall malerisch in die Tiefe. Schließlich beschreibt der Weg eine Linkskurve und führt uns vom Bach weg zur **Fluchtalpe**. Die bereits dritte Einkehrmöglichkeit des Tages wurde erstmals 1601 urkundlich als Teil der Hinteren Wildenalpe erwähnt. Im Volksmund wird sie nur Flucht genannt. Der Name leitet sich von der Schneeflucht ab. Die Herden der Vorderen und Hinteren Wildenalpe finden hier bei einem plötzlichen Schneeeinbruch einen natürlichen Rückzugsort.

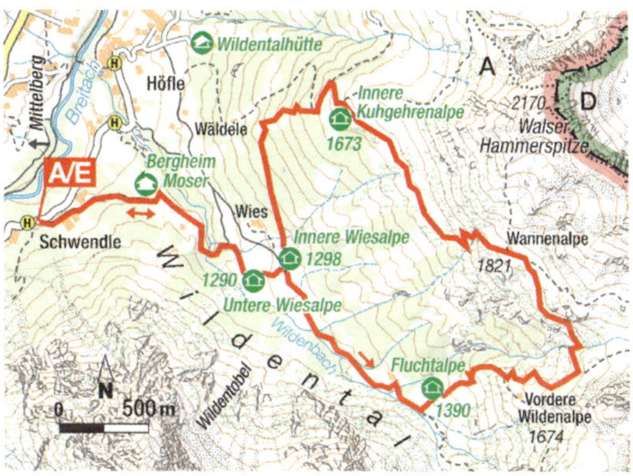

Unter der Oberstdorfer Hammerspitze Bis zur Fluchtalpe gleicht die Wanderung einem lockeren Spaziergang. Oberhalb ändert sich der Charakter dieser Tour. Der Bergweg geht in einen Pfad über, der uns bald von einer Kehre zur nächsten führt. Allein bis zum Waldrand oberhalb der Alpe wechseln wir rund 30-mal die Richtung. Da wir entsprechend rasch an Höhe gewinnen, lohnt sich hier auch der Blick zurück. Jenseits der Breitach rücken nun das Walmendinger Horn und der Hohe Ifen ins Bild. Nachdem wir eine einfache Sitzmöglichkeit und den Abzweig zur Kemptner Scharte passiert haben, nehmen wir zunächst Kurs auf den Fiderenpass. Wo sich der Pfad im weiteren Anstieg erneut teilt, halten wir uns jedoch links, sodass wir erst die Materialseilbahn der Fiderepasshütte, dann einen Zufluss des Wildenbachs queren. In diesem Bereich wird die Sicht rechts von uns durch die Bergkette mit der Oberstdorfer Hammerspitze, der Hochgehrenspitze und, links davon, der Walser Hammerspitze bestimmt. Da der Pfad recht nah zu den drei Gipfeln

Schafalpenköpfe

Die Schafalpenköpfe sind eine Gebirgsformation mit drei Gipfeln: der Südliche oder Erste Schafalpenkopf (2272 m), der Mittlere oder Zweite Schafalpenkopf (2301 m) und der Höchste bzw. Dritte Schafalpenkopf (2321 m). Als »Die Wilden« sind sie im Kleinwalsertal bekannt, da sie von hier aus als landwirtschaftlich nicht nutzbar angesehen wurden.

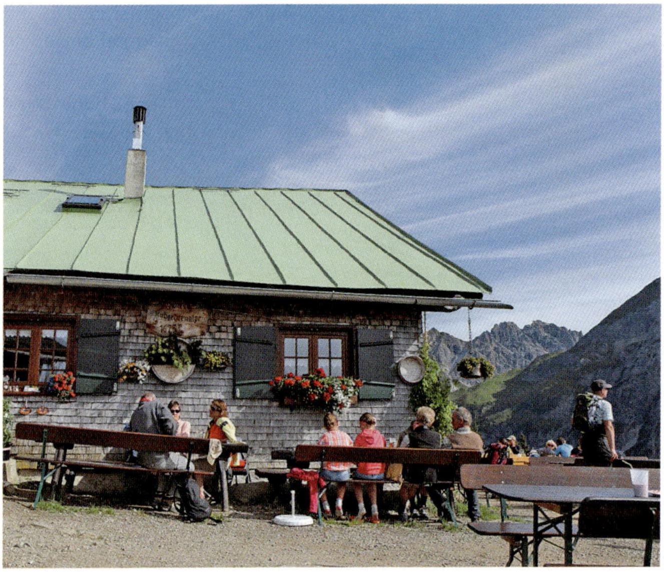

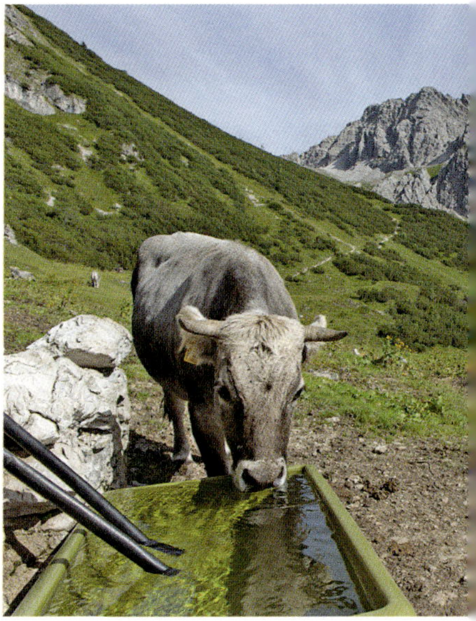

Links: Bei der Inneren Kuhgehrenalpe geht es meistens beschaulich zu.

Mitte: Darum werden Wanderer gebeten, von einem Fußbad abzusehen.

ansteigt, lohnen sich auch kurze Atempausen, um das beeindruckende Panorama auf sich wirken zu lassen.

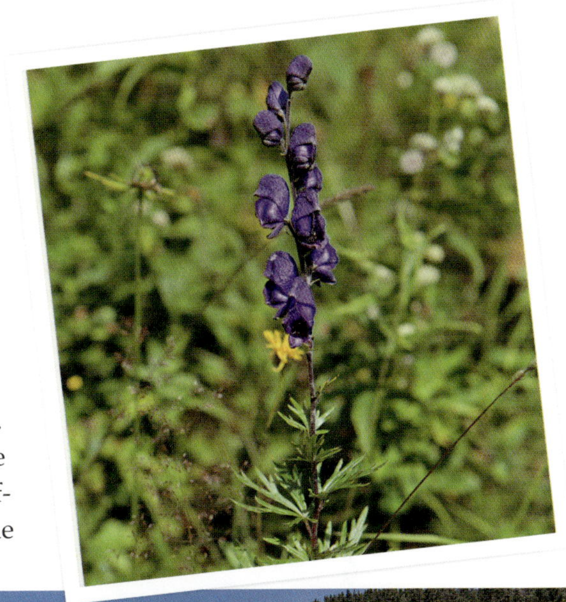

Innere Kuhgehrenalpe Nachdem wir einen zweiten, vom Fiderepass kommenden Pfad passiert haben, besteht rechts eine Verbindung zur Walser Hammerspitze. Wer den Gipfel mit in die Runde einbauen möchte, kann anschließend zum Kuhgehrensattel absteigen. Alle anderen lassen den Abzweig aus und nehmen den direkten Weg zur Inneren Kuhgehrenalpe. Außer bei extrem schlechtem Wetter ist die urige Alpe über den Sommer täglich geöffnet. Damit kommt die Sonnenterrasse wie

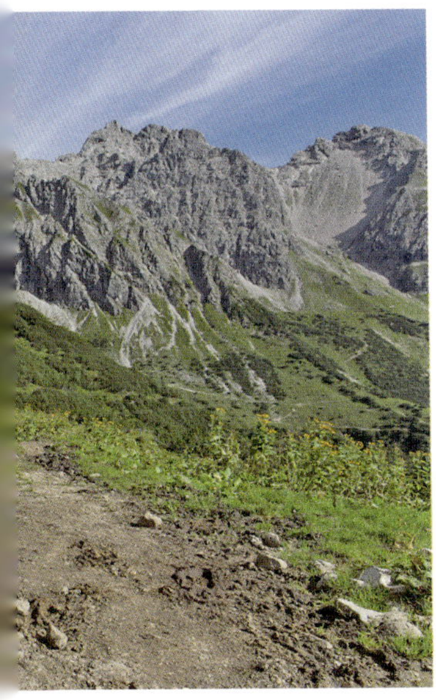

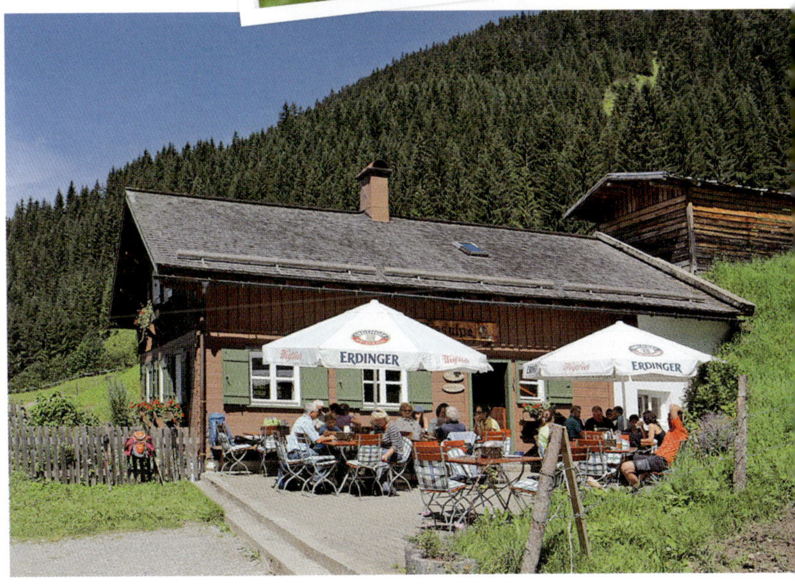

gerufen, um noch einmal das grandiose Bergpanorama bei selbst gebackenen Kuchen oder einer herzhaften Brotzeit zu genießen. Der anschließende Abstieg erfolgt zunächst in nördlicher Richtung bis zum Waldrand, dann links über erneut etliche Kehren hinunter zur **Inneren Wiesalpe**. Ab dort geht es auf dem bereits bekannten Fahrweg zurück zu unserem Ausgangspunkt in Schwendle.

Die Innere Wiesalpe passieren wir zweimal auf dieser Tour.

Ganz oben: Blauer Eisenhut

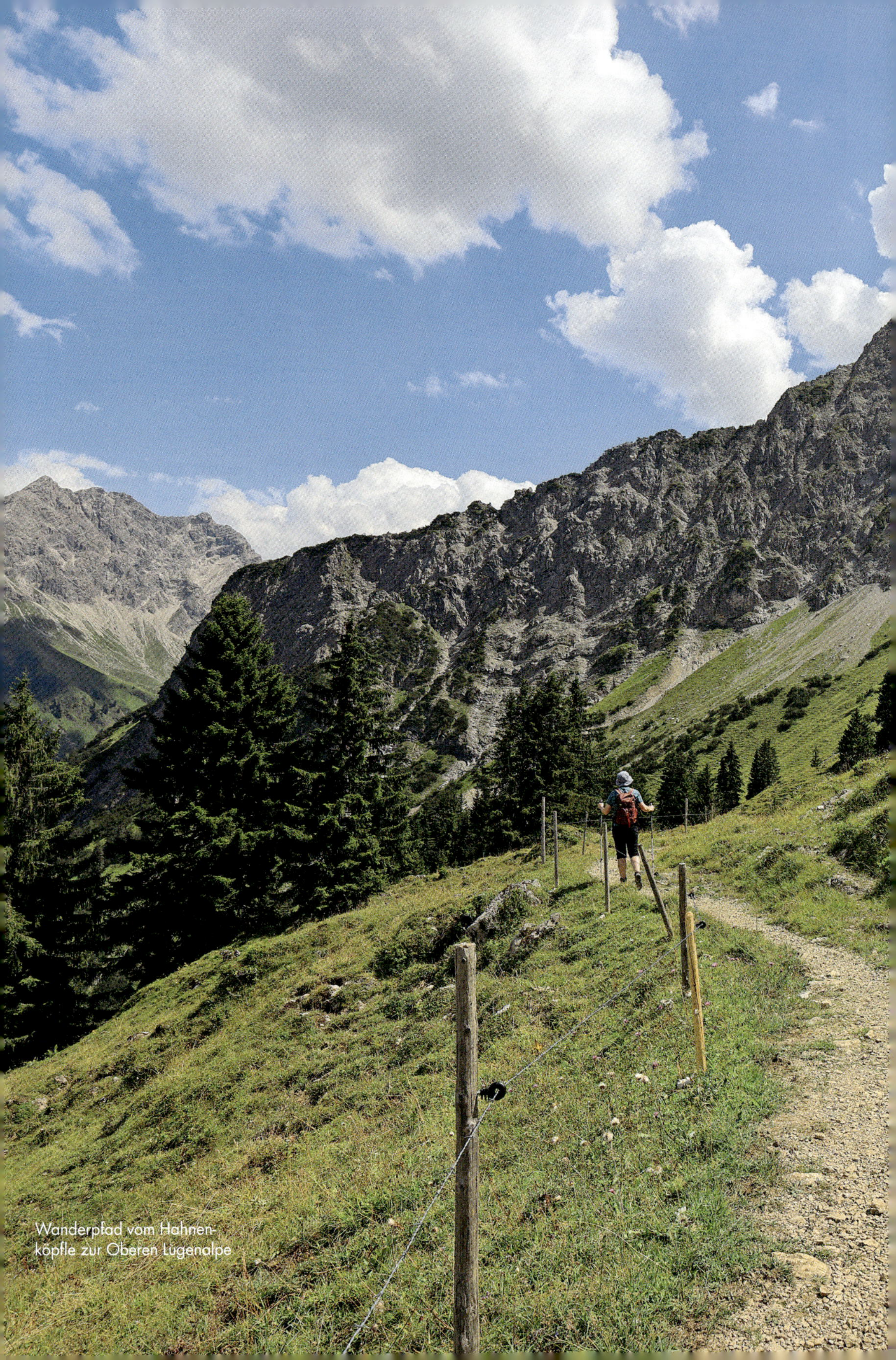

Wanderpfad vom Hahnenköpfle zur Oberen Lugenalpe

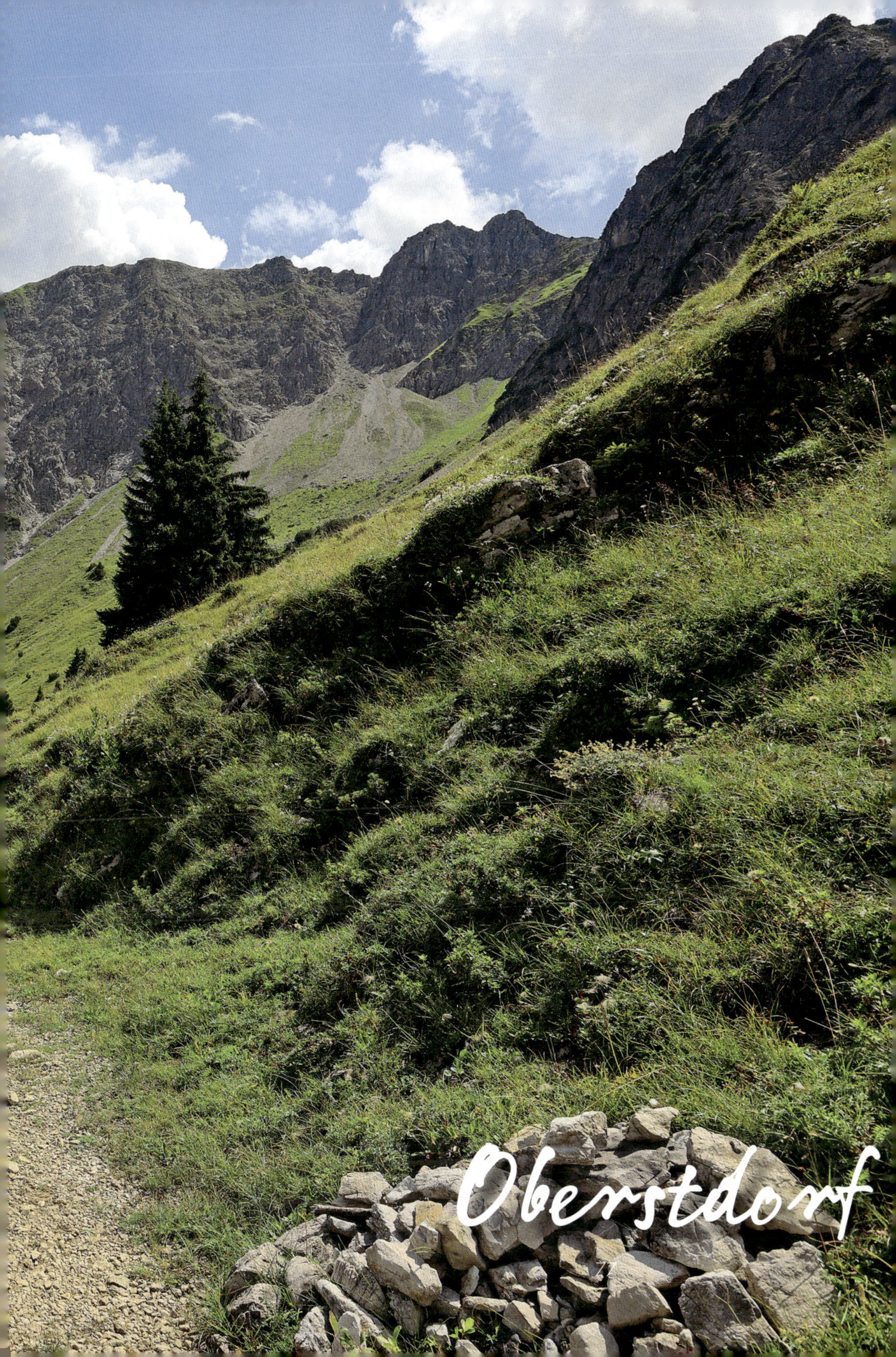
Oberstdorf

15 Unter dem Rubihorn

Über den Stitzel zur Gaisalpe

Mittel | 8,5 km | 370 Hm | 3 Std.

Tourencharakter
Die Runde nutzt vor allem Schotterwege, die im Anstieg zum Stitzel auch öfters ausgewaschen sind. Für die Abschnitte am Gaisalptobel ist Trittsicherheit erforderlich. Der Tobelweg kann unterhalb der Gaisalpe umgangen werden.

Ausgangspunkt/Endpunkt
Wanderparkplatz an der OA 4
GPS 47.4481, 10.2962

Anfahrt
Bus/Bahn: Ab Oberstdorf oder Sonthofen mit der Buslinie 45 wahlweise zur Haltestelle in Schöllang oder Reichenbach
Auto: Bei Sonthofen oder in Oberstdorf auf die OA 4 abfahren und der Straße über Altstädten und Hinang bzw. Rubi zum Wanderparkplatz zwischen Reichenbach und Schöllang folgen

Einkehr
Berggasthof Gaisalpe, 1. Mai bis Mitte Oktober jeweils Mi–So ab 10 Uhr, Tel. 08326/79 17, www.gasthof-gaisalpe.de

Karte
AV-Karte 1:25 000, BY 4 Allgäuer Hochalpen

Informationen
Tourist-Information Oberstdorf, Tel. 08322/7000, www.oberstdorf.de

Die Gaisalpe ist ab Oberstdorf über den Wallraffweg leicht zu erreichen. Auch ab Reichenbach ist die Alpe über den Fahrweg bequem zugänglich. Ein echter Geheimtipp ist der Gasthof damit nicht. Der Weg über den Stitzel aber ist es sehr wohl.

Schöllang versus Buchenhain Beim **Wanderparkplatz an der OA 4** kehren wir der Straße den Rücken und nehmen die wenigen Schritte hoch auf den Wanderweg. Rechts ließe sich die

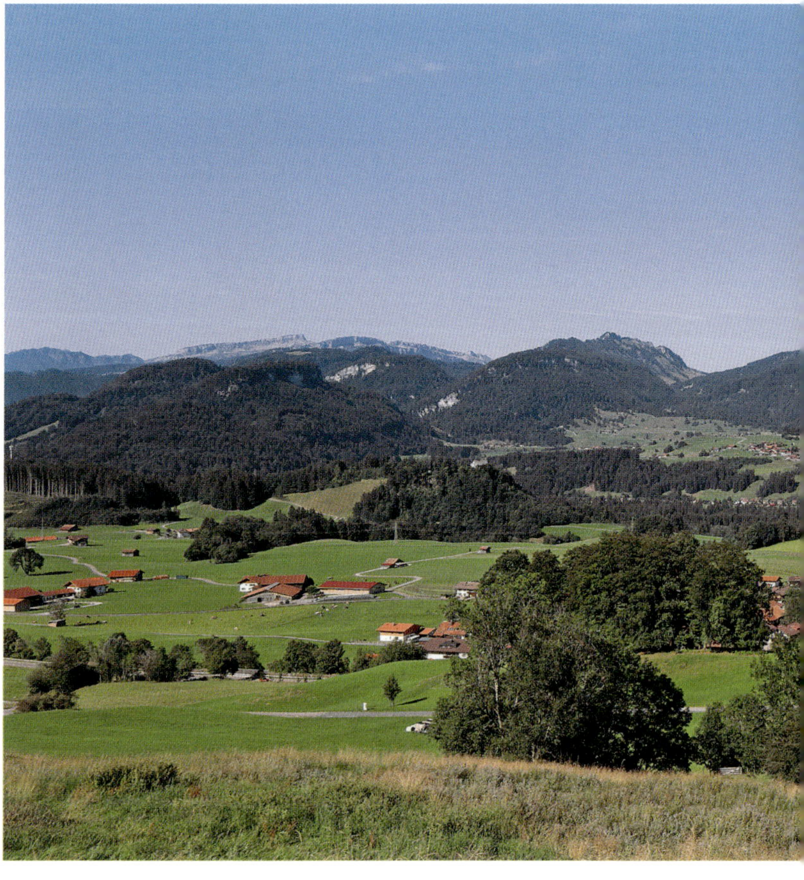

Gaisalpe in rund einer Stunde erreichen. Von dort werden wir später zurückkehren. Für eine schöne Runde biegen wir also links nach Schöllang ab. Der angenehm zu laufende Wanderweg führt über den Taufachbach an den Waldrand. Nach etwa 600 Metern teilt sich der Wanderweg. Links geht es unter der Landstraße hindurch zum Andreashof, von wo rechts der Heuländerweg zur Ortsmitte von **Schöllang** führt. Ab dort geht es in Richtung Sonnenklause zurück auf die östliche Seite der Straße. Wer die Landstraße nicht zweimal unterqueren möchte, dem empfehlen wir die Variante geradeaus über den **Aussichtspunkt Buchenhain**. Neben dem zu erwartenden Ausblick über das Illertal

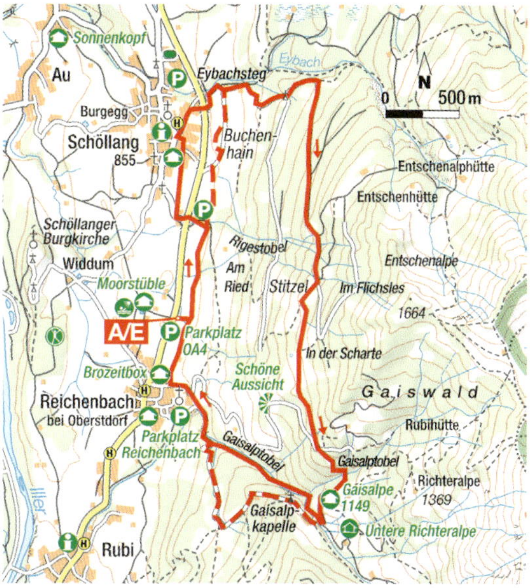

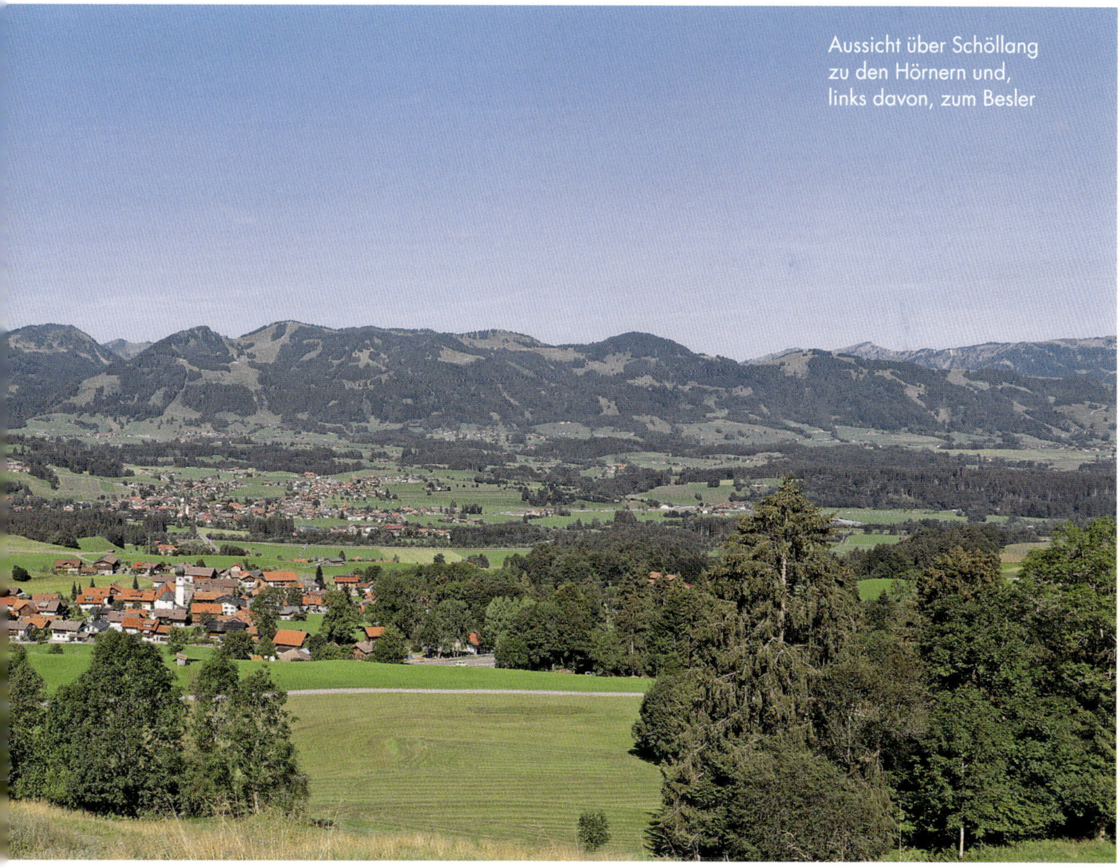

Aussicht über Schöllang zu den Hörnern und, links davon, zum Besler

und auf Schöllang laden vor Ort mehrere Rastbänke zum Verweilen ein.

Aussichtsloge Stitzel Nahe dem Eybach treffen beide Varianten wieder zusammen. Ab dort wandern wir dem Wildbach ein Stück weit entgegen, biegen dann aber rechts nach Stitzel ab. Nach einem Waldstreifen öffnet sich die Sicht über Schöllang und Fischen hinweg zur Bergkette mit der Hörnergruppe. Auch das von Bergen umfasste Kleinwalsertal ist von hier aus bereits zu sehen. Nach diesem schönen Eindruck beschreibt der Weg eine Linkskurve zurück in den Wald. Dort biegen wir erneut nahe dem Eybach rechts ab und folgen der Beschilderung auf den **Stitzel**. Spätestens dort werden wir gerne innehalten und den Blick über die Landschaft schweifen lassen. Links der Hörner sehen wir den Riedbergpass und den Kamm des Beslers. Gleich daneben erhebt sich das Gottesackerplateau über den Ochsenberg. Wenden wir uns weiter nach Süden, so liegt uns das Kleinwalsertal mit der Breitach zu Füßen. Darüber wacht der Große Widderstein.

Zugang zum Aussichtspunkt Stitzel

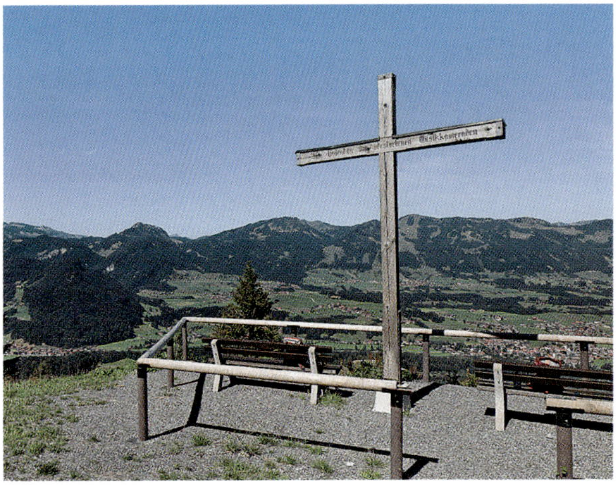

Winterwanderung zur Gaisalpe

Der Winterwanderweg ist 12 km lang und führt vom Eisstadion in Oberstdorf über den Wallraffweg zur Gaisalpkapelle. Nach dem Abstecher hoch zur Gaisalpe geht es auf der Straße hinunter nach Reichenbach. Der Rückweg nach Oberstdorf erfolgt auf dem Wiesenweg.

Berggasthof Gaisalpe Beim Stitzel geht der Wanderweg in einen bequem zu gehenden Pfad über. Nach weiteren Aussichten über das Illertal und einem größeren Waldstück ragt vor uns das Rubihorn in den Himmel. Links davon ist der Höhenzug mit dem Nebelhorn zu sehen. Mit diesem Eindruck kreuzen wir einen Wirtschaftsweg, ehe wir erneut in den Wald eintauchen und das erste Mal den **Gaisalptobel** kreuzen. Sowie wir jenseits des Wildbachs den Wald wieder verlassen, trennen uns nur noch wenige Schritte vom **Berggasthof Gaisalpe**. Durch die Lage am Allgäuer Rundwanderweg sowie an den Pfaden hoch zu den beiden Gaisalpseen bis auf den Bergzug mit dem Rubihorn, Gaisalphorn und Nebelhorn ist hier eine beliebte Zwischenstation für Bergsteiger. Da die Gaisalpe selbst über einen Fahrweg zu erreichen ist, finden wir hier außerdem ein beliebtes Familienausflugsziel. An sonnigen Wochenenden geht es hier entsprechend lebhaft zu. Mit etwas Glück aber ergattern wir einen schattigen Platz mit Blick auf das benachbarte Rubihorn.

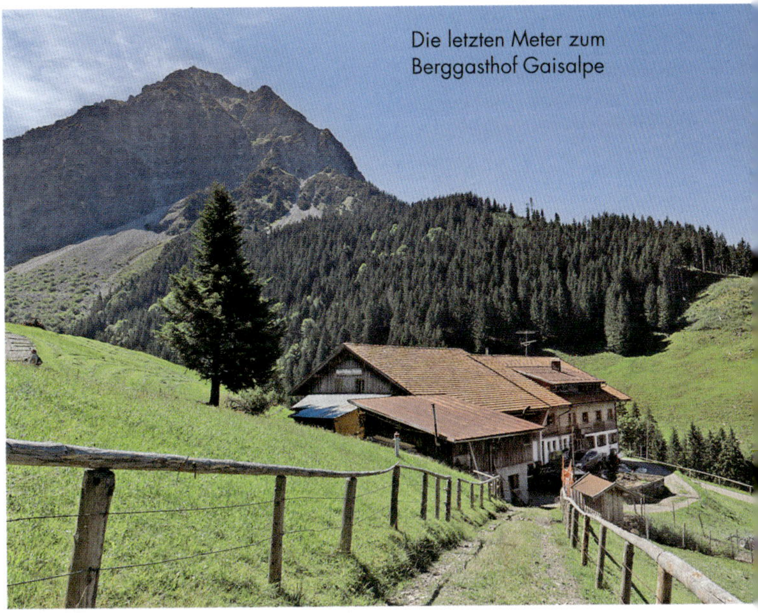
Die letzten Meter zum Berggasthof Gaisalpe

Gaisalpkapelle versus Gaisalptobel Der spätere Rückweg erfolgt zunächst auf der Zufahrt der Gaisalpe. Beim Abzweig zur Unteren Richteralpe – diese war während der Arbeit an diesem Buch geschlossen – treffen wir auf den Gaisalpbach. Einen Katzensprung weiter haben wir die Wahl: Die leichtere Variante führt auf der Straße an der hübsch platzierten **Gaisalpkapelle** vorbei sowie in einem weitem Bogen hinunter nach Reichenbach. Deutlich spannender ist die Route über den Tobelweg. Der mit Drahtseilen und Gittertreppen gesicherte Abstieg verspricht spektakuläre Einblicke in das enge Tal und auf den wilden Gebirgsbach. Ab dem unteren Ausgang des Tobels geht es dann ebenfalls auf der Straße hinunter nach Reichenbach. Für den Parkplatz an der OA4 lassen wir am Waldrand den Abzweig zu den Parkplätzen von Reichenbach links liegen und folgen anschließend der Beschilderung nach Schöllang.

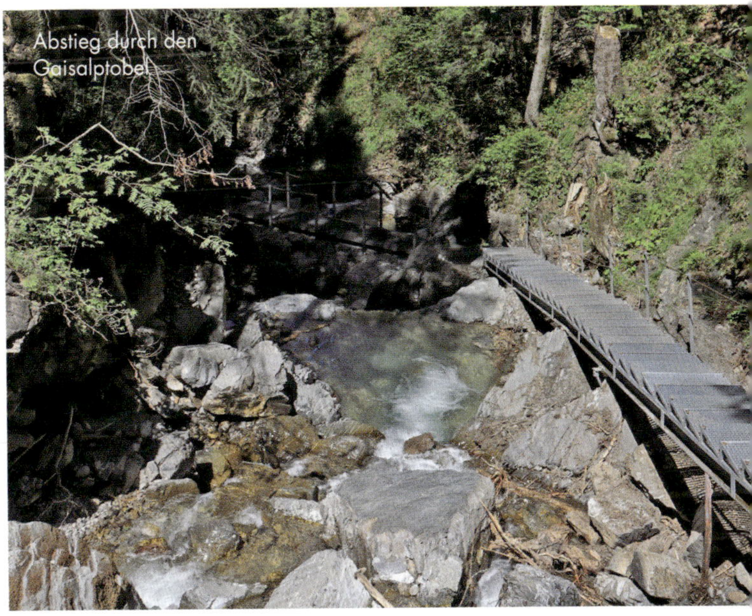
Abstieg durch den Gaisalptobel

16 Hütten im Rappenalptal

Petersalpe und Buchraineralpe

Mittel	9,1 km	410 Hm	3–3.30 Std.

Tourencharakter
Beim Aufstieg zur Petersalpe ist Trittsicherheit und eine gute Kondition am Berg von Vorteil. Ab der Petersalpe ist die Runde barrierefrei.

Ausgangspunkt/Endpunkt
Sennalpe Eschbach
GPS 47.3303, 10.2675

Anfahrt
Bus/Bahn: Ab Oberstdorf mit der Buslinie 7 zur Haltestelle Birgsau Alpe Eschbach
Auto: Über die B 19 bis Oberstdorf fahren, dort der Beschilderung zur Fellhornbahn folgen. Weiter mit dem Bus oder Rad zur Alpe Eschbach

Einkehr
Alpe Eschbach, Berggasthof Einödsbach (Do–Mo ab 8 Uhr), Petersalpe (zur Alpsaison), Breitengehrenalpe, Buchraineralpe (Anf. Mai–Mitte Okt.)

Karte
AV-Karte 1:25 000,
BY 4 Allgäuer Hochalpen

Informationen
Tourist-Information Oberstdorf,
Tel. 08322/7000,
www.oberstdorf.de

Das Rappenalptal verbindet die Stillach mit dem höher gelegenen Haldenwanger Bach. Die Tour führt damit in den südlichsten Zipfel des Allgäus. Hoch über dem Talboden eröffnet uns die Petersalpe eine malerische Aussicht. Danach geht es leichten Fußes zur Buchraineralpe.

Bestens vorbereitet zum Einödsbach Bei der **Haltestelle Birgsau-Eschbach** bietet die Alpe Eschbach eine erste Möglichkeit zur Einkehr. Das ist gut zu wissen, denn die Busse wenden gut 200 Meter weiter flussaufwärts. Damit ist die Alpe prädestiniert, um nach der Wanderung auf der Sonnenterrasse entspannt auf die nächste Rückfahrgelegenheit zu warten. So eingestimmt nutzen wir die Straße bis zur Buswendeplatte. Beim Wegweiser sind bereits alle Alpen dieser Runde genannt. Auch erfahren wir, ob diese geöffnet

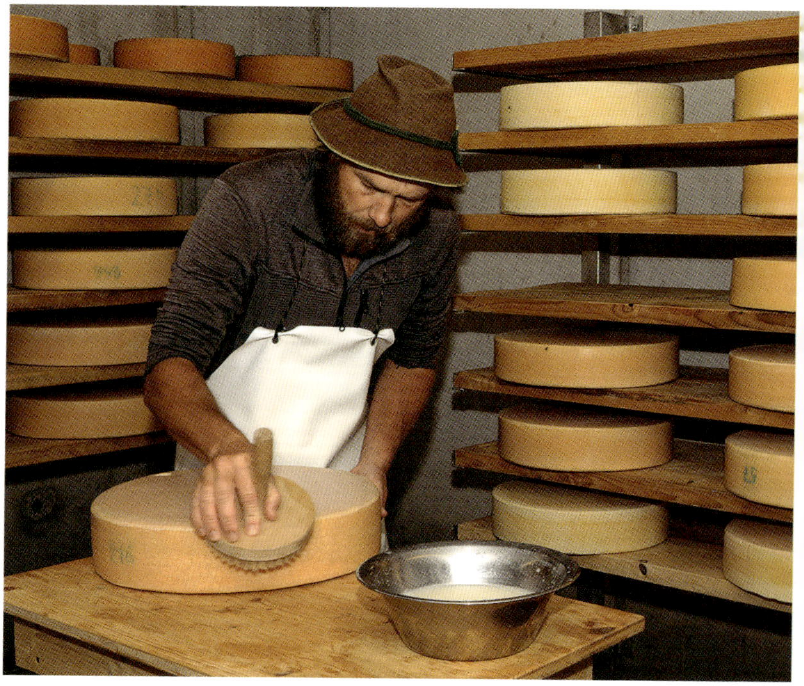

Wolfgang Dallmeier setzt die Tradition des Käsens auf der Petersalpe fort.

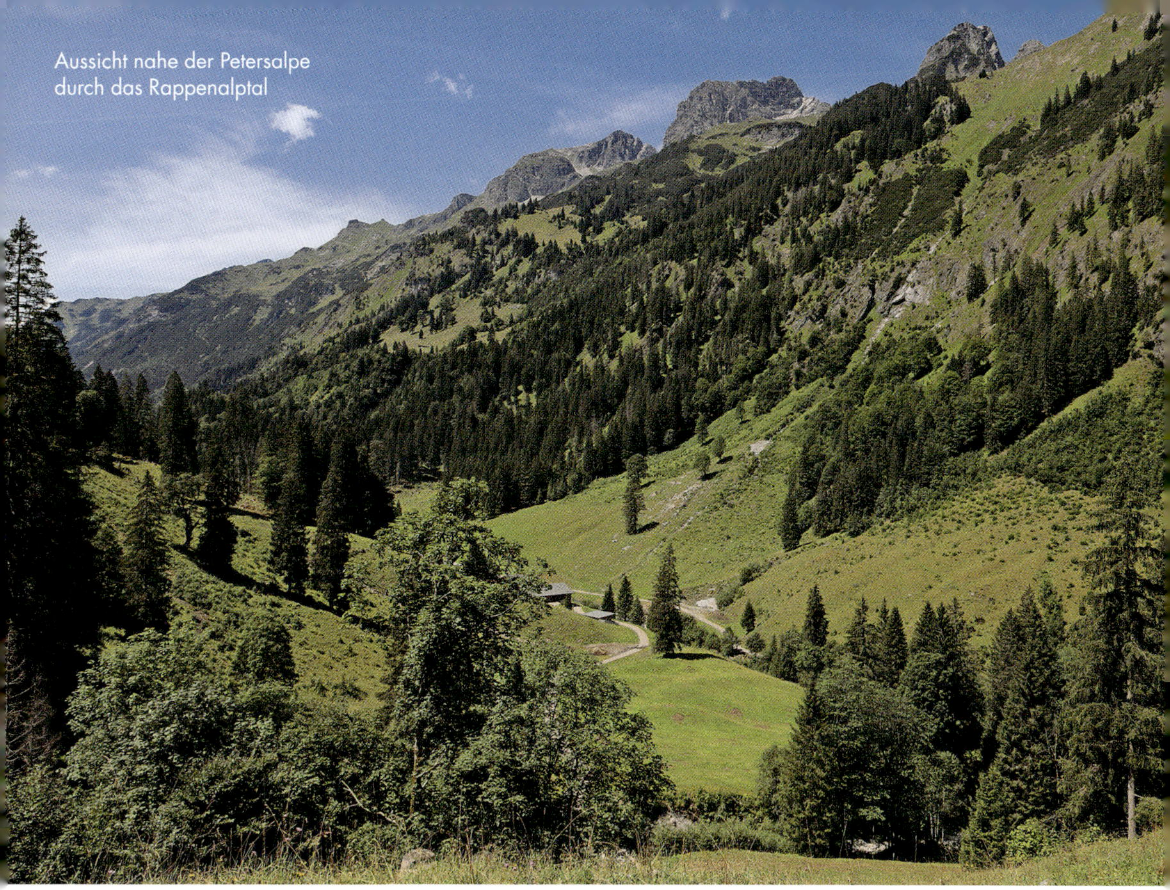

Aussicht nahe der Petersalpe durch das Rappenalptal

sind. Für den Aufstieg zur Petersalpe halten wir uns leicht links und folgen dem Schotterweg durch den Wald zum **Berggasthof Einödsbach**. Bei der Kapelle des Gasthofs öffnet sich die Sicht nach Osten zur Bergkette mit der Trettachspitze und der Mädelegabel. Die einzelnen Gipfel lassen sich anhand einer Panoramatafel leicht zuordnen.

Aufstieg zur Petersalpe Der Wanderweg führt um den Gasthof herum in den Wald. Wenige Schritte weiter überqueren wir den Bacherlochbach kurz vor seiner Vereinigung mit dem Rappenalpenbach zur Stillach. Dazu gibt eine Infotafel Einblicke in die Nutzung und Schaffenskraft des Wassers. Auf der nächsten Lichtung zweigt rechts ein Weg ab. Wer eine kurze Runde wandern möchte, käme hier über einen Steg direkt zur Buchraineralpe. Für

Eingriff ins Rappenalptal

Im Herbst 2022 wurde der Rappenalpbach nach einem Starkregenereignis auf 1,5 km begradigt und kanalisiert. Eine Folge des Eingriffs ist der Verlust wertvoller Lebensräume streng geschützter Pflanzen und Tiere. Weil bei den Arbeiten die Bachsohle aufgerissen wurde, versickert das Wasser, sodass der Wildbach auf mehreren Hundert Metern trocken gefallen ist. Verantwortlich für den Umweltfrevel ist die Genossenschaft der im oberen Talbereich ansässigen Alpbauern. Die von uns vorgestellten Alpen befinden sich hingegen alle im Gebiet der Naturschutzstiftung Allgäuer Hochalpen, die sich für den Erhalt einer intakten Natur engagiert (www.natur-schutz-stiftung.de).

die Petersalpe wandern wir indes dem Rappenalpbach zunächst entgegen, bevor es auf zunehmend steileren Wegen hinauf zur **Petersalpe** geht. Viele Jahre fanden Wanderer vor Ort gekühlte Getränke im Brunnen – wenn sie denn Glück hatten.

Renaissance einer Sennalpe 2018 erweckten Wolfgang und Verena Dallmeier die denkmalgeschützte Petersalpe zu neuem Leben. Mit Fertigstellung eines neuen Anbaus wird nach einer

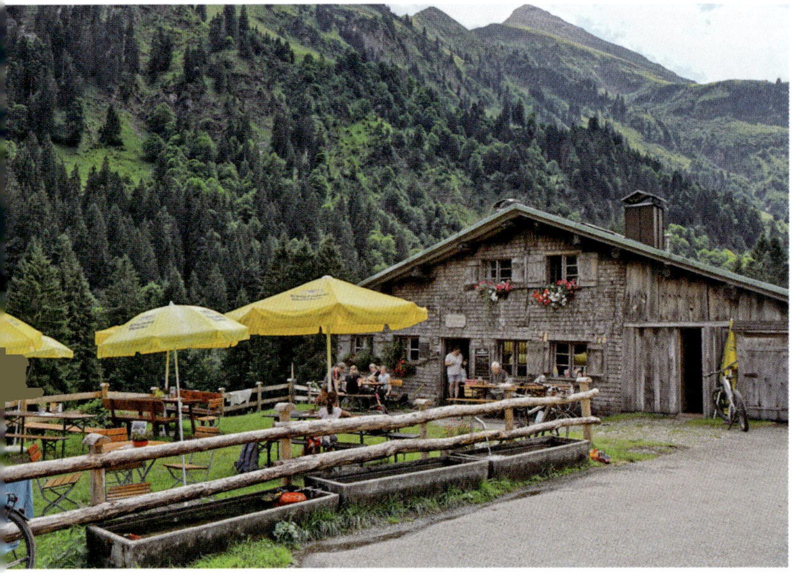

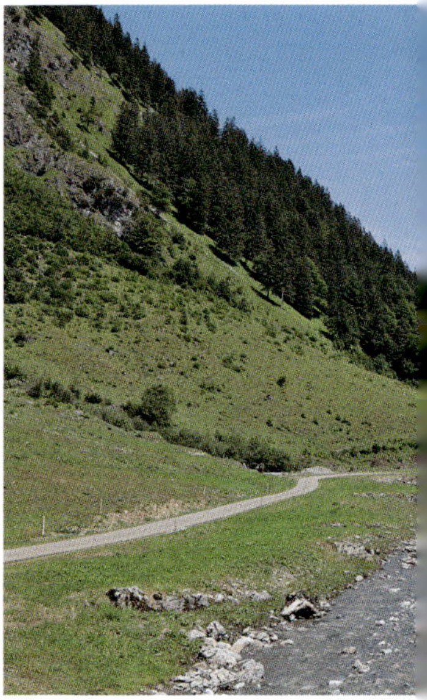

Links: Die Buchraineralpe

Mitte: Der Rappenalpbach oberhalb vom Zusammenfluss mit dem Bacherlochbach

Rechts: Bei Christine Gentner können wir uns über leckere Brotzeiten freuen.

Unterbrechung von 50 Jahren wieder vor Ort Käse hergestellt. Diesen genießt man am besten zur Brotzeit auf der weitläufigen Terrasse. Hier lohnt es sich außerdem, den Blick immer wieder über die umliegenden Bergkämme schweifen zu lassen. Die Sicht reicht vom Grünten bei Sonthofen über etliche Gipfel hinweg bis zum Haldenwanger Eck. Dort entspringt die Stillach als Haldenwanger Bach und finden wir den südlichsten Punkt des Allgäus und zugleich Deutschlands. Für Wanderer auf dem Weg zur benachbarten Enzianhütte sowie zur Rappenseehütte ist die Petersalpe heute eine willkommene Zwischenstation. Wir indes lassen den Abzweig dorthin links liegen und wandern stattdessen auf dem asphaltierten Fahrweg hinunter an den Rappenalpbach.

Breitengehren- und Buchraineralpe Nahe der Talsohle passieren wir die **Breitengehrenalpe**. Die seit dem 17. Jahrhundert bestehende Sennalpe war während der Arbeiten zu diesem Buch geschlossen, soll aber 2023 wieder geöffnet werden. Weiter geradeaus überqueren wir den Rappenalpbach und biegen rechts auf den auch als Radweg ausgewiesenen Fahrweg ein. Nach rund zwei Kilometern taucht links des Wegs die ebenfalls seit dem 17. Jahrhundert beste-

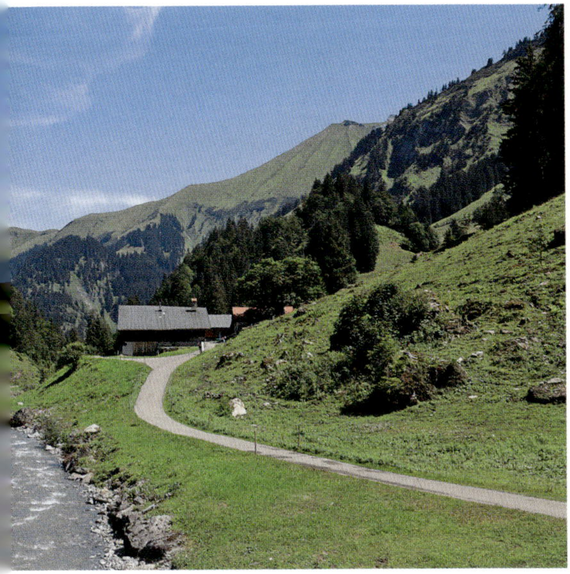

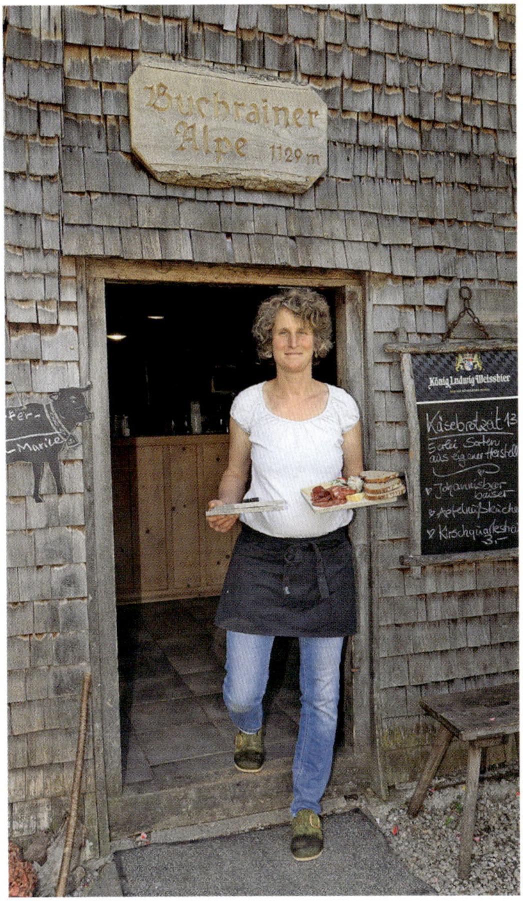

hende Buchraineralpe auf. Sie befindet sich direkt oberhalb des Ursprungs der Stillach und wurde abwechselnd als Senn- oder Galtalpe bewirtschaftet. Vor dem Abstieg nach Birgsau bietet sie uns die letzte Möglichkeit, das malerisch von Bergen umfasste Rappenalptal zu genießen. Wenden wir uns nach Südosten, eröffnet sich uns ein besonders schöner Blick auf das Allgäuer Dreigestirn mit der Trettachspitze, Mädelegabel und Hochfrottspitze. Dazu eine herzhafte Brotzeit und der Nachmittag ist gerettet. Der spätere, relativ steile Rückweg erfolgt im Wald bis hinunter zur Buswendeplatte.

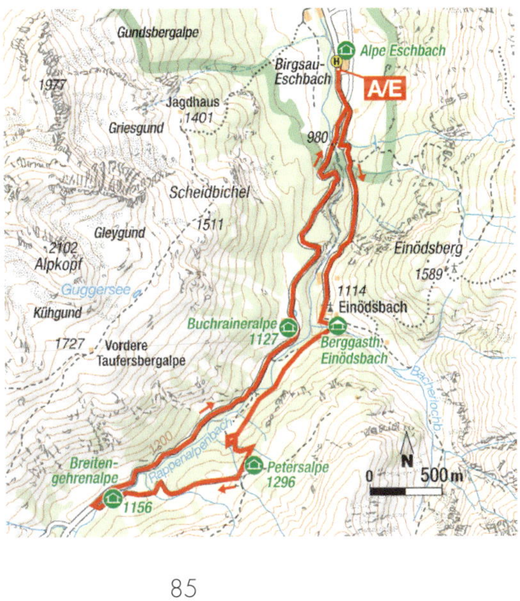

17 Zu den Lugenalpen

Aufstieg ab dem Christlessee

Schwer | 14,6 km | 850 Hm | 5–5.30 Std.

Tourencharakter
Der Aufstieg durch den Hölltobel setzt Trittsicherheit voraus. Für den Aufstieg über das Hahnenköpfle zu den Lugenalpen ist eine gute Kondition am Berg erforderlich. Durch den Ausstieg bei Gerstruben lässt sich die Runde deutlich entschärfen.

Ausgangspunkt/Endpunkt
Haltestelle Christlessee
GPS 47.3877, 10.2807
(Renksteg)

Anfahrt
Bus/Bahn: Vom Bahnhof Oberstdorf mit dem Wanderbus 8 über Renksteg zur Haltestelle Christlessee
Auto: Von der B 19 bei Oberstdorf zum Kleinwalsertal abfahren, bei Jauchen links auf die Walserstraße abbiegen und rechts der Stillachstraße zum Renksteg folgen. Ab dort sind es 1,8 km am Golfplatz vorbei zum Wanderweg.

Einkehr
Mumme Stüble (Di–Sa ab 10 Uhr), Berggasthof Gerstruben (Do–Di ab 10 Uhr), Obere und Untere Lugenalpe (tgl. ab 10 Uhr), Oytalhaus (Di–So ab 10 Uhr), Café Gruben (tgl. ab 10.30 Uhr)

Karte
AV-Karte 1:25000,
BY 4 Allgäuer Hochalpen

Informationen
Tourist-Information Oberstdorf,
Tel. 08322/7000,
www.oberstdorf.de

Hoch über dem Oytal, nördlich der Gieseler Wand, bilden die beiden Lugenalpen eine Einheit. Zu ihnen führt kein Fahrweg hinauf. Auch eine Seilbahn sucht man hier vergebens. Damit verkörpern die Lugenalpen den Inbegriff von Ruhe und Einsamkeit.

Gut geplant mehr vom Tag Die Anreise zum Christlessee ist ab Oberstdorf mit der Bergsteigerlinie möglich. Wer mit dem Bus auch wieder zurückfahren möchte, sollte allerdings gut planen. Denn zwischen dem frühesten und letzten Bus liegen nur zehn Stunden. Alternativ dazu empfehlen wir die Anfahrt mit dem Rad ab dem Parkplatz Renksteg im Stillachtal oder ebenfalls ab Oberstdorf entlang der Trettach. Als dritte Variante bietet sich an, nach dem Abstieg ins Oytal auf einem der Wege nach Oberstdorf zu wandern. Damit entfiele die Busrückfahrt und es bleibt

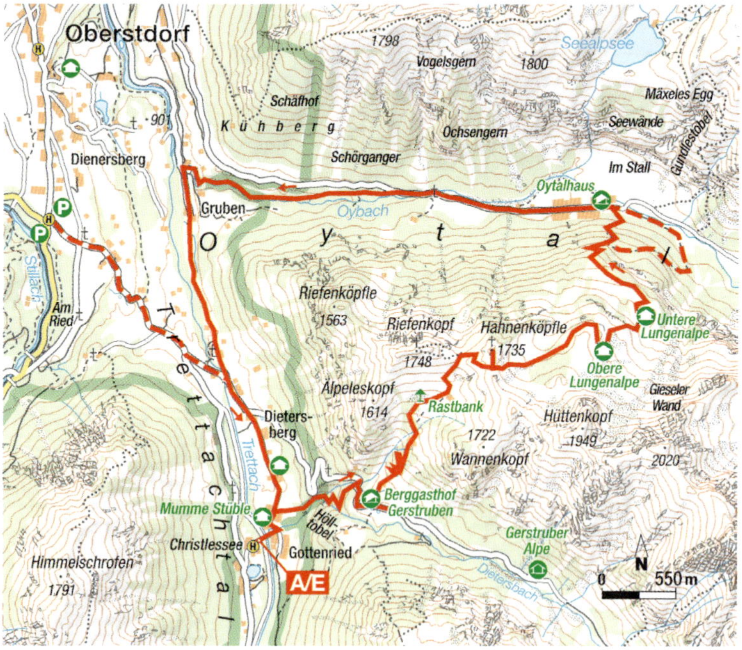

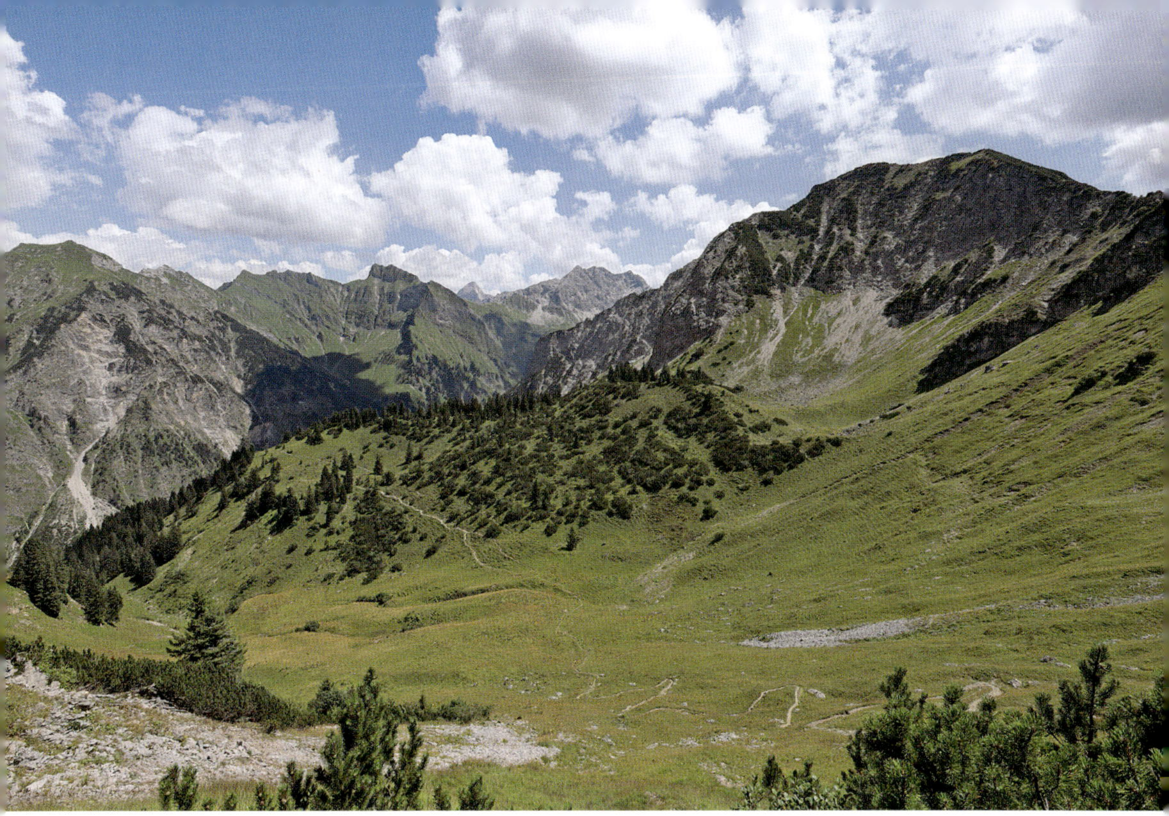

Der Aufstieg zu den Lugenalpen führt uns in diese Bilderbuch-Bergkulisse.

mehr Zeit, um die traumhafte Bergkulisse oben auf den Lugenalpen zu genießen.

Durch den Hölltobel … Ab der **Haltestelle Christlessee** überqueren wir zuerst die Trettach, dann links den Dietersbach und erreichen einen Steinwurf weiter das **Mumme Stüble**. Bei dem Café biegen wir rechts nach Gerstruben ab und folgen dem zunächst bequemen Weg in den Wald. Im Anstieg zum **Hölltobel** wird das Terrain bald schwieriger. Zugleich eröffnet uns der Pfad tolle Einblicke auf den Gebirgsbach. Felssperren, eine eng in den Fels geschnittene Klamm und Wasserfälle ziehen uns in ihren Bann. An einer Stelle geben die Bäume den Blick auf die Zufahrt nach Gerstruben frei. Dann nimmt der Pfad Kurs auf eine **Plattform**. Dort stürzt der Dietersbach über eine Steilwand 100 Meter in die Tiefe.

… nach Gerstruben 300 Meter weiter mündet der Pfad in die Zufahrt, auf der wir rechts nach **Gerstruben** gelangen. Dort bietet sich ein kurzer Abstecher zur Marienkapelle an. Der Weg zu dem im 17. Jahrhundert erbauten Gotteshaus geht mit einer herrlichen Aussicht zur gegenüberliegenden Bergkette mit dem

Himmelschrofen im Norden und der Trettachspitze im Süden einher. Gerstruben selbst ist ein ehemaliges Bergbauerndorf, das einst elf Höfe umfasste. Die heute noch bestehenden, bis zu 500 Jahre alten Holzhäuser stehen als Gesamtensemble unter Denkmalschutz. Als einzig moderneres Gebäude lädt der Berggasthof zum Verweilen ein.

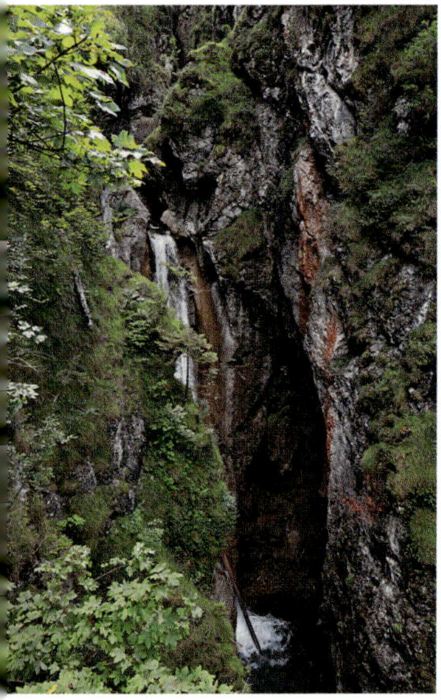

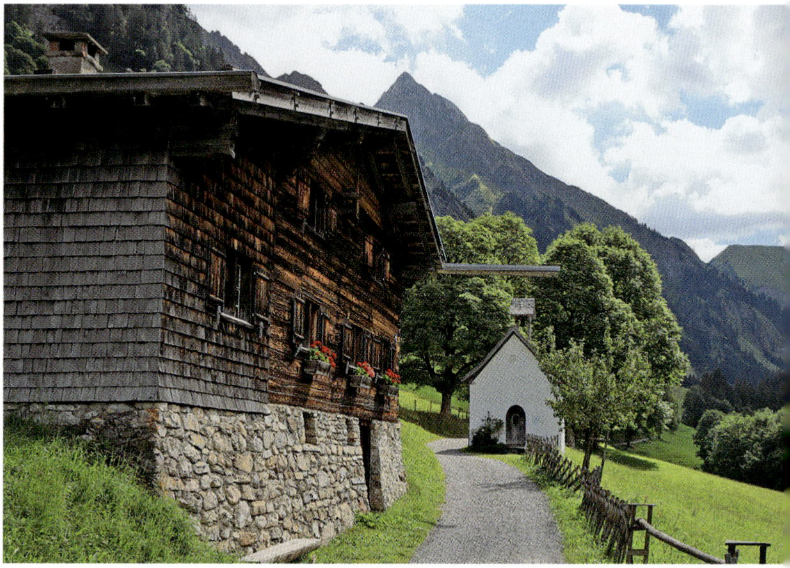

Links: Versteckter Wasserfall im Hölltobel

Mitte: Fußweg zur Kapelle von Gerstruben

Rechts: Gipfelfoto auf dem Hahnenköpfle

Aufstieg zum Hahnenköpfle Der weitere Aufstieg erfolgt links am Gasthof sowie an einem einzelnen Gebäude vorbei in den Wald. Wo wir diesen wieder verlassen, gabelt sich der Pfad. Wir halten uns links, sodass wir nochmals in den Wald eintauchen. Am Rand einer Lichtung ermöglicht ein primitiver Rastplatz ein kurzes Innehalten. Von dort geht es in östlicher Richtung wieder aus dem Wald heraus. Oberhalb vom Gerstruber Älpele treffen beide Pfade wieder zusammen. Mit zunehmend besserer Sicht nach Süden zur Trettachspitze sowie nach Norden über das Oytal zum Schattenberg wandern wir weiter bergan auf den Rücken des Gebirgszugs. Wer will, kann zunächst links – ohne farbliche Markierung – einen Abstecher zum Riefenkopf

Mitbringsel für die Alpe

Die Lugenalpen befinden sich fern der Zivilisation. Wer den Älplern eine Freude machen will, kann gerne frisches Gemüse oder Obst als Mitbringsel hoch auf den Berg nehmen. Bei der Willersalpe (Tour 22) freut man sich auch über Kuchen und Gebäck.

mitnehmen. Ansonsten orientieren wir uns rechts, wo bald ein Pfad aufs **Hahnenköpfle** führt. Nach einer kurzen Kraxelei eröffnet uns der Gipfel ein perfektes Panorama.

Auf der Lugenalpe Sowie wir uns von der Kulisse wieder losreißen können, erfolgt der Abstieg zur **Oberen Lugenalpe**.

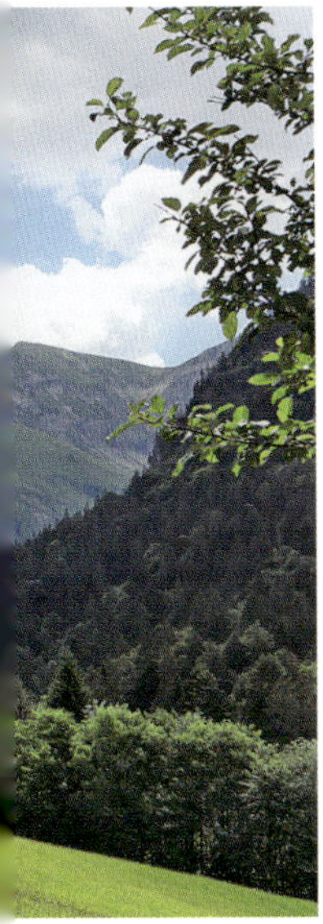

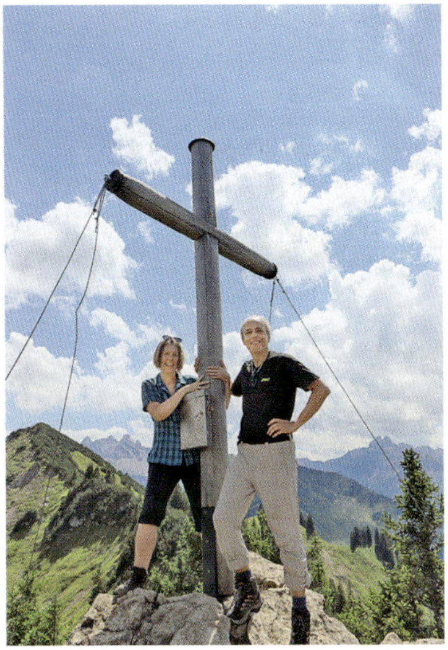

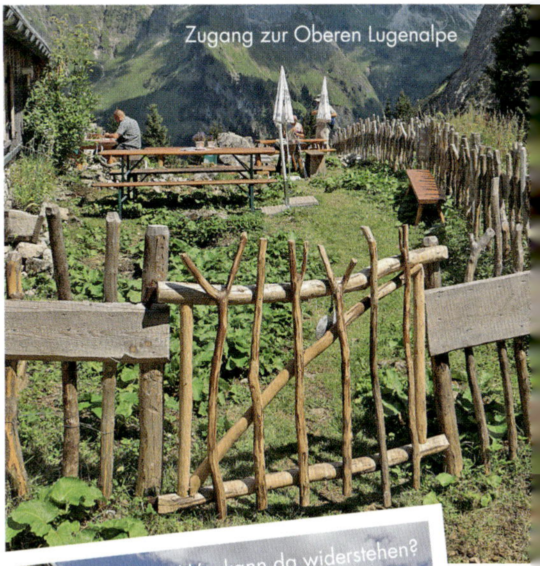

Zugang zur Oberen Lugenalpe

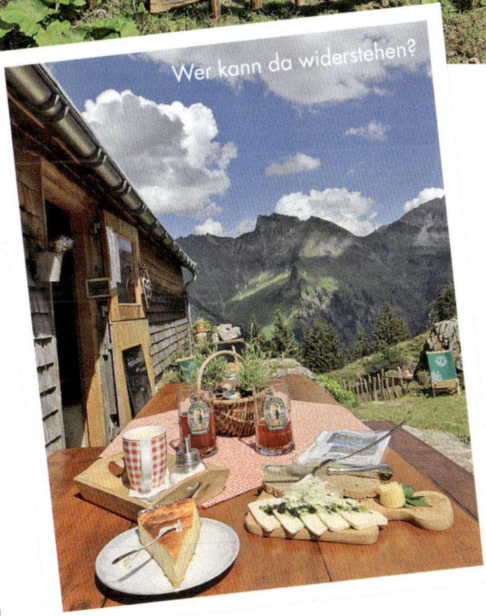

Wer kann da widerstehen?

Auch ihre Lage lässt sich am besten mit Begriffen wie traumhaft beschreiben. Das gilt vor allem ab dem Nachmittag, wenn die Sonne von Westen auf die Gieseler Wand sowie über das Oytal hinweg auf den Schneck scheint. Damit finden wir bei der Galtalpe den perfekten Platz für eine ordentliche Brotzeit. Der spätere Abstieg erfolgt an der **Unteren Lugenalpe** vorbei. Unterhalb davon gabelt sich der Weg im Wald. Wer den direkten, sehr steilen Abstieg scheut, kann geradeaus auf die längere und leichtere Variante wechseln. Beide Wege enden auf dem Talgrund, wo wir links zum **Oytalhaus** kommen. Ab dem Berggasthof folgen wir dem Oybach bis zu seiner Mündung in die Trettach. Der weitere Rückweg erfolgt dann wahlweise links über **Gruben** und **Dietersbach** zum Christlessee oder rechts nach Oberstdorf.

18 Über den Stuibenfall zur Käseralpe

Aufstieg ab der Gutenalpe

Mittel | 6,5 km | 330 Hm | 2.30 Std.

Tourencharakter
Landschaftlich reizvolle Bergwanderung, die sich durch die Verlängerung zu den Eisseen nochmals deutlich steigern lässt. Ab dem Bahnhof Oberstdorf sind es 8 km und 250 Hm bis zur Gutenalpe.

Ausgangspunkt/Endpunkt
Gutenalpe im Oytal
GPS 47.3826, 10.3565

Anfahrt
Bus/Bahn: Ab dem Bahnhof Oberstdorf bzw. dem Bahnhofsplatz mit dem Rad an der Nebelhornbahn vorbei zur Schattenbergschanze, weiter über den Radwanderweg bis zum Oytalhaus sowie in der Verlängerung zur Gutenalpe fahren
Auto: Von der B 19 Kempten–Oberstdorf bei Oberstdorf auf die OA 4 abfahren und der Beschilderung zur Nebelhornbahn folgen. Besser die Parkplätze am Ortseingang nutzen

Einkehr
Oytalhaus (Di–So ab 10 Uhr), Gutenalpe (Ende Mai–Okt.), Käseralpe (Anf. Juni–Ende Sept. tgl. ab 9 Uhr)

Karte
AV-Karte 1:25 000,
BY 4 Allgäuer Hochalpen

Informationen
Tourist-Information Oberstdorf,
Tel. 08322/7000,
www.oberstdorf.de

Ab dem Bahnhof Oberstdorf sind es bis zur Gutenalpe gut acht Kilometer auf leichten Wegen. Wer sich auf die Bergwelt bei der Käseralpe konzentrieren möchte, reist am besten mit dem Rad an. Zu Fuß wird aus der kurzen Tour ein tagesfüllender Ausflug.

Tourismusmagnet Oberstdorf Durch das Auftaktspringen der Vierschanzentournee und das Nebelhorn ist Oberstdorf der bekannteste Wintersportort im Allgäu. Entsprechend mondän ist der historische Ortskern und vielfältig das gastronomische Angebot. Einige der Wirtschaften haben den Eintrag in renommierte Gourmetführer geschafft, um mit dem Ess Atelier Strauss, Ondersch Genusswirtschaft oder auch Das Maximilians nur drei zu nennen. Zusammen mit den Cafés, Bekleidungsgeschäften und Spezialitätengeschäften sorgen sie für reichlich Trubel. Ei-

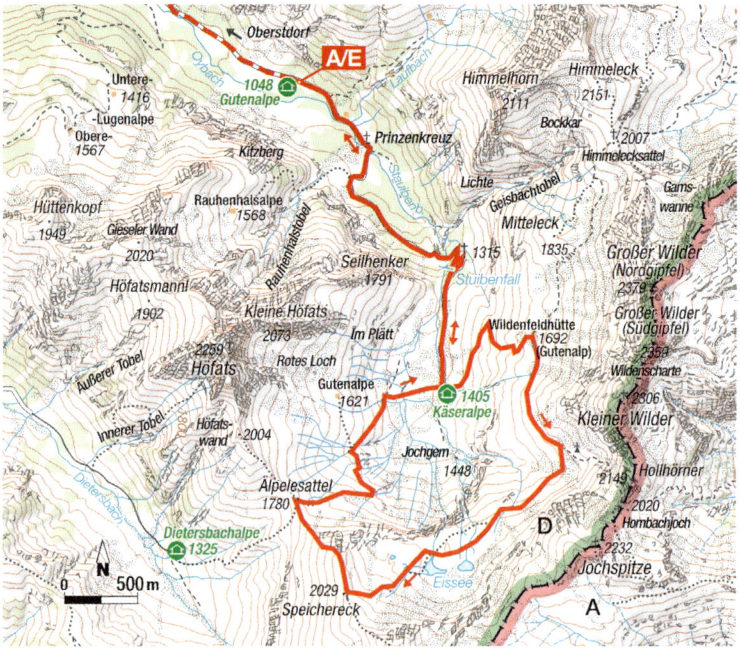

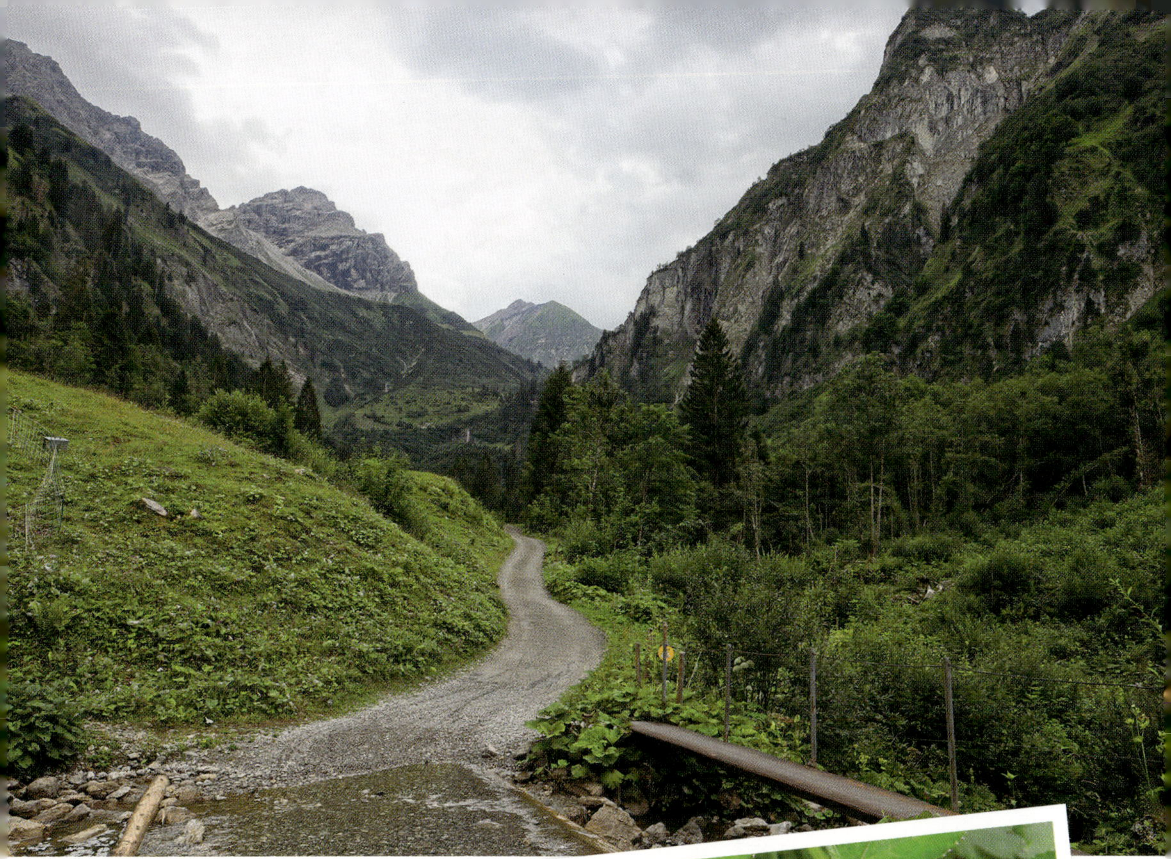

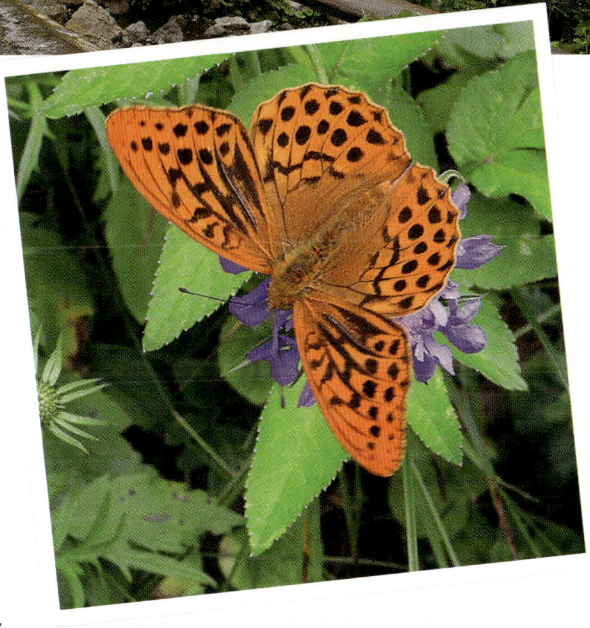

nen freien Parkplatz im Zentrum zu finden, kann also leicht zu einem Geduldspiel ausarten. Besser scheint es, mit dem Zug anzureisen; oder auf einen der Parkplätze am Ortsrand auszuweichen. Letzteres erleichtert die Mitnahme eines Mountain-(E-)Bikes oder Pedelecs. Die Zufahrt zur Gutenalpe erfolgt dann am besten an der Nebelhornbahn vorbei zur Skisprungarena, und ab dort auf der Oytalstraße.

Start bei der Gutenalpe Ab der **Gutenalpe** führt der Wirtschaftsweg weiter bergan in den Wald. Etwas unterhalb der Lichtung mit dem **Prinzenkreuz** vereint sich der Laufbach mit dem Stuibenbach zum Oybach. Sowie wir den Stuibenbach erstmals gekreuzt haben, zieht die Steigung allmählich an. Vor dem Einzug der Mountain-E-Bikes nahmen nur wenige Radfahrer den Berg in Angriff. Auch dank des bis

Kaisermantel

Ganz oben: Auch bei trübem Wetter ist der Aufstieg zur Käseralpe gut möglich.

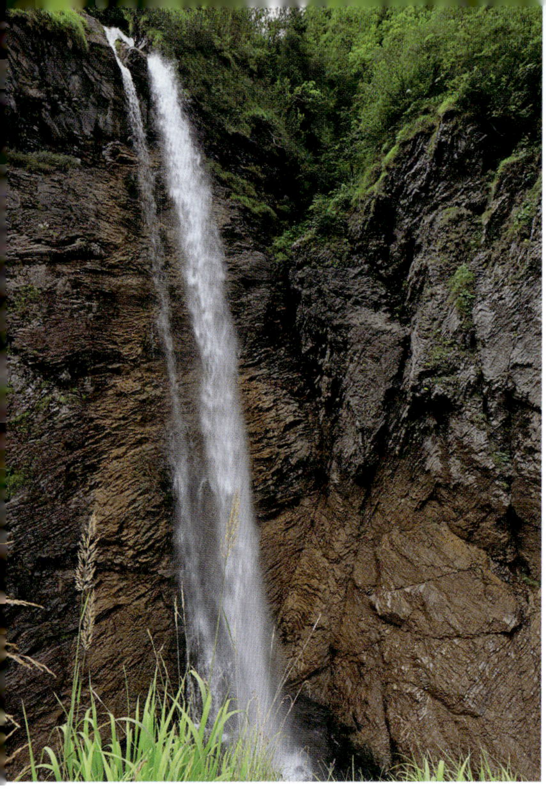

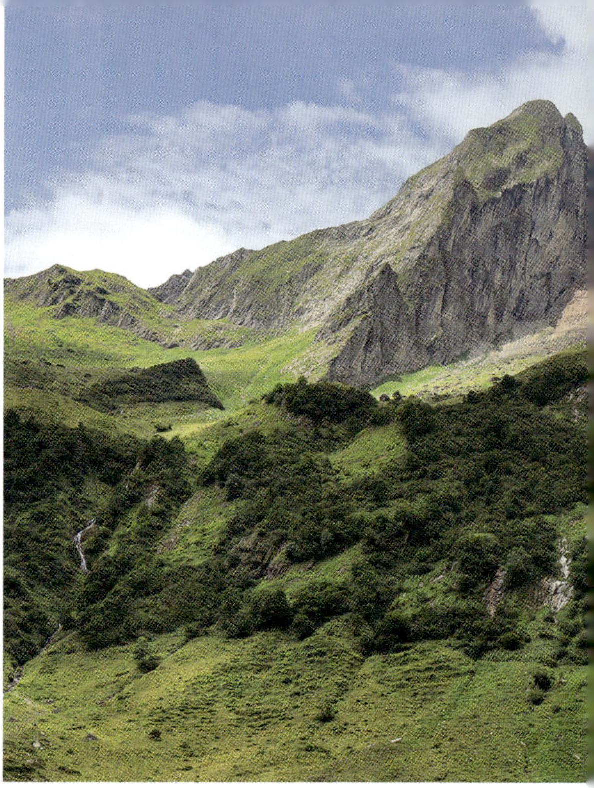

Links: Blick von Rand des Kessels auf den Stuibenfall

Mitte: Sicht auf die Gipfelgruppe der Höfats

Rechts: Käse-Heidelbeer-Kuchen und Kaffee bei der Käseralpe

zur Käseralpe breiten Wegs hat sich dies inzwischen geändert. Gegenseitige Rücksichtnahme hilft, den Landschaftsgenuss zu bewahren. So lohnt es sich, immer wieder innezuhalten und den Blick über die Hänge vom Himmelshorn und Schneck zu unserer Linken bis zu den Gipfeln und Ausläufern der Höfats rechts von uns schweifen zu lassen.

Naturschauspiel Stuibenfall Nach einer stärker bewaldeten Passage erreichen wir den **Stuibenfall**. Mehrere Trampelpfade ermöglichen den Zugang an die Kante des Kessels. In diesen stürzt der Stuibenbach über eine etwa 25 Meter hohe Geländestufe. Der Name Stuiben leitet sich im Allgäu von Stauben ab. So verdankt der Berg Stuiben im Naturpark Nagelfluhkette seine Benennung einer markanten Schneefahne, die bei Westwind weithin sichtbar vom Berg geweht wird. Beim Stuibenfall ist es die Gischt, welche bei reicher Wasserführung aus dem Kessel aufsteigt. Einen zweiten, deutlich trockeneren Blick auf den malerischen Wasserfall ermöglicht die Brücke über den Gebirgsbach. Mit etwas Geschick ist das Bachbett von dort aus ein Stück weit zugänglich. Daneben lohnt sich auch der Blick an den Wegrand, wo auf den blühenden Hochstauden häufig Kaisermantel – der Schmetterling des Jahres 2022 – zu sehen sind.

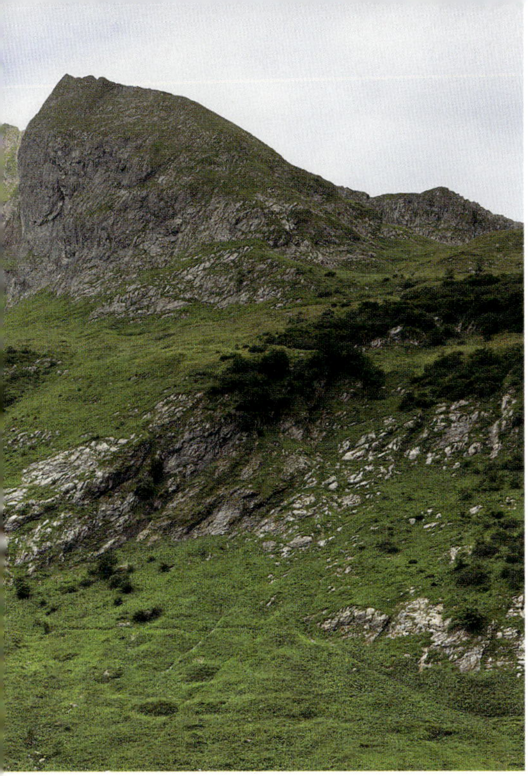

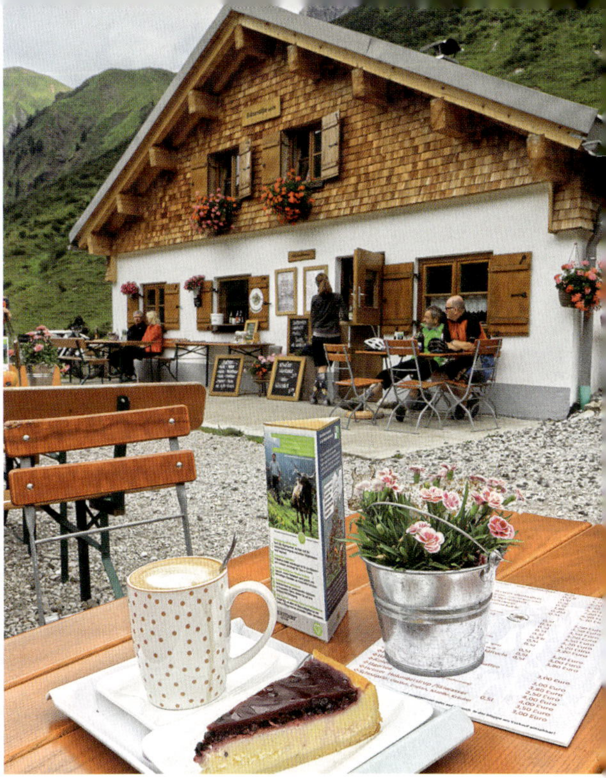

Bergarena Käseralpe Der weitere Aufstieg zum oberen Talboden erfolgt über drei Kehren. Nach weiteren Aussichten zum Himmelhorn und Schneck öffnet sich schließlich die Sicht über die Käseralpe. Direkt westlich von uns erheben sich die Gipfel der Höfats bis auf 2259 Meter über Normalnull. Folgen wir dem Grat nach Süden, so blicken wir über den Älpelesattel und das Seichereck bis zum 2384 Meter hohen Rauheck. Beide zusammen bilden eine Gebirgsgruppe, die für ihren Blumenreichtum bekannt ist. Neben mehreren Enzian-Arten und dem Aurikel wachsen hier die in der Volksmedizin geschätzte Edelraute und das früher häufige Edelweiß. Wenden wir uns nach Osten, erheben sich oberhalb der Käseralpe die Gipfel der Wilden. Mit dieser herrlichen Rundumsicht ist die **Käseralpe** bald erreicht. Am Umkehrpunk kommt die Terrasse der Hütte wie gerufen, um bei verschiedenen Käsekuchen, einem Schweizer Wurstsalat oder Käsesalat neue Kräfte zu tanken. Konditionell starken Bergsteigern bietet sich außerdem an, die Tour vor dem Rückweg zu den Eisseen zu verlängern.

Verlängerung zu den Eisseen

Der Aufstieg zu den Eisseen erfolgt ab der Käseralpe auf dem Bergweg über die Wildenfeldhütte. Für die 3,4 km und 400 Hm werden vor Ort 2 Stunden angegeben. Sportliche Bergsteiger können den Abstecher über das 2029 m hohe Seichereck und den Älpelesattel zu einer 7,2 km langen Runde schließen.

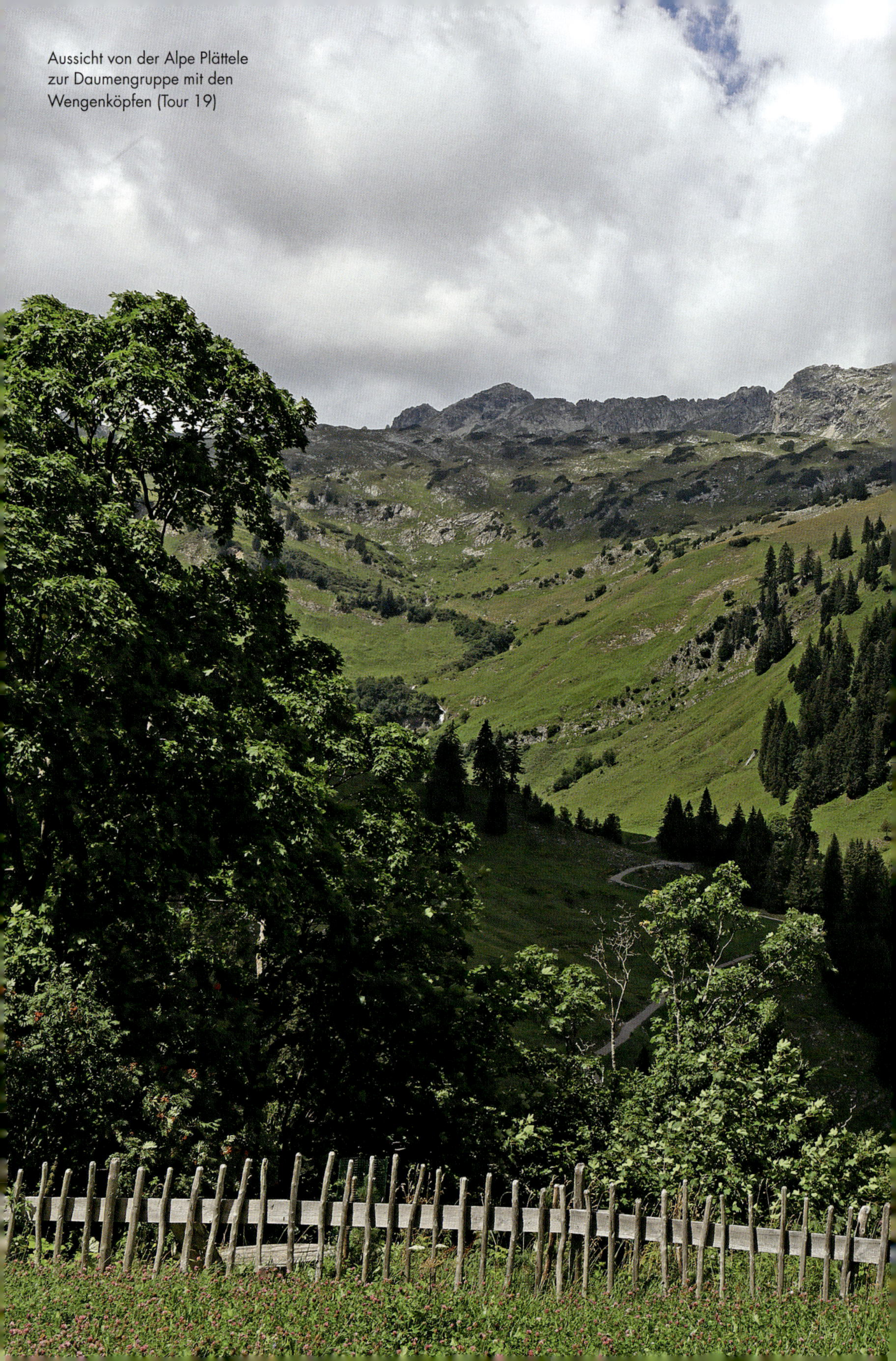

Aussicht von der Alpe Plättele zur Daumengruppe mit den Wengenköpfen (Tour 19)

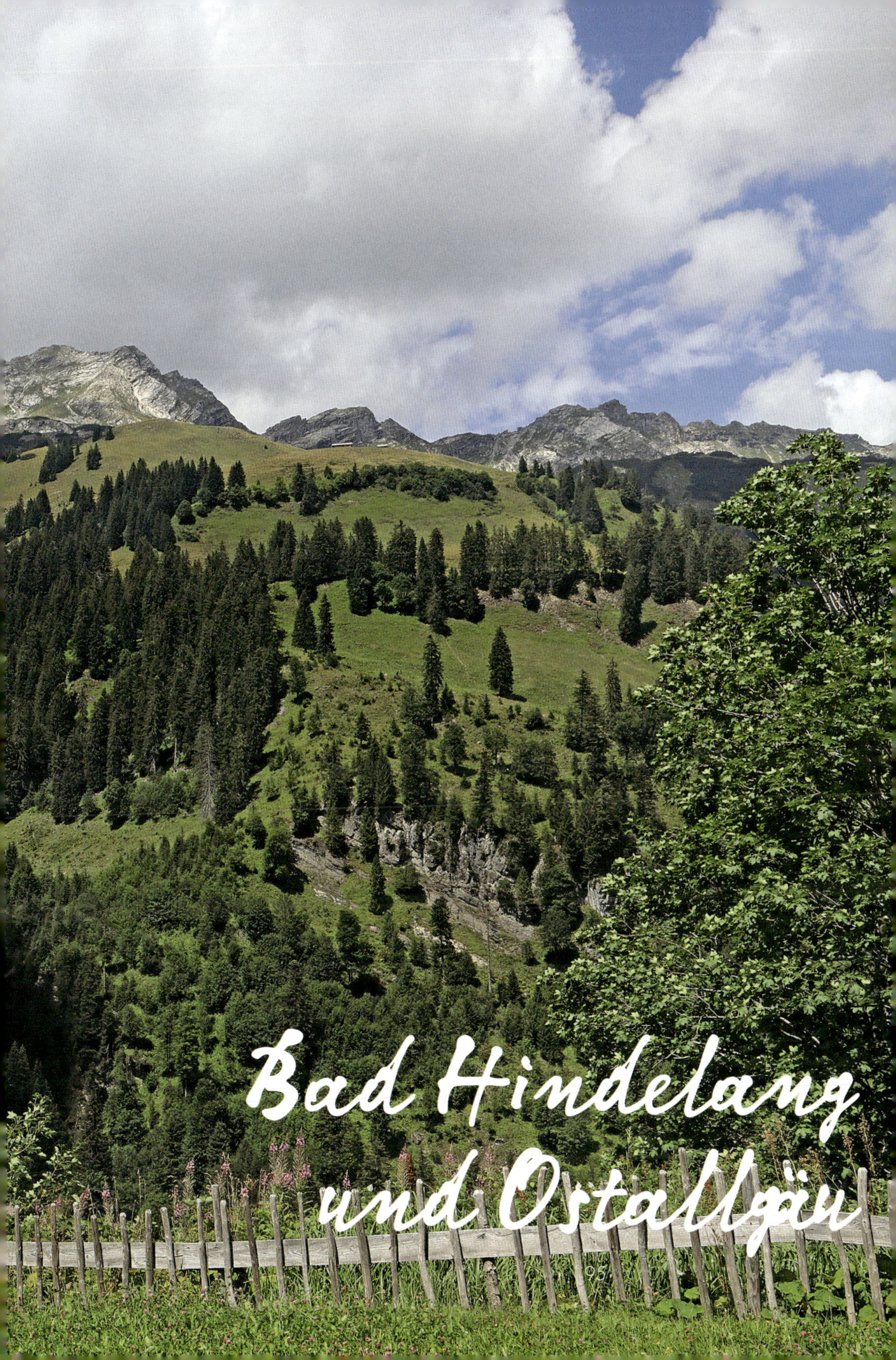

Bad Hindelang und Ostallgäu

19 Sennalpen im Obertal

Plättele, Laufbichl und Engeratsgund

Leicht | 8,3 km | 300 Hm | 3 Std.

Tourencharakter
Technisch einfache Strecke auf Fahrwegen, bis zur Laufbichelalpe mit geringer Steigung. Der Aufstieg zur Alpe Plättele ist steil, mit einem kurzen Kraftakt aber doch gut zu schaffen.

Ausgangspunkt/Endpunkt
Hinterstein, Giebelhaus
GPS 47.4745, 10.4163 (Parkplatz auf der Höh)

Anfahrt
Bus/Bahn: Ab Bad Hindelang fährt die Buslinie 9749 zur Haltestelle Grüner Hut in Hinterstein
Auto: Ab Sonthofen über die Östliche Alpenstraße/B 308 nach Bad Hindelang, weiter über die OA 28 nach Hinterstein
Ab Hinterstein Weiterfahrt mit dem Giebelhausbus oder alternativ mit dem Rad bis zum Giebelhaus

Einkehr
Giebelhaus, Alpe Engeratsgund (tgl. ab 10 Uhr), Laufbichelalpe, Alpe Plättele (1. Juni–Anf. Okt. tgl. ab 10 Uhr)

Karte
AV-Karte 1:25 000, BY 3 Allgäuer Voralpen Ost

Informationen
Bad Hindelang Tourismus, Tel. 08324/8920, www.badhindelang.de, www.wechs.net/busverkehr

Die Zufahrt zum Giebelhaus ist für Pkws und Motorräder tabu. Das reicht, um allzu große Besucherströme abzuhalten. Und auch der Trubel nach der Ankunft vom Giebelbus ebbt bald ab. Als Wanderer erleben wir damit das Obertal als eine Oase der Ruhe.

Dem Obertalbach entgegen Nach der Ankunft mit dem Giebelbus empfiehlt es sich, den Fahrplan mit den Rückfahrtzeiten zu studieren oder geschwind zu fotografieren. Links der Haltestelle lockt das **Giebelhaus** mit einer frühen Pause. Für die Wanderung ins Obertal orientieren wir zur anderen Seite und biegen vor der Adlerhütte links auf den Sausteig ab. Die Zufahrt zu den Sennalpen im Obertal führt leicht ansteigend durch einen reizvollen Bergmischwald. Besonders attraktiv ist dieser im Frühjahr, wenn die Bäume junges Laub tragen, und im September, wenn sich

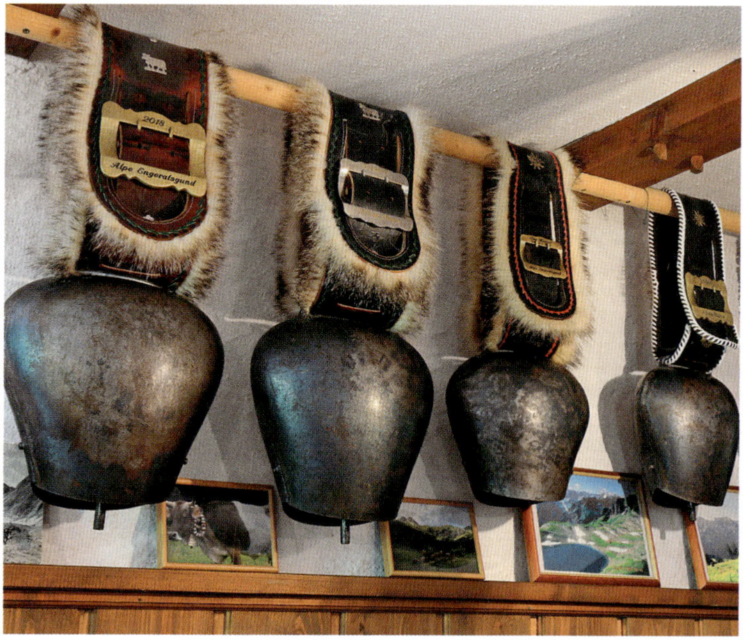

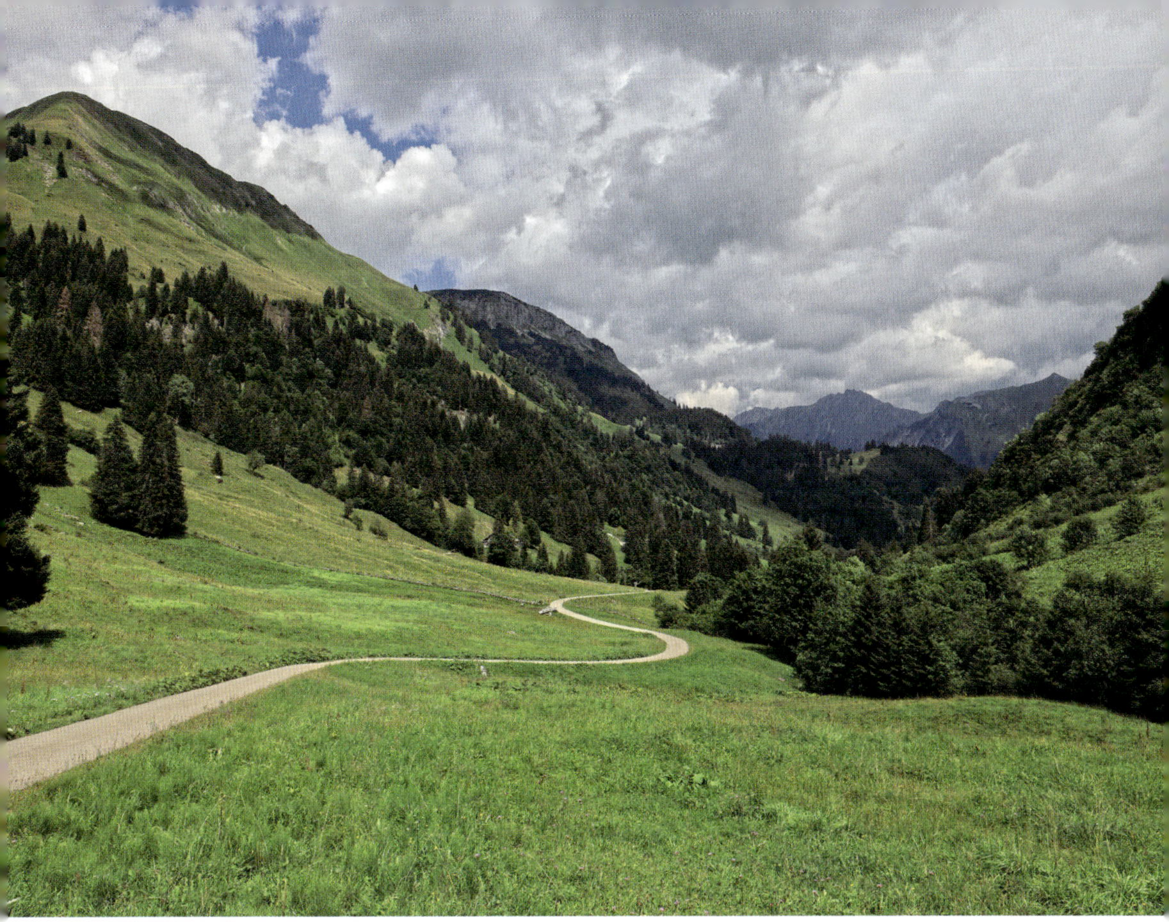

die Blätter von Buche und Ahorn goldgelb bis rötlich verfärben. Nach rund 800 Metern zweigt rechts ein Schotterweg zur Schwarzenberghütte ab. Neben dem Giebelhaus ist auch sie stets dann geöffnet, wenn der Bus fährt. Wer einen Abstecher zu der 300 Meter höher gelegenen Hütte in die Tour einbauen möchte, sollte dafür 50 Minuten einplanen.

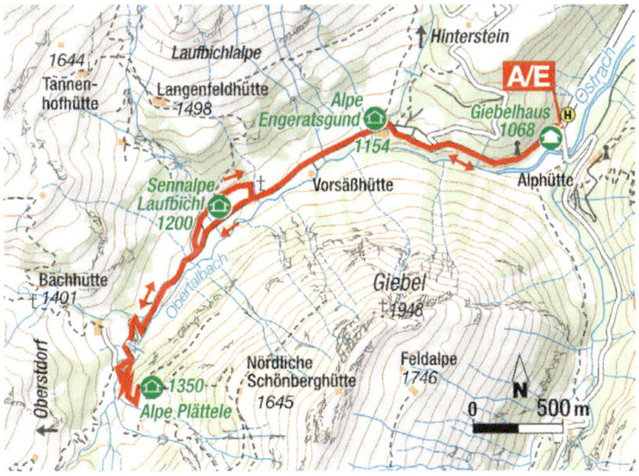

Die Tour ins Oberbachtal nutzt auf weiten Teilen die asphaltierte Zufahrt.

Linke Seite: Anders als Glocken werden Kuhschellen aus einem Metallblech geschmiedet.

Engeratsgund zum Ersten Für die Sennalpen im Obertal bleiben wir auf dem Sausteig und kreuzen den Gündlesbach zur **Alpe Engeratsgund**. Die Sennalpe markiert den Übergang zum Obertal. Da wir noch keine 1200 Meter gewandert sind, lohnt es sich, mit der Einkehr bis zum Rückweg zu warten. Auf den nächsten Schritten öffnet sich die Landschaft. Rechts des Wegs steigt das Gelände über das Laufbichler Kirchle bis zum Großen Daumen an. Südwestlich an den höchsten Gipfel der Daumengruppe schließen

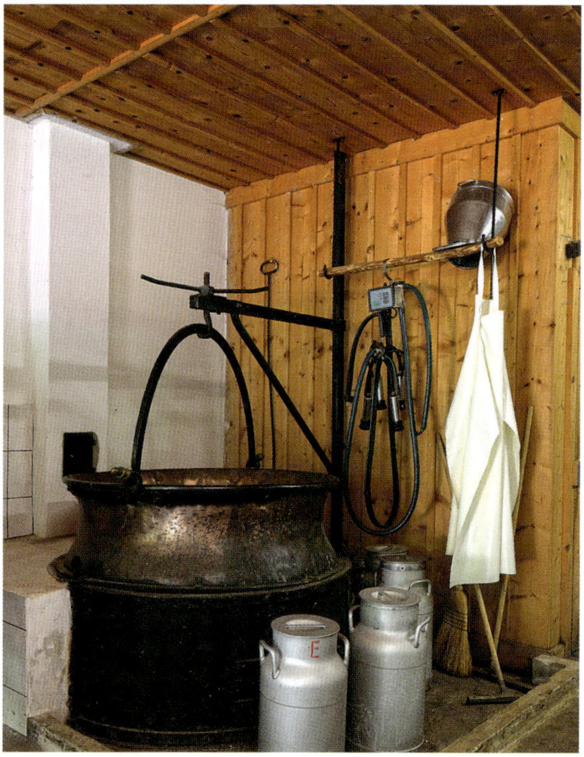

Anfahrt mit Rad oder E-Bike

Die Anfahrt mit dem Rad oder E-Bike erfolgt auf der auch vom Giebelbus genutzten Zufahrtsstraße. Morgens lohnt sich ein Stopp bei der Hubertuskapelle an der Ostrach. Bei der Rückfahrt eröffnet uns das Konstanzer Jägerhaus eine weitere, Di–So bis 18 Uhr geöffnete Möglichkeit zur Einkehr.

Kupferkäsekessel der Alpe Engeratsgund

der Gratkopf und die Zwiebelstränge an. Und direkt vor uns verdecken die beiden Wengenköpfe das Nebelhorn. Neben dem herrlichen Panorama lohnt es sich, den Blick über die Hänge schweifen zu lassen. Auf den Weiden oberhalb der Engeratsgundalpe lebt eine große Murmeltierkolonie.

Aufstieg zur Alpe Plättele Weiter geradeaus lassen wir den Abzweig zur Sennalpe Laufbichl ebenfalls vorerst aus. Der Fahrweg wird allmählich steiler, bleibt aber bis zum Abzweig zur Unteren Wengen-Alpe bequem zu wandern. Dort trennen sich die Wege. Während der Sausteig rechts über die beiden Wengen-Alpen zum Edmond-Probst-Haus führt, biegen wir links ab. Ohne eine besondere Kennzeichnung führt uns der Weg über den **Obertalbach** sowie über mehrere Kehren steil bergan zur **Alpe Plättele**. Unterhalb des Giebelgrats eröffnet uns die über 400 Jahre alte Berghütte eine weitere tolle Sicht auf die gegenüberliegende Bergkette mit dem Bad Hindelanger Klettersteig. Beim Blick in die Alpe wird deutlich, dass sich hier im Lauf der Jahrhunderte nur wenig geändert hat. So gibt es keinen Stromanschluss, weshalb der niedrige Innenraum durch Kerzenschein, das Ofenfeuer und die Stirnlampen des Hüttenteams erhellt wird. Nachdem wir am Umkehrpunkt der Tour den Großteil der Höhenmeter bewältigt haben, kommt die Gartenterrasse ganz gelegen für die erste richtige Pause.

Laufbichl und Engeratsgund zum Zweiten Der anschließende Rückweg erfolgt weitestgehend auf dem bereits bekannten Weg. Diesmal jedoch nutzen wir den oberen Abzweig zur **Sennalpe**

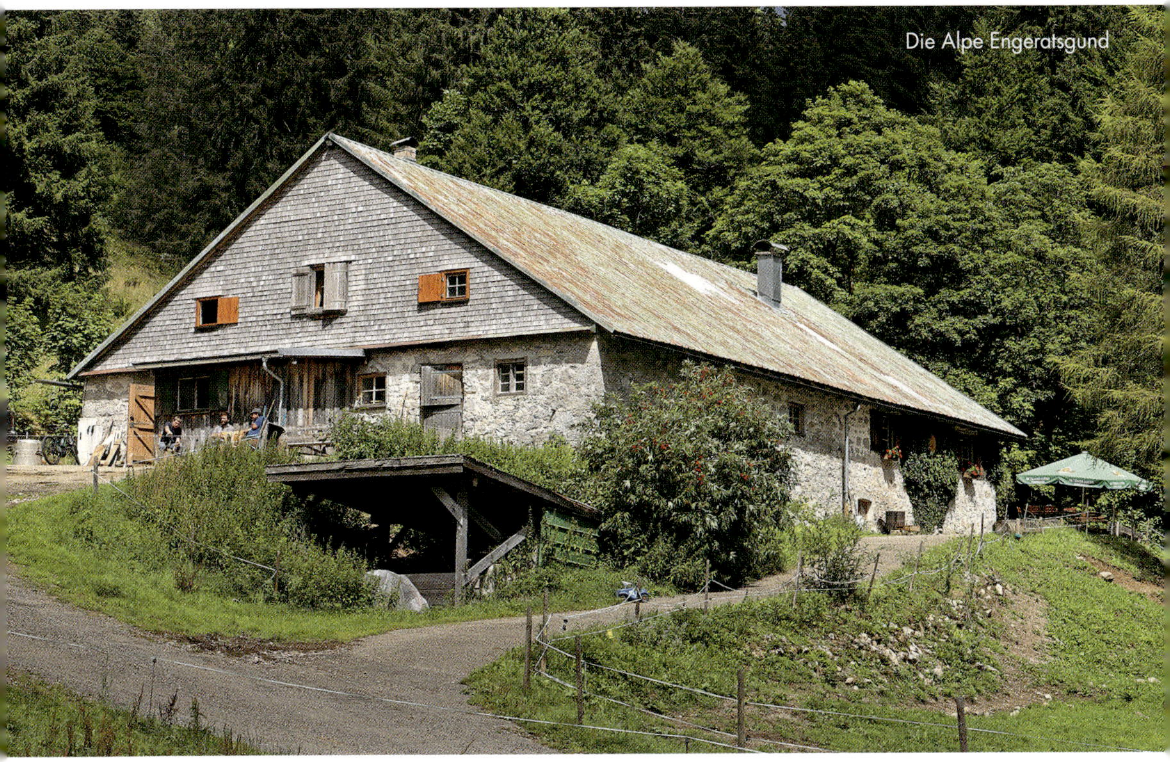

Die Alpe Engeratsgund

Laufbichl. Nach Angaben des Ortes Hinterstein ist sie die flächenmäßig größte Sennalpe Deutschlands. Neben 60 Kühen und 40 Stück Galtvieh, also Jungvieh, werden hier im Sommer auch 30 Schweine und 20 Ziegen gehalten. Menschen nehmen auf der nach Süden ausgerichteten Terrasse Platz.
Zurück auf dem Fahrweg sind es noch 800 Meter bis zur **Alpe Engeratsgund**. Vor dem Abstieg hinunter zum Giebelhaus finden wir hier den perfekten Ort für eine gemütliche Brotzeit. Hungrige Wanderer werden an der reich garnierten Käse- und Schinkenplatte mit Kräuterquark und Butterschmalz ihre satte Freude haben. Doch auch hausgemachte Kuchen und Brote, Kaffee und Cappuccino sowie Bergler Tee finden sich im Aushang. Je nach Tempo sind es anschließend noch um die 15 Minuten bis zurück zur Haltestelle vom Giebelbus.

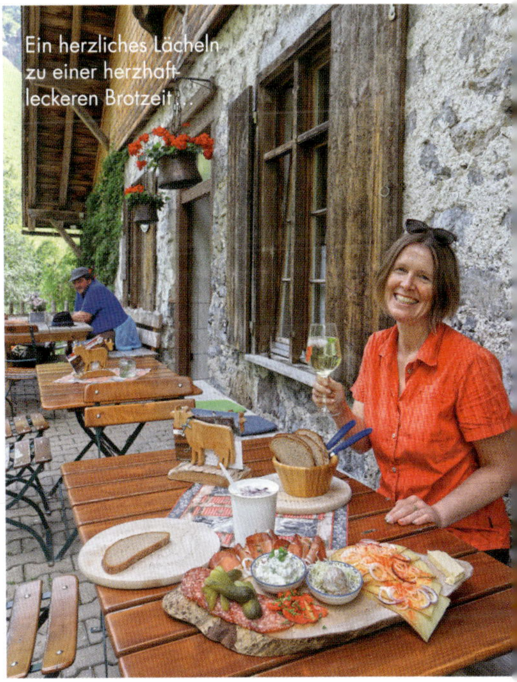

Ein herzliches Lächeln zu einer herzhaft leckeren Brotzeit …

20 Perle zwischen Giebel und Wiedemerkopf

Vom Giebelhaus zur Alpe Bärgündele

Leicht/Mittel | 8,5 km | 400 Hm | 3 Std.

Tourencharakter
Bis zur Pointhütte auf der asphaltierten Straße. Die Schlaufe zur Alpe Bärgündele bis zurück zum Fahrradparkplatz nutzt Bergpfade, die unterhalb der Hütte etwas Trittsicherheit erfordern.

Ausgangspunkt/Endpunkt
Hinterstein, Giebelhaus
GPS 47.4745, 10.4163 (Parkplatz auf der Höh)

Anfahrt
Bus/Bahn: Ab Bad Hindelang fährt die Buslinie 9749 zur Haltestelle Grüner Hut in Hinterstein.
Auto: Von Sonthofen über die Östliche Alpenstraße/B 308 nach Bad Hindelang, weiter über die OA 28 nach Hinterstein
Ab Hinterstein Weiterfahrt mit dem Giebelhausbus oder alternativ mit dem Rad bis zum Giebelhaus

Einkehr
Giebelhaus, Alpe Bärgündele (Anf. Juni–Anf. Okt. tgl. ab 10 Uhr)

Karte
AV-Karte 1:25 000, BY 3 Allgäuer Voralpen Ost

Informationen
Bad Hindelang Tourismus, Tel. 08324/8920, www.badhindelang.de, www.wechs.net/busverkehr

Der Bärgündelesbach bildet zusammen mit dem Stierbach den östlichen Zufluss der Ostrach. Bis zum Fahrradparkplatz ist die Strecke auch bei Radfahrern beliebt. Oberhalb davon können wir uns auf ruhige Momente inmitten einer Bilderbuchlandschaft freuen.

Über die Ostrach zum Täschlegraben

Für die zweite Tour ab dem **Giebelhaus** laufen wir geradeaus an dem Ausflugslokal vorbei. Auf dem Sausteig überqueren wir erst den Obertalbach, dann den Bärgündelesbach. Nur einen Katzensprung von der Straße entfernt vereinen sich beide Gebirgsbäche zur **Ostrach**. Nach der folgenden Rechtskurve steigt die Straße allmählich zum Täschlefallgraben an. Links öffnet sich die Sicht zum **Täschlefall**. Vor Ort informiert eine Tafel über die Besonderheiten dieser bis heute dynamischen Landschaft. So kommt es im Bereich des Grabens

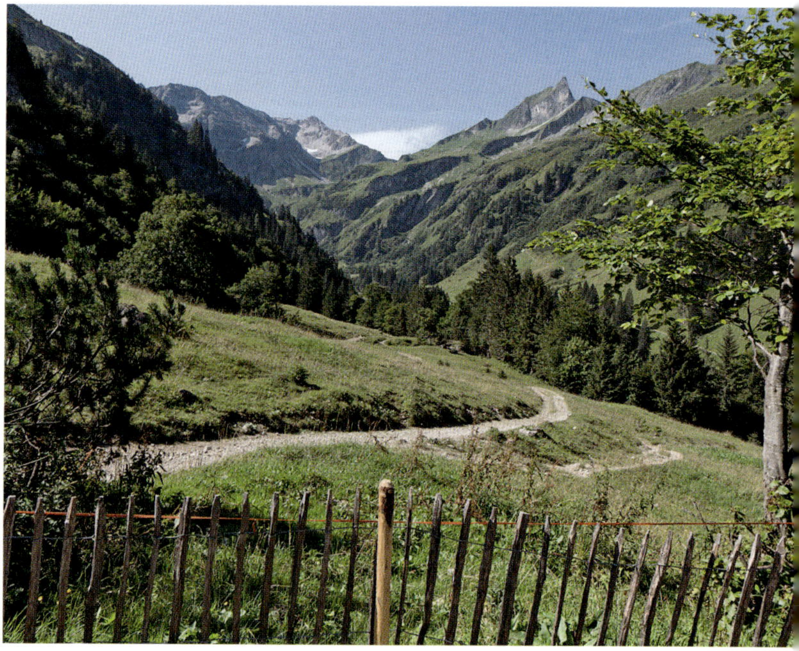

immer wieder zu Hangrutschen und meist kleineren Schlamm- und Geröllawinen. Mit etwas Glück können wir hier die Bergstelze (auch Gebirgsstelze) oder die besonders geschützte Zweigestreifte Quelljungfer – eine Großlibelle – beobachten. Der Wasserfall selbst liegt vormittags im Schatten. Bis zu unserer Rückkehr zum Giebelhaus sollte sich dies geändert haben.

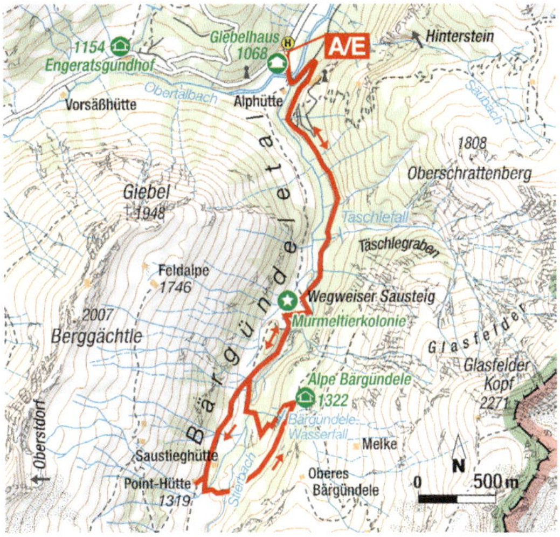

Sausteig und Murmeltierkolonie Rund fünf Minuten weiter kreuzen wir den Bärgündelesbach und verlassen den Wald. Damit öffnet sich die Sicht zur Bergkette mit dem Giebel und Saloberkamm bis zum Salober. Auch der Wiedemerkopf ist in südöstlicher Richtung bereits zu sehen. Beim Wegweiser **Sausteig** ist in einigen Karten ein Pfad eingezeichnet. Dieser sollte auf der gegenüberliegenden Talseite zurück zum Giebelhaus führen. Der Pfad ist ansatzweise noch zu erkennen, soll zu Gunsten des Naturschutzes aber nicht mehr begangen werden. Dafür können wir uns auf eine **Murmeltierkolonie** freuen. Die Fahrstraße führt in einem Bogen um

Linke Seite: Aussicht von der Alpe Bärgündele zum Stiertal

Die Alpe Bärgündele besticht durch ihre Lage oberhalb der Ostrach.

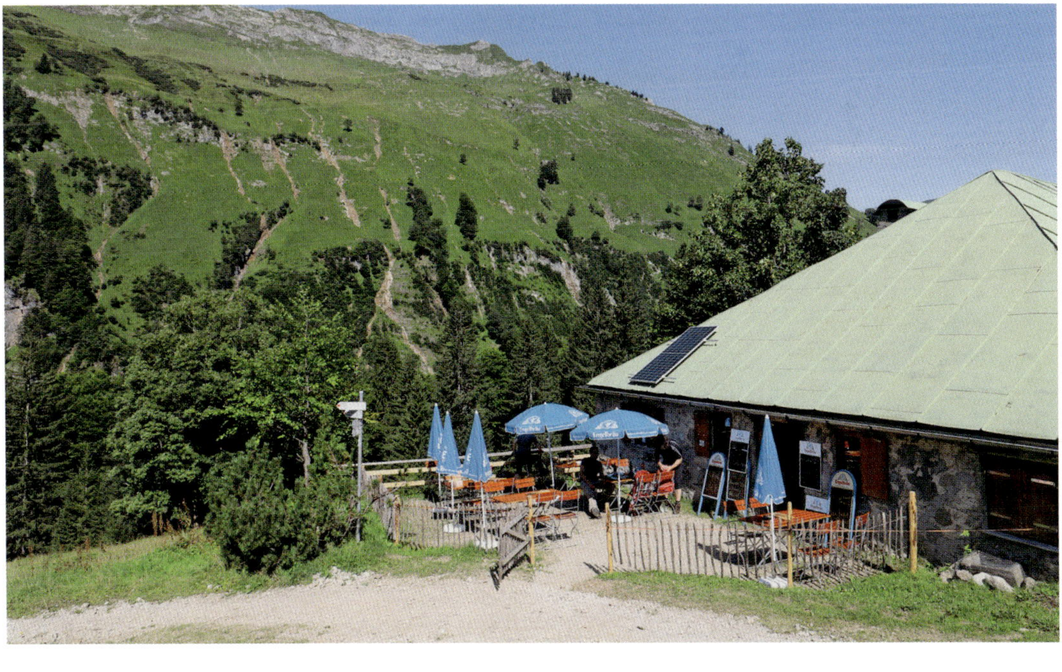

die Bergwiese herum, sodass sich mehrere Chancen ergeben, die gerne auf Steinen und Erdhügeln sitzenden Tiere zu entdecken.

Grenzgänger

Zwischen der Alpe Bärgündele und dem Giebelhaus teilt sich diese Tour den Weg mit der 5. Etappe des Grenzgängers. Mit insgesamt sechs Etappen, 80 km und über 6000 Höhenmetern verläuft dieser Weitwanderweg überwiegend durch die Naturschutzgebiete Allgäuer Hochalpen und Vilsalpsee.

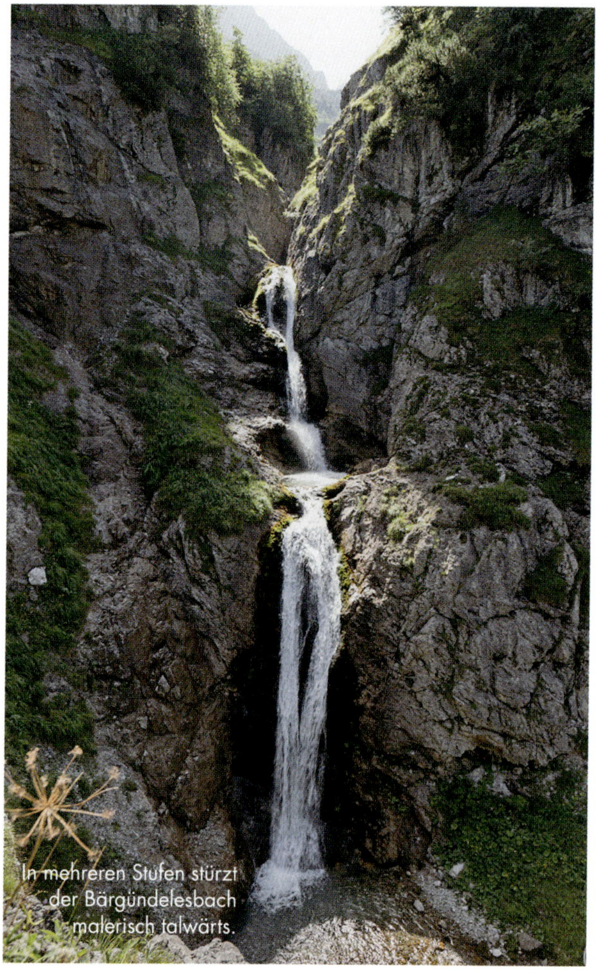

In mehreren Stufen stürzt der Bärgündelesbach malerisch talwärts.

Alpenpanorama bei der Point-Hütte Nach einer weiteren Passage im Wald kommen wir zum **Fahrradparkplatz Bärgündele**. Je nach Jahreszeit und Wetter ist es erstaunlich, wie viele E-Bikes und Mountainbikes hier zurückgelassen werden. Wir bleiben auf dem Fahrweg. Sowie wir die **Saustieghütte** passiert haben, lohnt sich geradeaus ein Abstecher bis zur **Point-Hütte**. Diese ist zwar nicht bewirtschaftet, eröffnet uns aber eine herrliche Sicht nach Süden über das von hohen Gebirgskämmen umschlossene Stiertal. Besonders eindrucksvoll erhebt sich im Südosten der Wiedemerkopf. Rechts davon schließt sich der Gebirgskamm mit dem Kreuzkopf und Vorderen Wilden bis zum Hauptgipfel des Großen Wilden ganz im Süden an. Wenden wir uns nach Südwesten, können wir dem zweiten Kamm über das Himmeleck, den Schneck und den Rotkopf bis zum Laufbacher Eck folgen. Konditionell fitte Wanderer finden dort eine Verbindung über den Zeigersattel zur Nebelhornbahn.

Alpe Bärgündele Für diese Tour laufen wir indes ein paar Schritte zurück bis zum letzten Wegweiser und nutzen oberhalb der Saustieghütte den weiß-rot-weiß markierten Pfad über den **Stierbach**. Bei geringen Höhenunterschieden führt der Weg durch mehrere Weiden sowie an einem kleineren Wasserfall vorbei zur **Alpe Bärgündele**. Auf 1322 Metern über dem

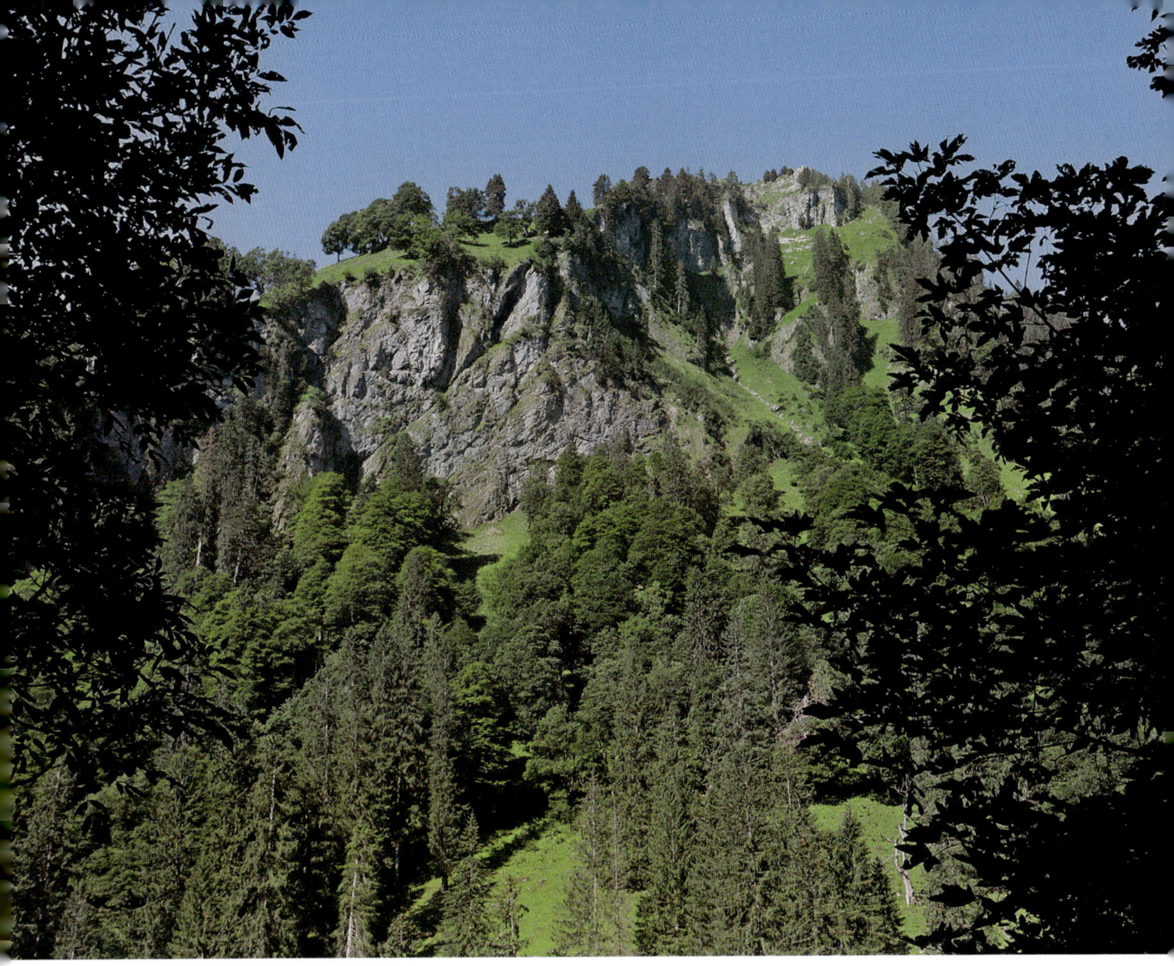

Ausblick zum Saloberkamm

Meer eröffnet uns die Sonnenterrasse der Alpe die nächste beeindruckende Sicht nach Westen zum Giebel und Saloberkamm sowie nach Südwesten zum Schneck. Auch der als Allgäuer Matterhorn bekannte Hochvogel ist im Südosten zu sehen. Während des Alpsommers (Ende Mai bis Ende September) können wir uns zudem über deftige Brotzeiten mit Käse, hausgeräuchertem Speck und Schinken sowie selbst gebackenen Kuchen freuen. An heißen Tagen erfrischen wir uns an Eiszeit-Seewasser, Apfelholunderblüte oder Johannisbeerschorle.

Bärgündele-Wasserfall Der spätere Rückweg zum Giebelhaus erfolgt auf dem Pfad am unteren **Bärgündele-Wasserfall** vorbei. Je nach Lichteinfall bietet er uns ein weiteres Naturschauspiel, das man gerne auf sich wirken lassen wird. Nachdem wir den Bärgündelesbach gekreuzt haben, stoßen wir beim Fahrradparkplatz wieder auf den Fahrweg. Rechts geht es somit auf bekanntem Weg erneut am Täschlefall vorbei zurück zum Giebelhaus.

21 Loge über dem Ostrachtal

Von Bad Hindelang zur Alpe Klank

Mittel/Schwer | 8,8 km | 700 Hm | 3–4 Std.

Tourencharakter
Sonnige und abwechslungsreiche Bergwanderung, die Wandererherzen auch durch die lange Steigung höher schlagen lässt. Alternativ ist der Aufstieg zur Alpe Klank über die Zufahrt möglich. Der Hirschbachtobel erfordert Trittsicherheit.

Ausgangspunkt/Endpunkt
Busbahnhof Bad Hindelang
GPS 47.5050, 10.3706

Anfahrt
Bus/Bahn: Busverbindungen bestehen unter anderem ab Sonthofen und Nesselwang zum Busbahnhof von Bad Hindelang.
Auto: Ab Sonthofen über die Östliche Alpenstraße/B 308 bis nach Bad Hindelang zum Parkplatz direkt beim Busbahnhof

Einkehr
Alpe Klank (Ende Mai–Mitte Juli Mi–So, Mitte Juli–Anf. Okt. tgl. ab 10.30 Uhr), Café Polite (Di–So ab 10.30 Uhr)

Karte
AV-Karte 1:25 000, BY 3 Allgäuer Voralpen Ost

Informationen
Bad Hindelang Tourismus, Tel. 08324/89 20, www.badhindelang.de

Die Alpe Klank eröffnet Wanderern eine herrliche Sicht über das Ostrachtal zu den Allgäuer Hochalpen. Unsere Route führt durch den Hirschbachtobel zur Kräherwand. Faszinierende Einblicke in die hier noch ungezähmte Natur sind also garantiert.

Gemütlicher Auftakt Ab dem **Busbahnhof** von Bad Hindelang nehmen wir am besten den Weg durchs Geschäftszentrum mit dem Hof-Treff, öffentlichen WCs im Parterre und dem Bauernmarkt in der oberen Etage. Am Hotel Sonne vorbei geht es zur Marktstraße (rechts). Nach weiteren Gastbetrieben biegen wir bei der Kaffeemanufaktur erst links in die Jochstraße, dann erneut links in die Rosengasse und schließlich rechts zur **Kalvarienkapelle** ab. Oberhalb des schlichten Baus dient ein Wiesenweg als Verbindung zum Schindackerweg. Bei Nässe oder Tau auf

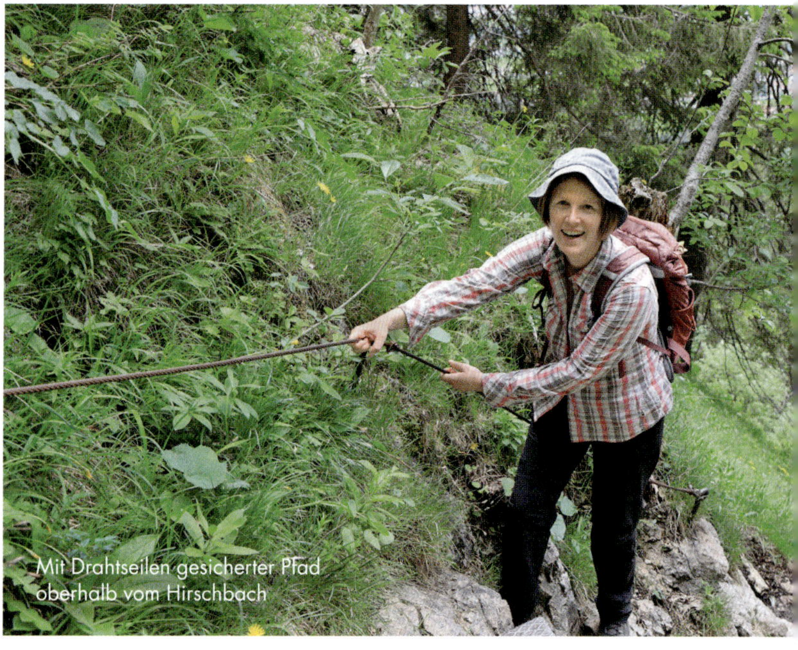

Mit Drahtseilen gesicherter Pfad oberhalb vom Hirschbach

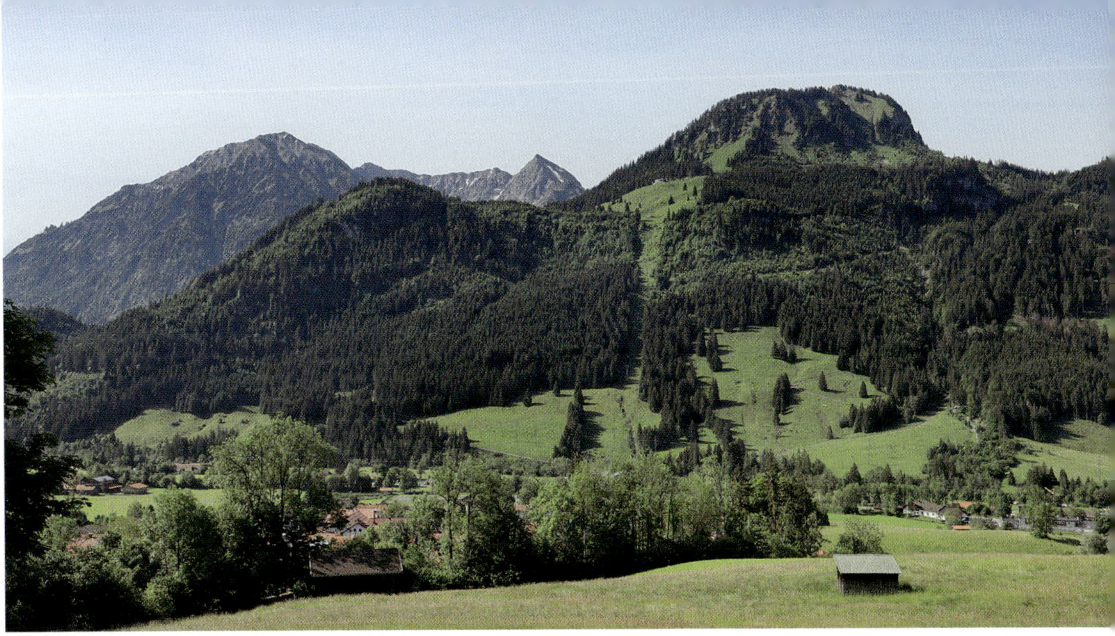

dem Gras empfehlen wir, auf dem Fahrweg bis zum **Café Polite** zu bleiben. Ansonsten wechseln wir nach 100 Metern rechts auf den nächsten Wiesenweg hoch zu dem beliebten Ausflugslokal. Auch wenn wir erst aufgebrochen sind, lohnt sich eine frühe Pause. Von der Terrasse bietet sich eine schöne Sicht über die Ostrach zum Breitenberg. Rechts davon sehen wir das Imberger Horn mit dem vorgelagerten Alpenrosenköpfle. Dazwischen ragt mit der Rotspitze einer der markantesten Berge Hindelangs in den Himmel.

Aussicht vom Café Polite zum Imberger Horn

Kleinere Kaskade im Hirschbachtobel

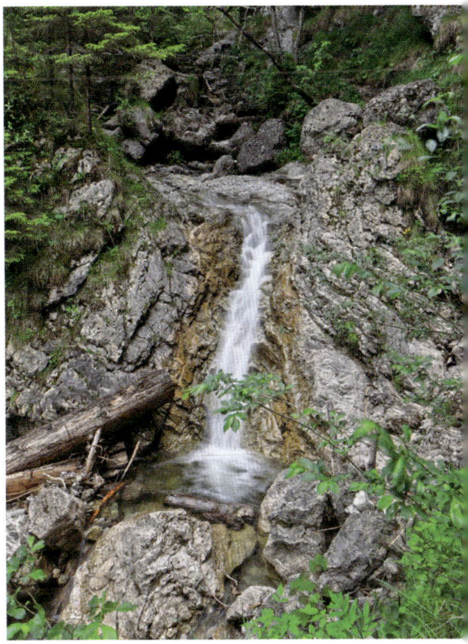

Hirschbachtobel und Hirschbachfall Anschließend folgen wir der Beschilderung zum nahen **Hirschbachtobel**. Vor Ort wird für den Aufstieg Trittsicherheit angemahnt. Dann aber beschert uns der Tobelweg faszinierende Einblicke in die auf diesem Bachabschnitt weitgehend ungezügelte Natur. Selbst im Hochsommer bleibt es in der Enge angenehm kühl. Im Aufstieg lassen wir die **Riegelbrücke** und den Kellerwandweg links liegen. Nach einem weiteren kleinen Wasserfall tritt der Wald zurück. Damit öffnet sich die Sicht auf die felsige Kräherwand. Wo wir das Bachbett queren, rücken links davon die Felswände des Hirschbergs ins Bild. Gerne werden hier innehalten, um den Blick über den malerischen **Hirschbachfall** schweifen zu lassen. Der weitere Aufstieg erfolgt über etliche Steilkehren entlang der **Kräherwand**.

Frühschoppen und Bergmesse

Mehrmals im Jahr lädt die Alpe Klank zum Frühschoppen bzw. am jeweils 3. Oktober zur traditionellen Bergmesse bei der nahen Kapelle St. Wendelin ein. Alle Termine werden auf der Webseite der Alpe bekannt gegeben und finden nur bei gutem Wetter statt.

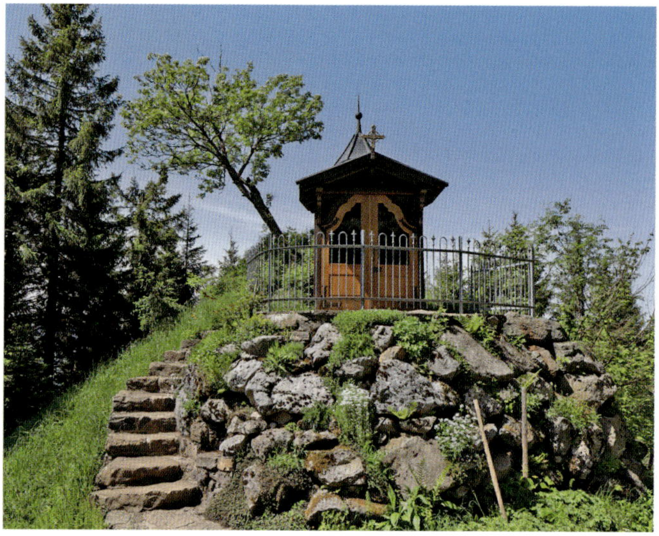

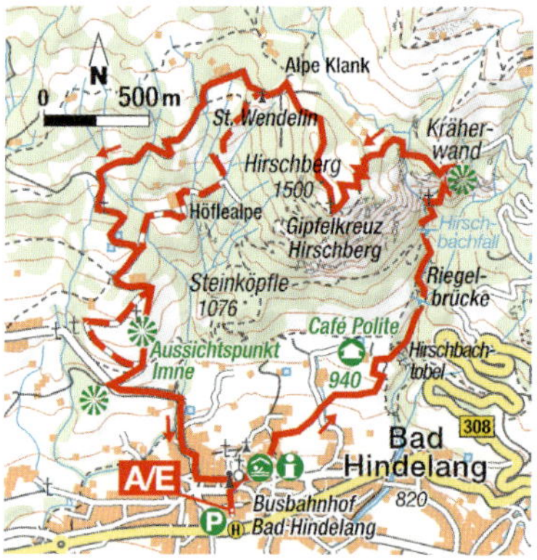

Über den Hirschberg … Am oberen Ausgang des Tobelwegs biegen wir links ab, sodass wir einen Steinwurf weiter den **Kräherrücken** erreichen. Geradeaus folgen wir dem mit Brettern gesicherten Pfad durch den Hirschbach hindurch bis zum Wegweiser nahe dem **Gipfelkreuz**. Auf der freien Fläche haben wir nochmals eine tolle Sicht von den Tannheimer Bergen im Osten bis zu den Bergketten jenseits der Iller. Mit diesem schönen Panorama tauchen wir rechts in den Wald ein und überwinden den höchsten Punkt auf dem **Hirschberg**. Wo wir den Wald wieder verlassen, sehen wir die Alpe Klank vor uns.

Kapelle St. Wendelin

… zur Alpe Klank Bei der **Alpe Klank** dürfen wir stolz auf die erbrachte Leistung sein: Alle großen Herausforderungen der Runde liegen hinter uns. So können wir gerne eine lange Pause einplanen, um die herrliche Aussicht über die Ostrachtaler Bergwelt zu den Hochalpen zu genießen. Neben den liebevoll zubereiteten Brotzeiten können wir den hausgemachten Kirsch-Mandelkuchen sowie den Allgäuer Hidde-Schbrudl empfehlen. Beim späteren Rückweg nach Bad Hindelang haben wir bei der nahen **Kapelle St. Wendelin** die Wahl: Wer einen steileren Abstieg nicht scheut, kann bei dem Kleinod links auf den Pfad wechseln.

Aussichtspunkt Imne Für einen bequemen Rückweg bleiben wir auf dem Fahrweg. Dieser führt an einem Brunnen vorbei hinun-

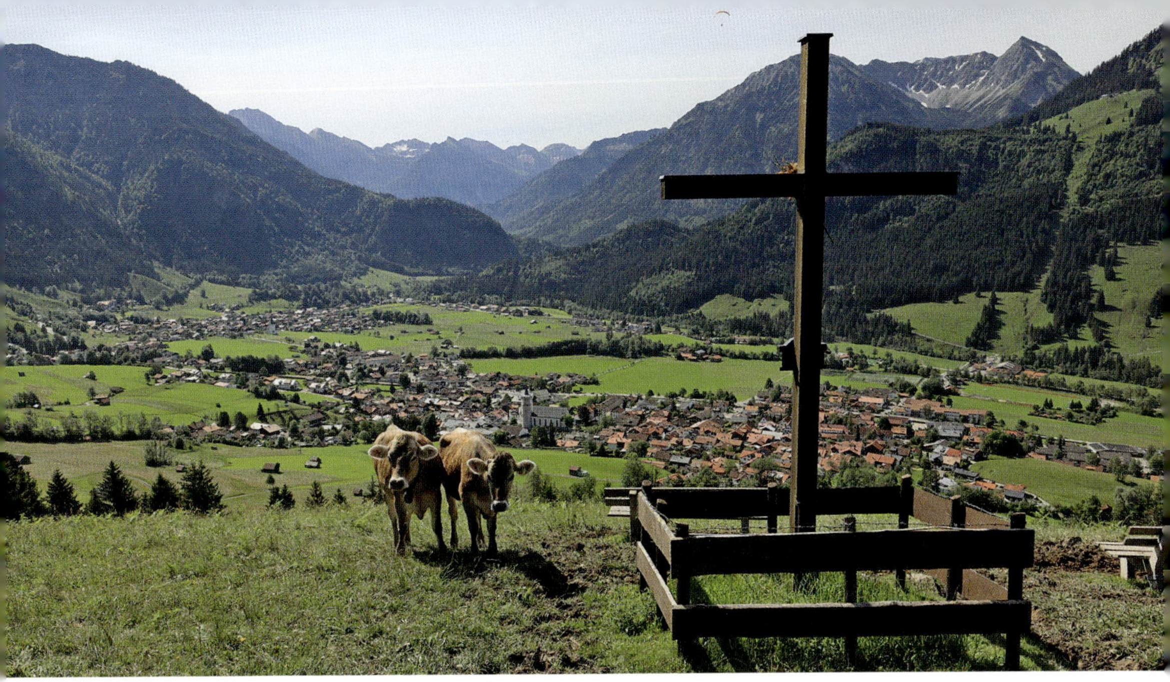

ter zum Wegweiser Im Schächle. Weiter bergab passieren wir auf dem Höfleweg das untere Ende der Variante. Wo der Fahrweg anschließend eine markante Rechtskurve beschreibt, stehen wir erneut vor der Wahl: Der Hauptwanderweg bleibt auf der Straße. Deutlich attraktiver ist es, auf den Wiesenpfad zu wechseln. Damit bauen wir mit dem **Aussichtspunkt Imne** einen weiteren schönen Ort in die Wanderung ein. Ab dem unteren Ende des Pfads erfolgt der weitere Abstieg wieder auf dem Höfleweg über Nusche und die Zillenbachbrücke bis zurück nach **Bad Hindelang**.

Den Aussichtspunkt Imne müssen sich Wanderer mit Galtvieh teilen.

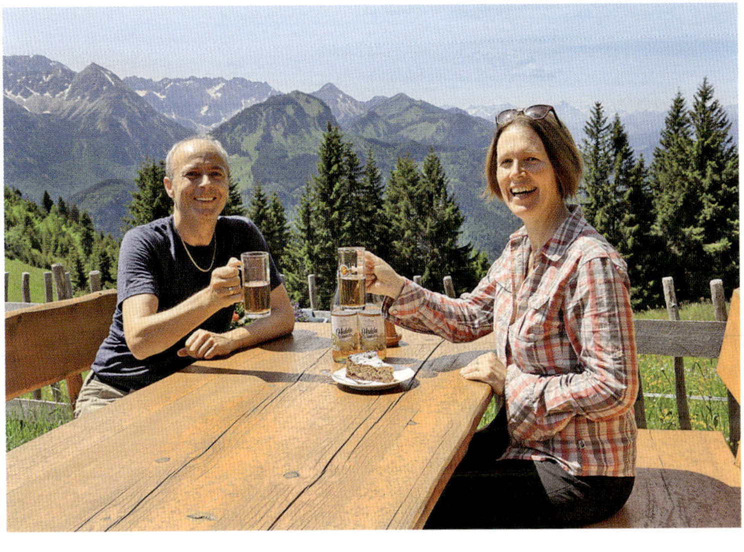

Bei der Alpe Klank erwartet uns neben Kuchen und Getränken eine der schönsten Aussichten über das Ostrachtal.

22 Von Hinterstein zur Willersalpe

Variante über den Wildfräuleinstein

Mittel | 8 km | 600 Hm | 4 Std.

Tourencharakter
Konditionell fordernde Tour auf Pfaden und Naturwegen. Der Anstieg zum Köpfle wird durch etliche Kehren entschärft, die Passage nahe dem Willersbach erfordert ein gutes Profil. Stöcke sind von Vorteil.

Ausgangspunkt/Endpunkt
Grüner Baum in Hinterstein
GPS 47.4745, 10.4163 (Parkplatz auf der Höh)

Anfahrt
Bus/Bahn: Ab Bad Hindelang fährt die Buslinie 9749 zur Haltestelle Grüner Hut in Hinterstein.
Auto: Von Sonthofen über die Östliche Alpenstraße/B 308 nach Bad Hindelang, weiter über die OA 28 nach Hinterstein

Einkehr
Willersalpe (Anfang Juni–Mitte Okt.)

Karte
AV-Karte 1:25 000,
BY 3 Allgäuer Voralpen Ost

Informationen
Bad Hindelang Tourismus,
Tel. 08324/89 20,
www.badhindelang.de

Die Willersalpe ist ein beliebter Ausgangspunkt für Touren auf den Ponten, das Gaishorn oder auch zum Schrecksee. Dabei bildet die Sennalpe selbst ein tolles Wanderziel. Auf dem Weg dorthin lernen wir eine sagenumwobene Höhle kennen.

Aufstieg zum Köpfle Als Ausgangspunkt haben wir die Haltestelle beim **Bergsteigerhotel Grüner Baum** gegenüber der Antoniuskapelle von Hinterstein gewählt. Das Köpfle ist bereits angeschrieben. Damit folgen wir der rot-weißen Markierung links am Hotel vorbei und wählen anschließend den rechten Pfad. Auf diesem Abschnitt gewinnen wir rasch an Höhe. Das bringt uns früh ins Schwitzen, eröffnet uns aber auch ein schönes Panorama über den Ort zum Hintersteiner Breitenberg. Links davon ist die Heubatspitze zu sehen. Sowie wir in den Wald eintauchen, entschärfen einige Kehren die Steigung. Bei den Wegweisern über Grüner Hut und unterm Köpfle halten wir uns jeweils rechts, sodass uns der Pfad an einer Felswand vorbei zum oberen Waldrand führt. Wenige Meter weiter lädt auf dem **Aussichtspunkt Köpfle** eine Bank zu einer ersten Verschnaufpause ein. Das Panorama wird auch hier durch den Hintersteiner Breitenberg dominiert. Rechts davon sind das Imberger Horn und die Bergstation der Hornbahn zu sehen.

Höhle der wilden Fräulein Sowie wir das Köpfle in östlicher Richtung verlassen, ergibt sich eine zweite Sicht. Im Blickfeld liegen nun das obere Ostrachtal und einige Gipfel der Allgäuer Hochalpen und Tannheimer Berge. Bei fortan geringer Steigung erreichen wir als Nächstes das **Naturdenkmal Wildfräuleinstein**. Dahinter verbirgt sich eine zweigeteilte Grotte in der Felswand. Der Name stammt aus einer Zeit, als hier wilde Fräulein hausten. Sie nutzten die eine Höhlung als Stube, die andere als Gade, also zum Schlafen. Wie viele Frauen hier hausten, ist ungewiss. Bekannt sind jedoch einige ihrer Namen wie Rezabell,

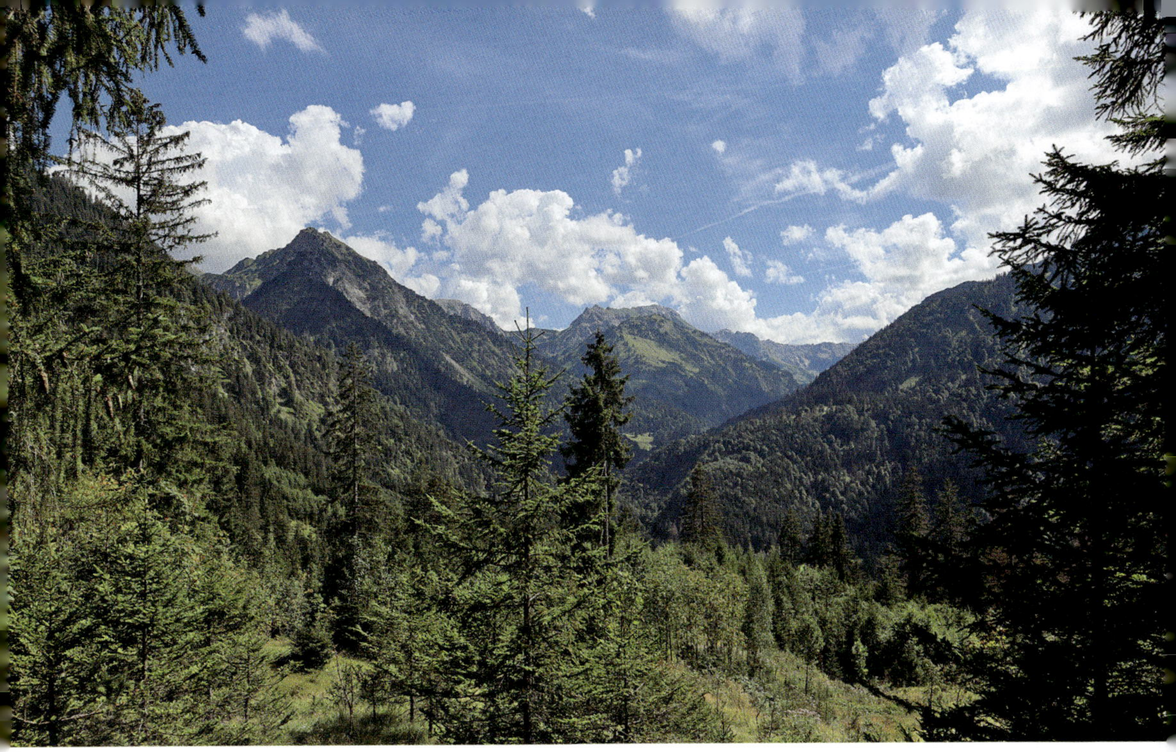

Hurlahutsch, Ahudlamutz, Stutzamutz und Gertrudle. Den Bergbauern waren sie freundlich gesinnt. Die Letztgenannte heiratete gar einen Burschen vom Dorf unter der Bedingung, dass sie niemand beim Namen nenne.

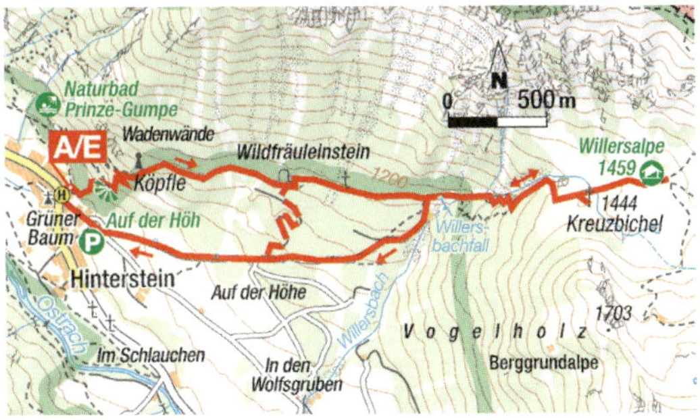

Aufstieg über den Kreuzbichel … Wer eine kurze Runde wandern möchte, kann beim Wildfräuleinstein zum Parkplatz Auf der Höh abbiegen. Alle anderen bleiben auf dem oberen Pfad. Nahe dem Willersbach mündet dieser in den Fahrweg. Rechts besteht eine zweite Verbindung nach Hinterstein. Wir orientieren uns also links, queren oberhalb vom **Willersbachfall** den Gebirgsbach und halten uns dann rechts. Hier beginnt die zweite große Steigung des Tages. Diese führt durch einen Bergwald, der an wenigen Stellen die Sicht auf den Gebirgszug mit dem Bschießer und dem Ponten zulässt. Nach 200 Höhenmetern erreichen wir den oberen Waldrand. Damit öffnet sich vor uns eine Bilderbuchlandschaft. Bevor wir dem Pfad zur Willersalpe folgen, lohnt sich ein Abstecher zum **Kreuzbichel**. Von dort ergibt sich ein besonders schönes Panorama über die Willersalpe zur Bergkette mit dem Gaishorn.

Ausblick zu den Gebirgsketten rund um das obere Ostrachtal

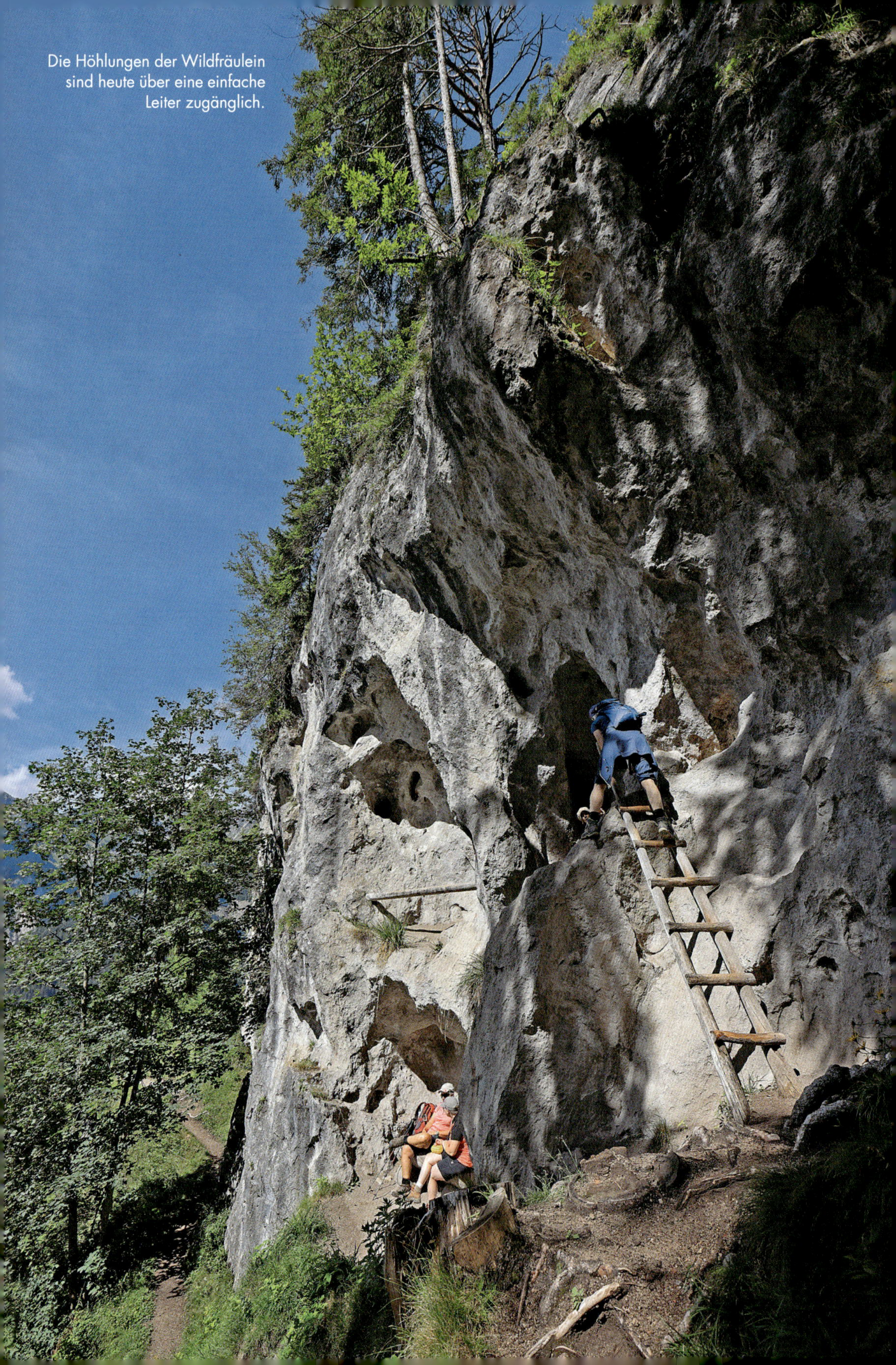

Die Höhlungen der Wildfräulein
sind heute über eine einfache
Leiter zugänglich.

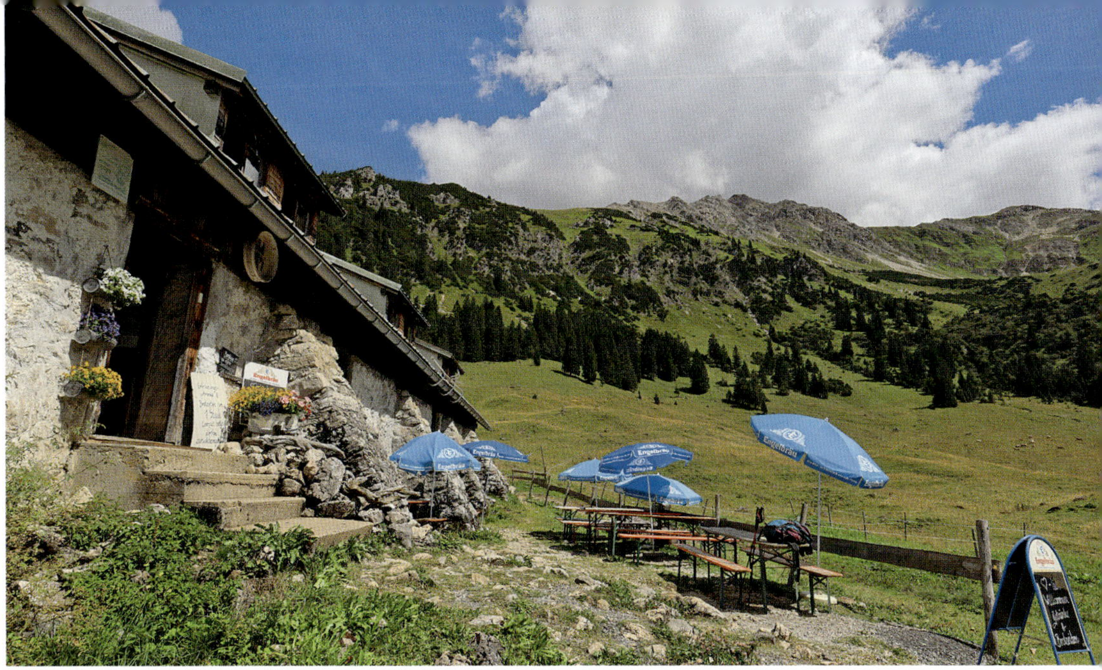

Aussicht von der Willersalpe zur Gebirgskette mit dem Gaishorn

... zur Willersalpe Zurück auf dem Wanderweg queren wir nochmals den Willersbach und haben bald die **Willersalpe** erreicht. Die erste urkundliche Erwähnung der Alpe stammt aus dem Jahr 1500, die heutigen Gebäude sind aber deutlich jünger. Im Zweiten Weltkrieg beschossen die Alliierten die Alpe und steckten sie in Brand, sodass diese nicht als Rückzugsort genutzt werden konnte. 1946 erfolgte der Wiederaufbau. Heute ist die Sennalpe für ihre Ursprünglichkeit bekannt. Nach einer Lieferung per Hubschrauber zu Beginn des Jahres wird die Alpe wöchentlich mit dem Eisernen Pferd – einem Forstraupenschlepper – versorgt.

Wieder runterkommen Der Rückweg erfolgt bis zum **Willersbachfall** auf dem bereits bekannten Bergweg. Im Abstieg lassen wir den Abzweig zum Wildfräuleinstein aus und folgen nun der Beschilderung auf dem Forstweg immer Richtung Hinterstein. Nachdem wir die als Abkürzung genannte Verbindung zum Wildfräuleinstein passiert haben, halten wir uns bei der nächsten Gabelung rechts. Damit kommen wir wieder auf freies Terrain. Der letzte Abschnitt führt hinunter zum **Parkplatz Auf der Höh** und weiter zu unserem Ausgangspunkt in Hinterstein.

Kutschenmuseum Hinterstein

Im Kutschenmuseum können die Besucher in eine künstlich geschaffene Traumwelt mit fantastischen Landschaften eintauchen, in der alte Kutschen liebevoll in Szene gesetzt werden. Das Museum ist täglich ab 8 Uhr geöffnet, der Eintritt ist frei.

23 Zankapfel zwischen Wertach und Jungholz

Zu den Sorgalpen

Leicht | 7,8 km | 250 Hm | 2.30 Std.

Tourencharakter
Die Runde zu den Sorgalpen gleicht in weiten Teilen einem gemütlichen Spaziergang. Lediglich oberhalb der Sorgalpe 2 ist bis zur Grenze nach Jungholz eine nennenswerte Steigung zu bewältigen.

Ausgangspunkt/Endpunkt
Dorfparkplatz in Unterjoch
GPS 47.5461, 10.4255

Anfahrt
Bus/Bahn: Ab Bad Hindelang fährt die Linie 48 zur Haltestelle Unterjoch Dorfparkplatz.
Auto: Von der A7 bei Ausfahrt 137 Oy-Mittelberg abfahren und der B310 Richtung Bad Hindelang bis zum Abzweig nach Unterjoch folgen. Der Parkplatz befindet sich am Ortseingang.

Einkehr
Alpe Sorg 1 und 2, in Unterjoch

Karte
AV-Karte 1:25 000,
BY 3 Allgäuer Voralpen Ost

Informationen
Bad Hindelang Tourismus,
Tel. 08324/8920,
www.badhindelang.de

Lange stritten die Wertacher mit den Jungholzer Bauern um die Zugehörigkeit der Alpe Sorg. Mitte des 15. Jahrhunderts wurde der Zwist durch Schiedsspruch beigelegt. Heute geht es hier friedlich zu und so kreuzen wir die Grenze, ohne dass es groß auffällt.

Start in Unterjoch Ab dem Dorfparkplatz und der Bushaltestelle **Unterjoch** überqueren wir die Wertach und folgen der Sorgschrofenstraße an der **Zinkenstube** vorbei zum Ortskern. Wer eigenen Proviant mit auf die Strecke nehmen möchte, findet im Erlenweg mit dem Dorfladen und der Bäckerei Halder zwei Einkaufsmöglichkeiten. Alle anderen orientieren sich links und nutzen die Straße zwischen dem Du-Familotel Krone und der Kirche. Am Schilderbaum sind die beiden Sorg-Alpen in zwei Richtungen angeschrieben. Wir wählen die kürzere Route und queren rechts den Weißenbach zum Wald hin. Auf dem nächsten halben Kilometer sind 50 Höhenmeter zu leisten. Dann ist der erste Anstieg geschafft und es geht bequem zum nächsten

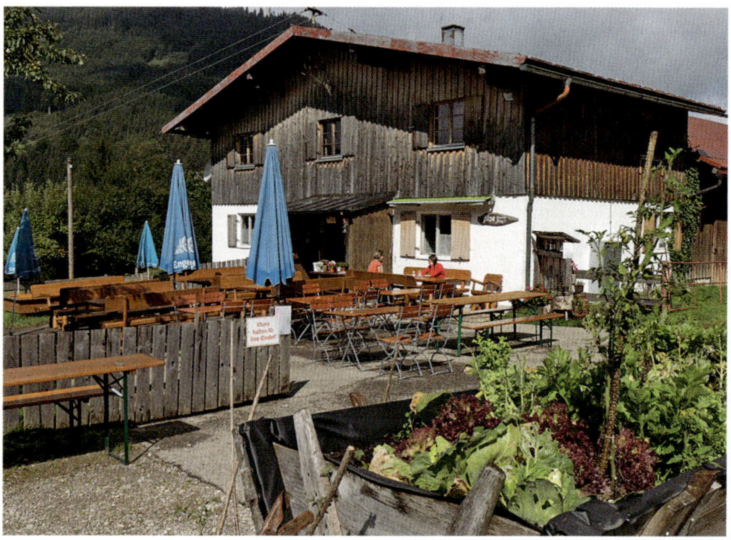

Am frühen Vormittag gibt es noch reichlich Platz bei der Hinteren Sorgalpe.

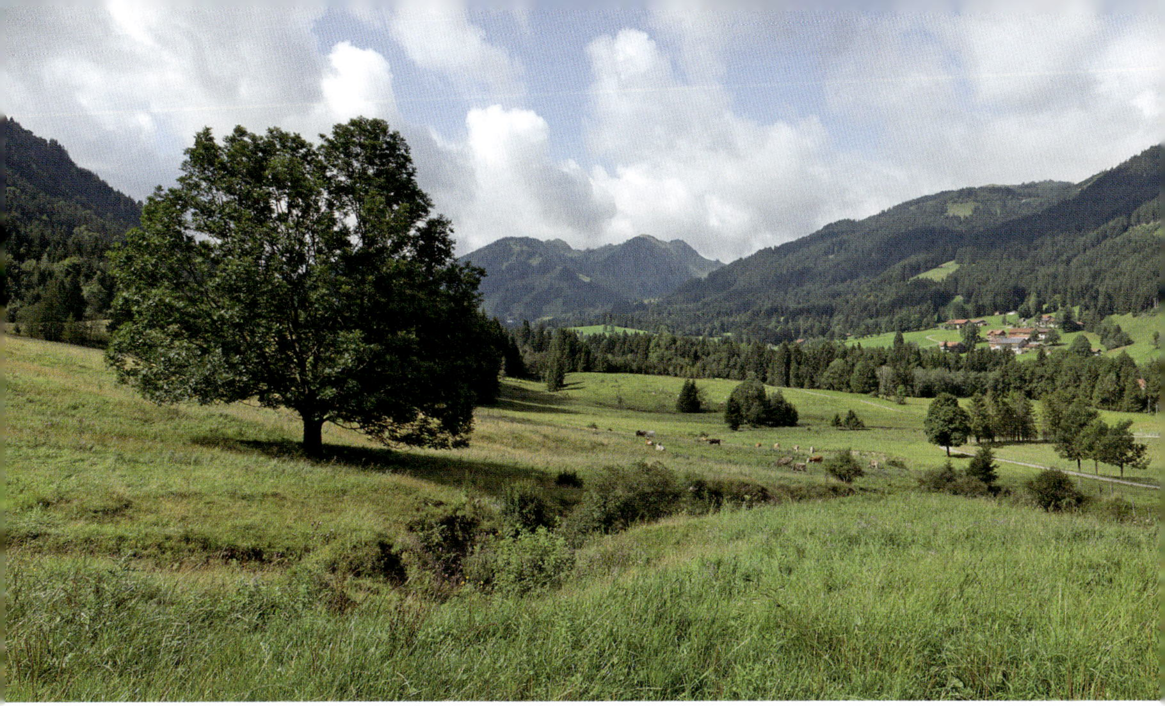

Sicht durch das Wertachtal zum Jochschrofen und Spieser

Wegweiser. Links ab führt der gelb-weiß markierte Wanderweg wieder hinunter zur Hinteren Sorgalpe.

Hintere Sorgalpe Nahe dem Waldrand verdient ein kleiner Wasserfall unsere Aufmerksamkeit. Über eine malerisch gestufte Kaskade rauscht hier ein Wildbach der Wertach entgegen. Wenige Schritte weiter treten wir aus dem Wald heraus. Damit öffnet sich die Sicht über die Bergwiesen zu der auch als **Alpe Sorg 2** bekannten Hütte. Ab Ende Mai bis Mitte September weiden hier etwa 90 Stück Jungvieh. Auf der südlich ausgerichteten Terrasse können wir uns über Kaffee und selbstgebackene Kuchen freuen. Zu den Spezialitäten der Alpe zählen der rohe Hirschschinken sowie das in Wertach gebraute Marktbier. Für Kinder gibt es einen kleinen Spielplatz.

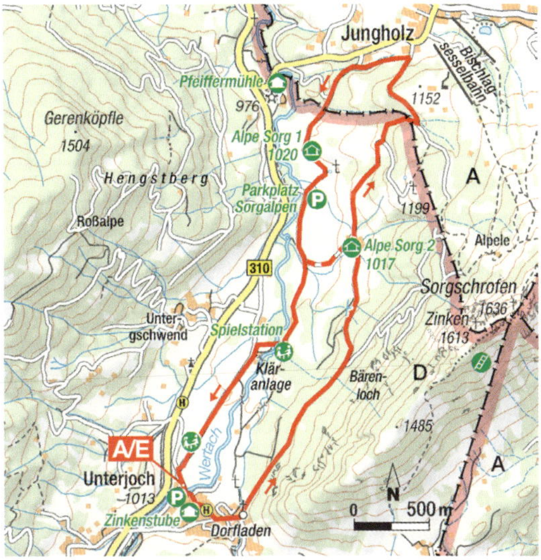

Abstecher nach Jungholz Für eine nur kurze Wanderung besteht bei der Alpe Sorg 2 eine Verbindung hinunter zum Sebaldweg an der Wertach. Um die komplette Runde zu laufen, halten wir uns indes rechts und folgen dem ansteigenden Wanderweg über die

Zwist und List um die Sorgalpe

Um den Streit über die Zugehörigkeit der Sorgalpe beizulegen, sollte der von beiden Seiten angesehene Pfarrer und Dekan Ulrich Bach einen Schiedsspruch fällen. Doch einer der Bauern drohte, ihn zu töten, wenn er für Jungholz entschied. Um sich aus der Zwickmühle zu befreien, streute Bach Erde aus seinem Garten in seine Schuhe und verbarg einen Schöpfer unter dem Hut. So schritt er vor dem Gremium die Grenze ab und schwor: »So wahr ein Schöpfer über mir, steh ich auf Wertachs Boden hier.«

Alpe in den Wald sowie über die **unsichtbare Grenze** nach Jungholz. Erst am Wegende wird durch die gelb grundierten Schilder deutlich, dass wir uns nun in Tirol befinden. Links ab verläuft der hier breite Wirtschaftsweg zunächst am Waldrand, dann durch den Wald bis zu den ersten Häusern von Jungholz. Zu unserer Rechten öffnet sich die Sicht über den Skihang der **Bischlagsesselbahn**. Links folgen wir der Beschilderung nach einer weiteren Passage am Waldrand durch den Wald zurück nach Deutschland zur Vorderen Sorgalpe.

Vordere Sorgalpe Bei der als **Alpe Sorg 1** bekannten Hütte finden Familien ebenfalls einen Spielplatz. Daneben lenkt das Ziegengehege die Aufmerksamkeit nicht nur der Kleinen auf sich. Beides ist von der großen, nach Norden gewandten Terrasse gut

Ziegengehege der Vorderen Sorgalpe

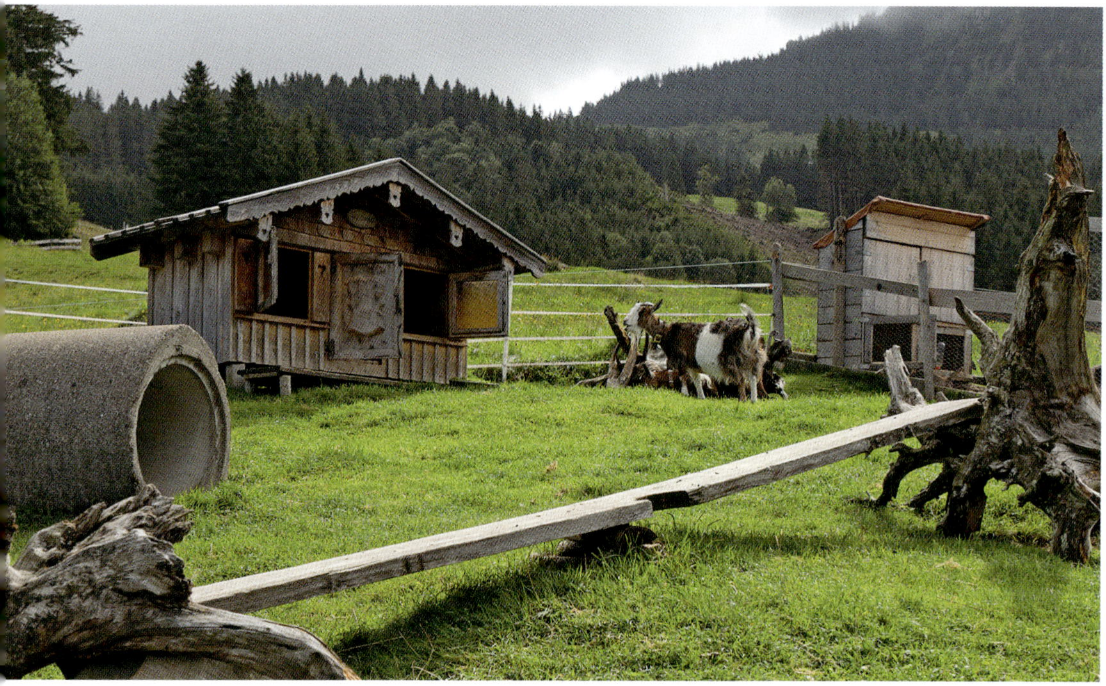

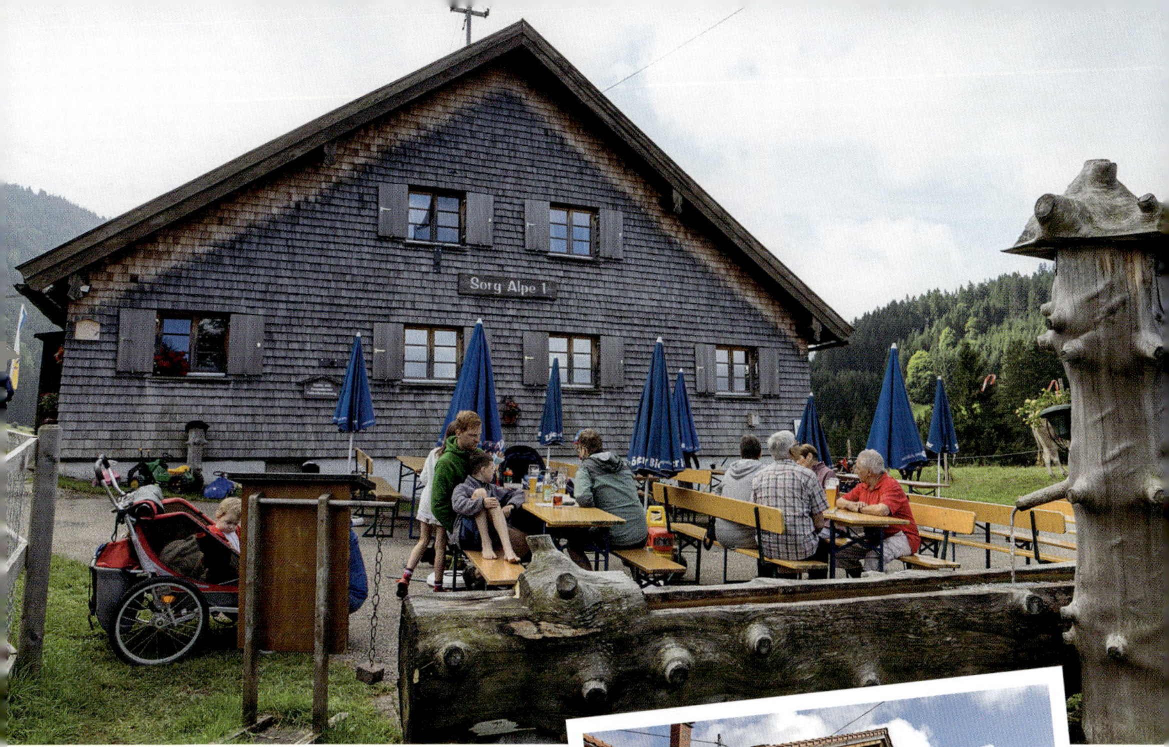

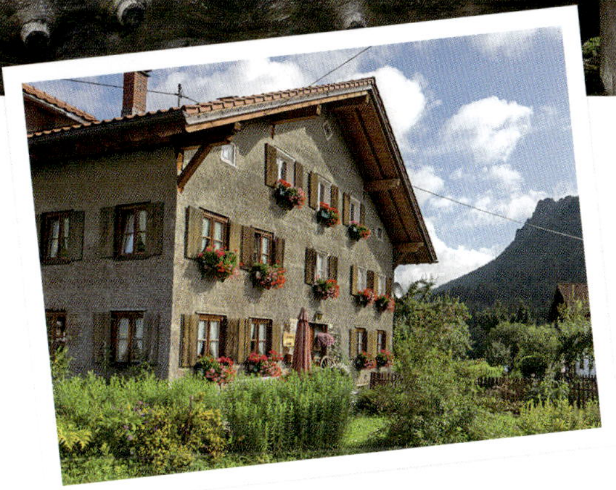

einzusehen. Neben Kaffee und Kuchen locken auch hier deftige Brotzeiten und gekühlte Getränke sowie die frisch vor Ort hergestellte Buttermilch. Wer dies lieber in Ruhe genießen möchte, findet eine Handvoll weiterer Tische auf der Südseite der Hütte. Auf der Zufahrt gelangt man anschließend hinunter an die Wertach.

Stattliches Haus in Unterjoch

Ganz oben: Von der Terrasse der Sorgalpe haben Eltern auch den Spielplatz im Blick.

Auf dem Sebaldweg Beim **Parkplatz der Sorgalpen** treffen wir auf den Sebaldweg. Der Themenweg ist dem Schriftsteller und Literaturwissenschaftler Winfried Georg Max Sebald gewidmet und führt von Oberjoch durch den Alpsteigtobel sowie an der Pfeiffermühle vorbei bis zu seinem Geburtshaus in Wertach. Wir wandern dem Sebaldweg also entgegen, womit sich uns eine schöne Sicht nach Süden auf den Iseler ergibt. Wo der Fahrweg eine weite Linkskurve hoch zur Alpe Sorg 2 beschreibt, biegen wir rechts ab, sodass wir der Wertach weiter entgegenlaufen. Nach einer Stele mit einem Textauszug Sebalds über einen winterlichen Marsch durch diesen Landstrich überqueren wir den Wildbach. An der **Spielstation** vorbei biegen wir bei der **Kläranlage** links ab. Dort sind es noch genau 1000 Meter bis zurück zu unserem Ausgangspunkt in Unterjoch.

24 Über die Reuterwanne zur Blösse

Untere Alpe Reuterwanne und Alpe Blösse

Mittel	8,8 km	650 Hm	3–3.30 Std.

Tourencharakter
Der Übergang über den Bergrücken zur Unteren Alpe Reuterwanne erfolgt auf anspruchsvollem Terrain. Der Aufstieg zur Reuterwanne erfolgt über einen ausgetretenen Wiesenpfad, der bei Nässe schnell glitschig wird. Ansonsten technisch leichte Runde auf breiten Wegen, Zufahrten und auch Pfaden

Ausgangspunkt/Endpunkt
Parkplatz Hinterreute
GPS 47.6025, 10.4431

Anfahrt
Bus/Bahn: –
Auto: Von der A7 bei Ausfahrt 137 abfahren und der B310 nach Wertach folgen. Dort auf die OA 8 bzw. Grüntenseestraße abfahren und 1 km weiter nach Hinterreute abbiegen (Mautstraße). Der Parkplatz befindet sich am nördlichen Ortsrand.

Einkehr
Untere Alpe Reuterwanne (Mitte Mai–Anf. Okt. ab 10 Uhr), Alpe Blösse (ab Mitte Mai Mi–So ab 11 Uhr), 250 m abseits der Strecke Buronhütte (Sa–So ab 11 Uhr)

Karte
AV-Karte 1:25 000, BY3 Allgäuer Voralpen Ost

Informationen
Tourist-Info Wertach, Tel. 08365/702199, www.wertach.de

Die Reuterwanne besticht mit ihrer Einzellage, einem perfekten Rundumblick und der leichten Begehbarkeit. Damit spricht sie auch wenig erfahrene Bergsteiger an. Unsere Route verbindet den Aussichtsberg mit zwei ruhig gelegenen Alpen.

Warmlaufen zwischen Hinter- und Vorderreute Beim Automaten auf dem **Parkplatz von Hinterreute** steht angeschrieben: »Ticket nur für Mautstraße. Das Parken ist hier frei.« Das gilt auch für die Zufahrt bis dorthin. Hoffen wir, dass wir uns das Geld auch künftig für die Einkehr in einer der Alpen sparen können. So eingestimmt erfolgt der erste Abschnitt auf der Zufahrt von Hinterreute nach Vorderreute. Bereits auf diesen ersten Metern lohnt es sich, innezuhalten und erste Aussichten nach Norden zum Höhenzug nördlich der Wertach sowie nach Westen zum Grünten zu sammeln. In **Vorderreute** passieren wir die Kapelle

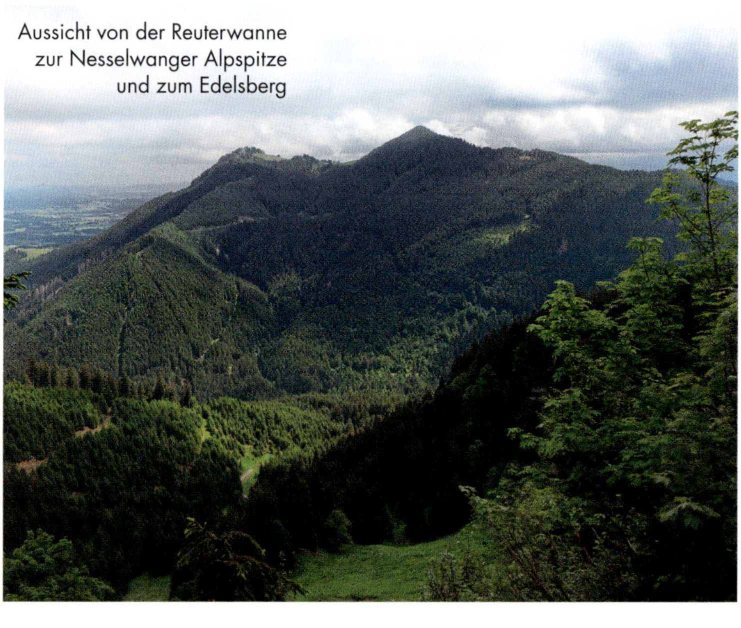

Aussicht von der Reuterwanne zur Nesselwanger Alpspitze und zum Edelsberg

auf der linken Seite in Richtung Jungholz. Fortan orientieren wir uns an der rot-weißen Markierung für Bergwege.

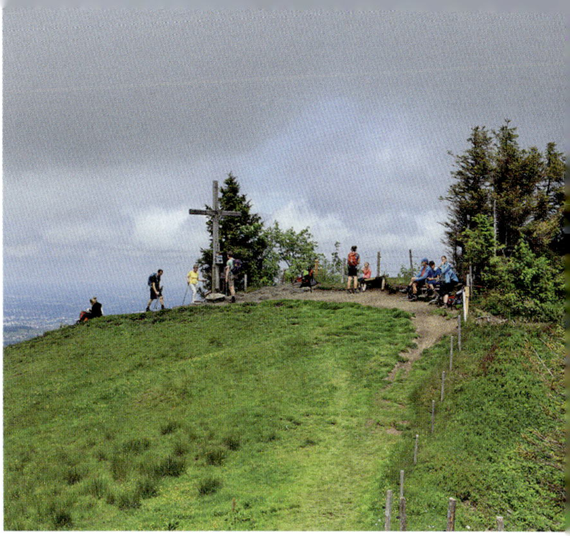

Untere Alpe Reuterwanne Oberhalb von Vorderreute wechseln wir in der Rechtskurve in etwa geradeaus auf den Wiesenpfad hoch zum Wald. Wo sich der Pfad im Bereich einer 2022 abgeräumten Waldfläche wieder senkt, halten wir uns noch vor der Rastbank rechts. Damit geht es weiter steil bergan. Nahe dem Bergrücken besteht geradeaus (Richtung Buronhütte) eine direkte Verbindung zum Steinhag. Wer diese nutzt, kann ein Drittel der Strecke abkürzen, womit ein Großteil der Höhenmeter entfiele. Alle anderen biegen rechts ab, überwinden den Bergrücken und gelangen mit eindrucksvoller Sicht zum Sorgschrofen über die Weide, dann links auf dem Fahrweg zur **Unteren Alpe Reuterwanne**. Das erste Drittel der Strecke ist dort geschafft, womit sich die liebevoll gestaltete Alpe wunderbar für eine erste Pause eignet.

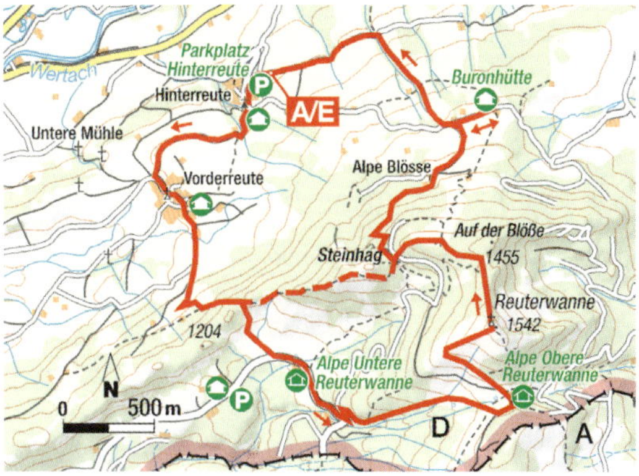

Stelldichein auf der Reuterwanne

Aufstieg auf die Reuterwanne Wo der Fahrweg anschließend in den Wald eintaucht, biegen wir erst links, einen Katzensprung weiter rechts in Richtung Alpe Stubental ab. Trotz der gelb-weißen Markierung als leichter Wanderweg ist im Anstieg Trittsicherheit von Vorteil. Am oberen Ende des Pfads geht es dann links zur **Oberen Alpe Reuterwanne**. Dort bietet sich (rechts) ein Abstecher zur Alpe Stubental (Tour 25) an. Ansonsten passieren wir die Alpe sogleich auf ihrer Stirnseite und wechseln auf den nun wieder passend rot-weiß gekennzeichneten Pfad hoch zur **Reuterwanne**. Spätestens auf dem abgeflachten Gipfel lohnt es sich, zu verweilen und das 360-Grad-Panorama auf sich wirken zu lassen. Direkt östlich erheben sich der Edelsberg und die Nesselwanger Alpspitz. Rechts davon sind die Tannheimer Berge und – in der Ferne – die Ammergauer Alpen zu sehen. Im Süden thront der Sorgschrofen über Jungholz. Wenden wir uns nach Westen, rücken das Wertacher Hörnle und der Grünten ins Bild.

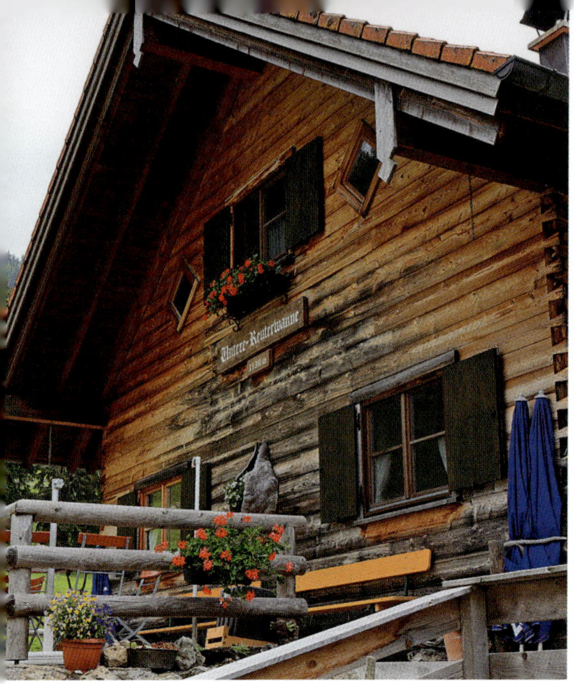

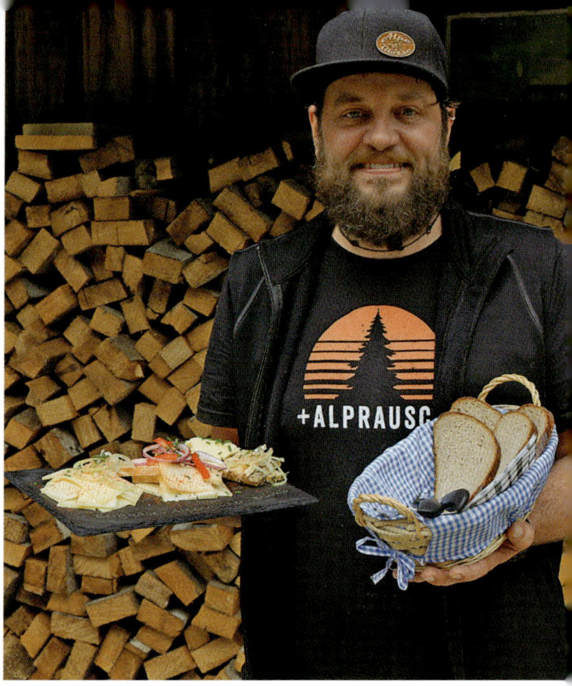

Links: Alpe Untere Reuterwanne

Rechts: Stefan Hartmann hat die Alpe Blösse in ein beliebtes Ausflugsziel verwandelt.

Über die Blösse zur Alpe Blösse Der Abstieg erfolgt über die Nordseite. Hier folgen wir der Beschilderung Richtung Buronhütte. Nachdem der Pfad im Bereich **Auf der Blöße** nach Westen schwenkt, öffnet sich auf dem Weg zum Steinhag die Sicht auf den Grüntensee. Beim **Steinhag** biegen wir rechts auf den Wirtschaftsweg ein, um wenig weiter links auf den nächsten Pfad zu wechseln. Auf diesem geht es steil bergab durch den Wald zur **Alpe Blösse**. Bis in die 1970er-Jahre hinein diente die Hütte als Hirtenunterkunft. Anfang 2018 erfolgte der Umbau zur Alphütte mit Bewirtung. Seitdem hat sich die Hütte als idyllisch gelegenes Ausflugsziel etabliert. Je nach Größe des Hungers, können wir es uns bei Butterbroten mit Schnittlauch oder Tomate und Basilikum über Landjäger und Gamsbeißer bis hin zur gemischten Platte mit Schinken, Salami und Käse gutgehen lassen.

Wildschutzgebiet

Der Übergang von Oberreute zur Unteren Reuterwanne erfolgt durch ein Überwinterungsgebiet von Rothirschen. Zum Schutz der Tiere ist das umzäunte Wintergatter zwischen dem 15. Dezember und 15. April für Menschen tabu. Während der normalen Wandersaison sind die aufgehängten Verbotsschilder ohne Belang.

Mautstraße versus Schanzbach Auf dem Rückweg nach Hinterreute haben wir beim Abzweig zur Buronhütte die Wahl: Links ginge es auf der Mautstraße nach Hinterreute. Schöner ist es, zunächst der Beschilderung zum Grüntensee zu folgen. Der Abstieg erfolgt damit entlang des bewaldeten Schanzbachs. Auf halbem Weg zum See sind es links zehn Minuten zum Parkplatz Hinterreute.

Stille über dem Vilstal

Stubental, Dinser- und Gundhütte

25

Das Vilstal wird zwischen Pfronten und Rehbach auf Tiroler Seite vom Europäischen Fernwanderweg E4 erfasst. Auch ein beliebter Radweg begleitet den Bach. Sowie wir nach Jungholz abzweigen, wird es im Anstieg zur Dinserhütte zusehends ruhiger.

Vom Vilstal nach Jungholz Ab dem **Parkplatz Vilstal** wandern wir der Vils auf dem ersten Abschnitt entgegen. Dabei lassen wir nach gut 200 Metern den Abzweig zur Bärenmoosalpe aus. Nach einem auffallenden **Christuskreuz** und der Brücke über den Scheidbach kommen wir zu einem reich bestückten Schilderbaum. Dort biegen wir rechts nach Jungholz ab, sodass wir als Nächstes die **Alpe Scheidbach** passieren. Bei der folgenden Gabelung halten wir uns erneut rechts, eh wir am Ende der nächsten Rechtskurve – direkt nach der zweiten Scheidbachbrücke

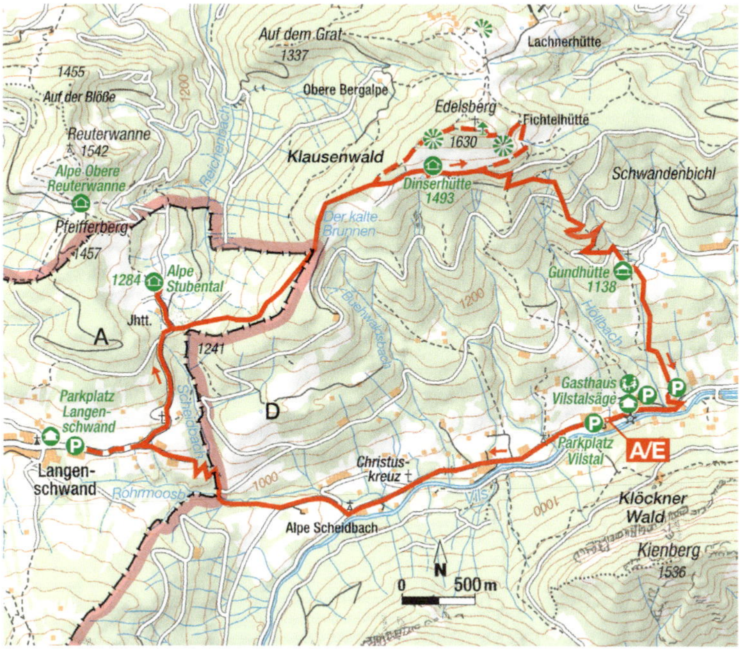

Mittel 11,7 km 630 Hm 4 Std.

Tourencharakter
Nach dem lockeren Auftakt entlang der Vils geht es auf breiten Wegen und der Zufahrt zur Alpe Stubental kräftig bergauf. Der Umweg über den Edelsberg bedeutet zusätzliche 110 Höhenmeter.

Ausgangspunkt/Endpunkt
Wanderparkplatz Vilstal bei Pfronten
GPS 47.5744, 10.5076

Anfahrt
Bus/Bahn: –
Auto: Von der A7 bei Ausfahrt 137 abfahren, weiter über die B309 bis ins Zentrum von Pfronten und noch vor der Vils-Brücke rechts in die Vilstalstraße abbiegen. Der Straße am Haus des Gastes vorbei bis zum Parkplatz nahe der Vilstalsäge folgen

Einkehr
Alpe Stubental (Fr–Di ab 11 Uhr), Dinserhütte (Juni–Mitte Sept. Sa u. So ab 10 Uhr), Gundhütte (Do–So ab 10 Uhr), Gasthaus Vilstalsäge (Mi ab 15 Uhr, Do–So ab 11 Uhr)

Karte
AV-Karte 1:25 000, BY 3 Allgäuer Voralpen Ost

Informationen
Pfronten Tourismus, Tel. 08363/69888, www.pfronten.de

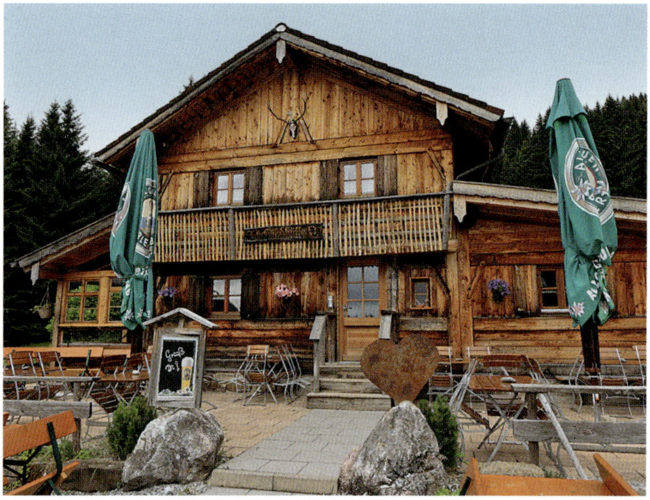

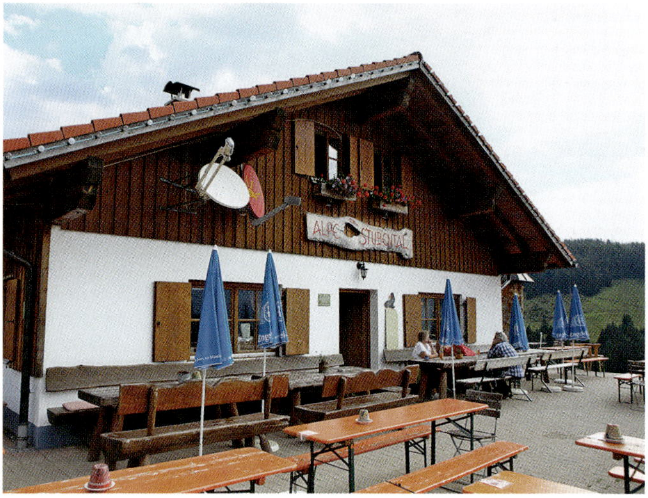

Die Alpe Stubental wäre auch als Abstecher der Tour 24 gut zu erreichen.

Ganz oben: Die Gundhütte zählt zu den ältesten Ausflugslokalen im Ostallgäu.

– links auf den schmaleren und steileren Weg wechseln. Wo wir den Scheidbach das dritte Mal kreuzen, befinden wir uns bereits in der Gemeinde Jungholz und damit der Tiroler Exklave Österreichs.

Abstecher zur Alpe Stubental Bei einer zunehmend eindrucksvolleren Sicht auf den Sorgschrofen wandern wir zunächst noch auf Langenschwand zu, biegen dann aber auf den Fahrweg zur Alpe Stubental ab. In der folgenden Linkskurve ist eine alternative Verbindung zur Dinserhütte wie auch der Gundhütte angeschrieben. Diese verläuft weitestgehend im Wald und taugt auch nicht als Abkürzung. Wohl aber können wir nach der Kurve einen Bogen der Straße über den Wiesenweg abkürzen. Weiter geht es durch den Wald und an einem Brunnen vorbei bis zum Abzweig zur **Alpe Stubental**. Der Abstecher zur idyllisch am Osthang des Pfeifferbergs gelegenen Berggaststätte lohnt sich. Das gilt insbesondere am Montag und Dienstag, wenn alle anderen Hütten dieser Runde geschlossen sind.

Edelsberg versus Dinserhütte Zurück beim letzten Abzweig wechseln wir anschließend auf den weniger befestigten Weg zur Dinserhütte. Damit halten wir uns bei der nahen Verzweigung rechts, sodass wir auf dem teils steil ansteigenden Waldweg zurück nach Deutschland kommen. Kurz bevor wir den Wald wieder verlassen, zweigt ein Pfad zum **Edelsberg** ab. Wer den Umweg mitnimmt, muss hierfür 130 Höhenmeter zusätzlich leisten, kann sich aber auch über tolle Aussichten im Auf- und

Abstieg freuen. Oben auf dem Gipfel hilft eine Panoramatafel, die umliegenden Berge zuzuordnen. Ohne den Umweg über den Edelsberg trennen uns beim Waldrand nur noch wenige Gehminuten von der **Dinserhütte**. Diese ist leider nur an den Wochenenden geöffnet. Unter der Woche finden durstige Wanderer eine Auswahl an Getränken – und werden wohl über die Vielzahl gutgemeinter Vorgaben zum ordnungsgemäßen Verhalten schmunzeln.

Auf Pfaden oder Forstwegen … 300 Meter nach der Dinserhütte passieren wir das östliche Ende des Umwegs über den Edelsberg. Dann tauchen wir abermals in den Wald ein, um der Beschilderung auf wechselnden Pfaden und Wirtschaftswegen hinunter zur Gundhütte zu folgen. Die Markierung ist auf diesem Abschnitt nicht immer ganz einfach zu deuten. Im Prinzip reicht es zu wissen, dass die Pfade als Abkürzung gegenüber den Forstwegen dienen. Wer nicht gerne steil bergab läuft, kann den Abstieg also über die bequem zu wandernden Forstwege entschärfen.

Aussicht über den Falkenstein und das Vilstal zum Säuling

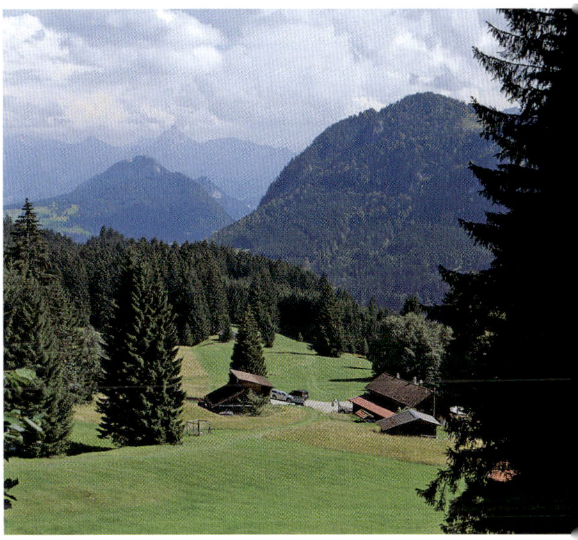

… zur Gundhütte Die **Gundhütte** öffnete nach zweijähriger Bauzeit erstmals im März 1949 ihre Türen für Gäste. Damals war die zunächst Edelsberghütte genannte Hütte noch als Ferienhaus für Sommerfrischler gedacht. Bald schon entwickelte sich daraus ein bei Einheimischen und Feriengästen beliebtes Wanderziel. Seitdem ist die Gundhütte stetig gewachsen, ohne ihren ursprünglichen Charakter zu verlieren. So stammt die alte Stube noch von Frank Schädle, dem Vater und Großvater der heutigen Hüttenwirte Pia und Stefan. Neben weiteren Stuben im Innern lädt die großzügig gestaltete Terrasse zum Verweilen und Schlemmen ein. Der spätere Rückweg erfolgt mit dem roten Punkt erst steil bergab durch den Wald bis an die Vils, dann rechts auf der Vilstalstraße am **Gasthaus Vilstalsäge** vorbei bis zum Parkplatz Vilstal.

Start bei Jungholz

Wer von Westen – etwa über Bad Hindelang – anreist, dem empfehlen wir, den Startpunkt nach Jungholz zu verlegen. Ab dem großzügig bemessenen Parkplatz von Langenschwand (GPS 47.5727, 10.4593) sind es etwa 600 m bis zum Einstieg in die Runde.

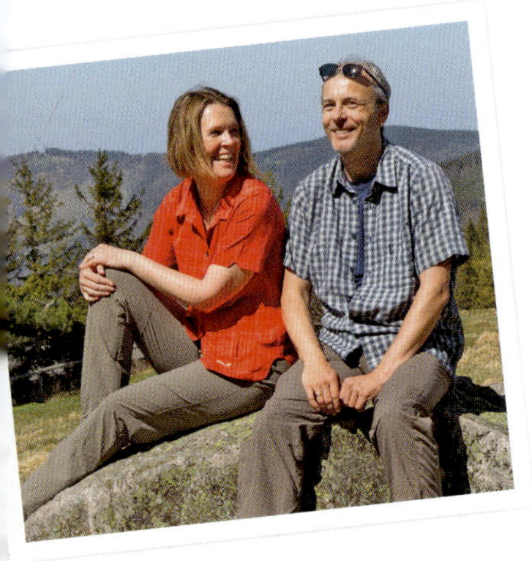

Annette und Lars Freudenthal

Zugabe

***Ein wesentliches Merkmal** von Geheimtipps ist, dass sie im Optimalfall nur im engsten Bekanntenkreis weitergegeben werden. Tatsächlich lebt so manch eine Alpe oder Hütte im Allgäu von der Mund-zu-Mund-Propaganda. Wer auf Dauer bestehen will, braucht neben einer zumindest kleinen Auswahl an Speisen und einer tollen Lage aber vor allem eines: Gäste.*

***Tatsächlich** kennen wir durch unsere Touren im Schwarzwald, im Elsass und auf der Schwäbischen Alb inzwischen etliche Gasthäuser, die trotz ihrer besonderen Lage geschlossen und dem Verfall preisgegeben sind. Teure Pachtverträge, die schwere Arbeit auf den großen Weideflächen und der Mangel an Nachwuchs bedroht auch manch eine Hütte im Allgäu. Bleiben dann noch die Gäste aus, wird aus einem Geheimtipp nur allzu leicht ein Lost Place.*

***Was gut ist,** ein Ort, an dem wir uns wohlfühlen und wo wir die Gastlichkeit erfahren, die wir uns wünschen, darf also ruhig weitergegeben werden. Auf übervolle Biergärten und Halligalli in den Bergen können wir trotzdem gut und gerne verzichten. Am ehesten gelingt dies, wenn wir die in den sozialen Medien am meisten geteilten Lokale und Routen meiden. So sind die Wirtschaften nahe leistungsstarker Bergbahnen zwar auch für einen großen Ansturm gewappnet. Ein ruhiges Fleckchen aber werden wir dort kaum finden.*

***Als Wanderer profitieren** wir jedoch von unserer Beweglichkeit. Hier gilt: Je schwerer eine Hütte oder eine Alpe zu erreichen ist, desto stiller wird es auf dem Weg dorthin. So garantiert uns der lange Anstieg zu den Lugenalpen eine ruhige Einkehr. Ähnlich verhält es sich bei der Kuhschwandalpe, die einsam zwischen zwei Bergbahnen liegt. Bei anderen Hütten wie der Alpe Zunkleiten oder der Freyburger Alpe ist es schließlich die Route, die uns vor der Einkehr ruhige Momente in der herrlichen Bergwelt beschert.*

Herzlichst

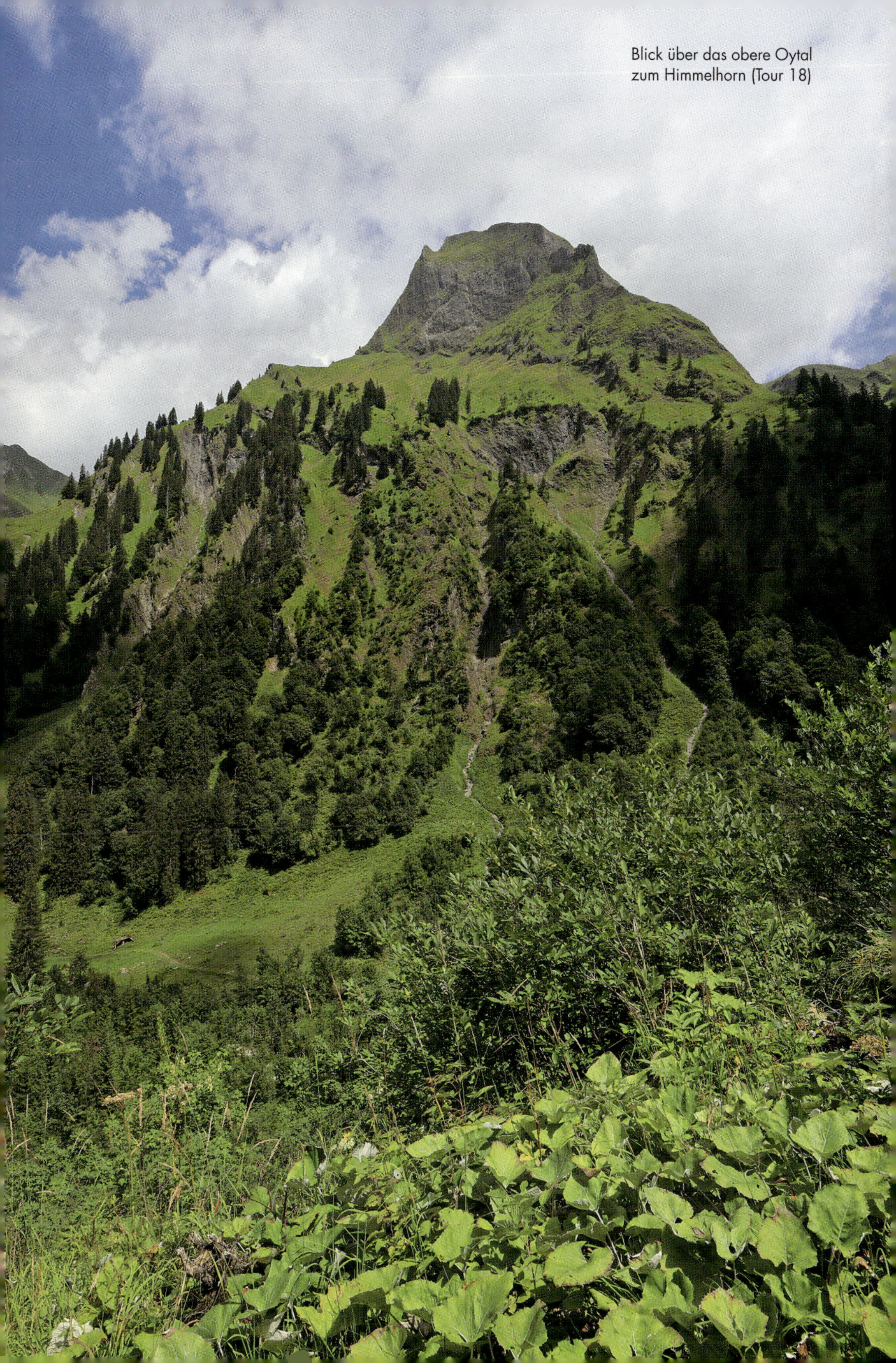

Blick über das obere Oytal
zum Himmelhorn (Tour 18)

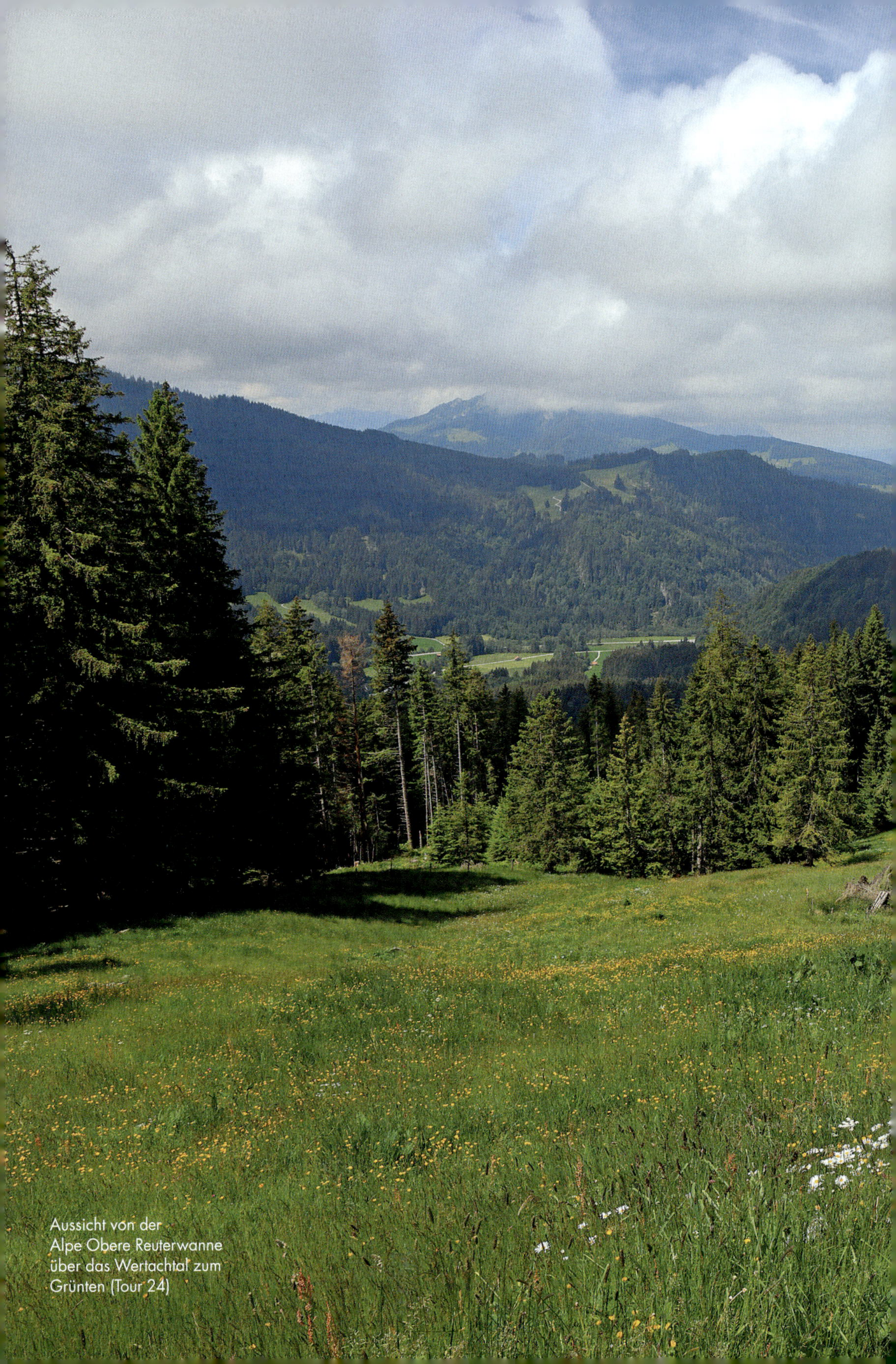

Aussicht von der Alpe Obere Reuterwanne über das Wertachtal zum Grünten (Tour 24)

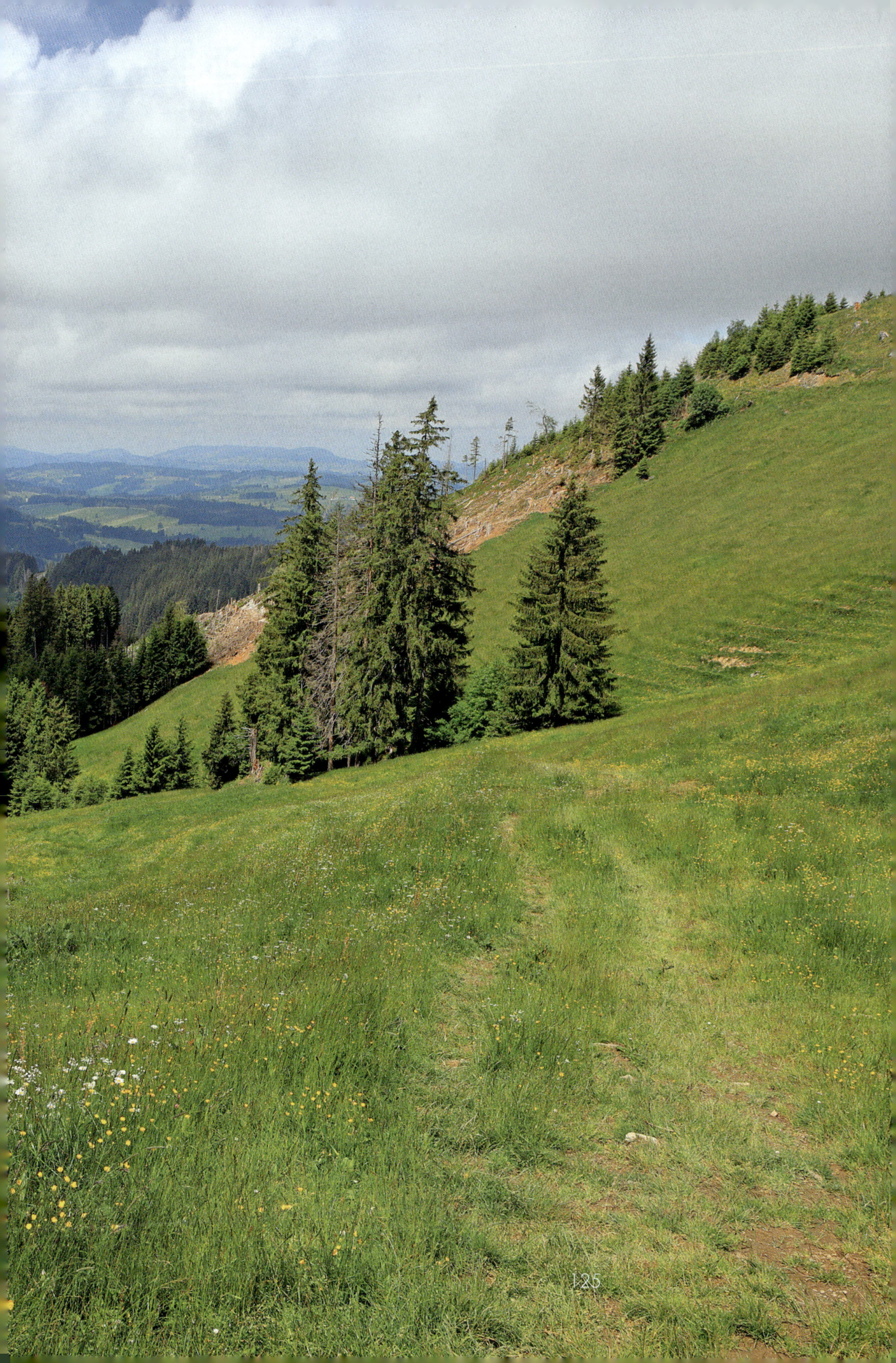

Register

Impressum

Verantwortlich: Lea Niesler
Redaktion und Layout: mcp concept GmbH, Kolbermoor
Korrektorat: Ralf J. Klumb | The Wordworms, Berlin
Repro: LUDWIG:media
Kartografie: Bruckmann Verlag, Heidi Schmalfuß
Herstellung: Bettina Schippel
Printed in Poland by CGS Printing sp. O.o.

★★★★★

Sind Sie mit diesem Titel zufrieden? Dann würden wir uns über Ihre Weiterempfehlung freuen. Erzählen Sie es im Freundeskreis, berichten Sie Ihrem Buchhändler, oder bewerten Sie bei Onlinekauf. Und wenn Sie Kritik, Korrekturen, Aktualisierungen haben, freuen wir uns über Ihre Nachricht an Bruckmann Verlag, Postfach 40 02 09, D-80702 München oder per E-Mail an lektorat@verlagshaus.de.

Unser komplettes Programm finden Sie unter www.j-berg-verlag.de

In diesem Buch wird aus Gründen der besseren Lesbarkeit das generische Maskulinum verwendet. Weibliche und anderweitige Geschlechteridentitäten sind dabei ausdrücklich mitgemeint, soweit es für die Aussage erforderlich ist.

Empfehlung der Redaktion
Sie möchten auch in anderen Regionen in Ruhe einkehren? Dann empfehlen wir Ihnen unseren Titel *Hütten-Geheimtipps Schwarzwald*. Oder Sie werfen einen Blick in die Zeitschrift *BERGSTEIGER*. Hier werden Sie bestimmt fündig.

Bildnachweis: Alle Bilder stammen von den Autoren.

Die Deutsche Nationalbibliothek verzeichnet diese Publikation in der Deutschen Nationalbibliografie; detaillierte bibliografische Daten sind im Internet über http://dnb.d-nb.de abrufbar.

ISBN 978-3-86246-753-2